物流专业（仓储与配送方向）课程改革成果教材

出入库作业实务

浙江省教育厅职成教教研室　组编

主　编　林勇平

副主编　沈佳乐　王彩芬　郑筱君　罗邦平

参　编　李正来　马星星　梁贞贞　胡翠华

　　　　金　艳　陈　玲

主　审　王　伟

机械工业出版社

本书是中等职业教育物流专业（仓储与配送方向）课程改革成果教材系列之一。全书强调学以致用，以物流仓储作业的工作流程来设计课程内容，着重对出入库作业的流程、单据、技术、安全等进行阐述与介绍，充分体现了中等职业教育物流理论教学与实践操作相结合的原则。全书共分八个模块，分别是仓库环境的体验、入库作业、保管作业、出库作业、WMS应用、RFID操作、仓库消防安全管理、自动化立体仓库。

本书可作为中等职业学校物流服务与管理专业及相关专业的教材，也可作为物流企业管理人员学习和培训用书。

图书在版编目（CIP）数据

出入库作业实务 / 林勇平主编. —北京：机械工业出版社，2013.6（2025.8 重印）
物流专业（仓储与配送方向）课程改革成果教材
ISBN 978-7-111-42854-1

Ⅰ. ①出… Ⅱ. ①林… Ⅲ. ①仓库管理—中等专业学校—教材 Ⅳ. ① F253.4

中国版本图书馆 CIP 数据核字（2013）第 126381 号

机械工业出版社（北京市百万庄大街 22 号 邮政编码 100037）
策划编辑：宋 华 责任编辑：陈 曦
封面设计：陈 沛 责任校对：王 欣
责任印制：张 博
北京机工印刷厂有限公司印刷
2025 年 8 月第 1 版第 7 次印刷
184mm×260mm・14 印张・342 千字
标准书号：ISBN 978-7-111-42854-1
定价：45.00 元

电话服务
客服电话：010-88361066
010-88379833
010-68326294

网络服务
机 工 官 网：www.cmpbook.com
机 工 官 博：weibo.com/cmp1952
金 书 网：www.golden-book.com
机工教育服务网：www.cmpedu.com

浙江省中等职业教育物流专业（仓储与配送方向）课程改革成果教材编写委员会

主　任　方展画

副主任　程江平　崔　陵

成　员　许宝良　庞志康　张建国　郭耀邦
　　　　　沈佳乐　王向东

前言

2006年，浙江省政府召开全省职业教育工作会议并下发《浙江省人民政府关于大力推进职业教育改革与发展的意见》（浙政发［2006］41号），指出“为加大对职业教育的扶持力度，重点解决我省职业教育目前存在的突出问题”，决定实施“浙江省职业教育六项行动计划”。2007年年初，作为“浙江省职业教育六项行动计划”项目之一的浙江省中等职业教育专业课程改革研究正式启动。该项目计划用5年左右时间，分阶段对约50个专业的课程进行改革，初步形成能与现代产业和行业发展相适应的、体现浙江省特色的课程标准和课程结构，满足社会对中等职业教育的需要。

课题组本着“积极稳妥，科学谨慎，务实创新”的原则，对相关行业、企业的人才结构现状、专业发展趋势、人才需求状况、职业岗位群对知识技能的需求等方面进行了系统的调研，并在庞大的数据中梳理出共性问题，在把握了行业、企业的人才需求与职业学校的培养现状，掌握了国内中等职业学校各专业人才培养动态的基础上，最终确立了“以核心技能培养为专业课程改革主旨，以核心课程开发为专业教材建设主体，以教学项目设计为专业教学改革重点”的浙江省职业教育专业课程改革新思路，并着力构建“核心课程＋教学项目”的专业课程新模式。这项研究得到了由教育部职业技术中心研究所、中央教育科学研究所和华东师范大学职业教育研究所等单位的专家组成的鉴定组的高度肯定。他们认为，该课题研究“取得的成果创新性强、操作性强，已达到国内同类研究的领先水平”。

依据本课题研究形成的课程理念及其“核心课程＋教学项目”的专业课程新模式，课题组邀请了行业专家、高校专家及一线骨干教师组成教材编写组，根据先期形成的教学指导方案着手编写本套教材，几经论证、修改，现付梓成书。

《出入库作业实务》是物流专业（仓储与配送方向）课程改革成果教材系列之一。本书结合仓储企业各岗位的作业要求和技能需求，突出技能训练和职业素养的培养，使学生熟悉仓储作业岗位的知识与技能，让学生通过学习和实践操作，具备通用仓库作业岗位的基本职业能力，为学生就业和未来的职业发展奠定基础；培养认真细致的工作作风和吃苦耐劳的个性品质，树立安全和服务意识。

本书由林勇平任主编，沈佳乐、王彩芬、郑筱君、罗邦平任副主编，参加编写的还有李正来、马星星、梁贞贞、胡翠华、金艳、陈玲，由王伟任主审。在本书的编写过程中，借鉴了国内外许多专家的观点，参考了许多论文、专著、网站的资料，他们的观点和材料对编者有很大的帮助，鉴于篇幅不能一一列出，在此谨向相关作者表示诚挚的谢意。

凡选用本书作为教材的教师，均可登录机械工业出版社教材服务网（http://www.cmpedu.com）免费下载助教课件。

编写这样的专业专籍是一项带有尝试性的开拓工作，加之成书时间仓促和编者水平有限，书中难免有不足之处，恳请读者提出宝贵的意见和建议，以求不断改进和完善。

编　　者

目录

模块一

仓库环境的体验

项目一　走近仓储

学习目标

1. 理解仓库的概念与分类
2. 了解仓库内部的布局和工作环境
3. 认识仓储业务活动
4. 能绘制货物入库到出库作业的流程
5. 清楚出入库单据的流转

项目概述

仓储是现代物流的重要组成部分，而仓库是仓储作业的场地。让我们一起走进仓库，打开仓库的“五脏六腑”，探查存储货物的来龙去脉，形影相随，跟踪仓储单证。

任务一　走 进 仓 库

任务描述

几乎所有的企业都设有仓库（见图 1-1）。同是仓库，往往大小不同，结构有异，功能有别。学习任务一，完成下列问题。

a）

b）

图 1-1　仓库的外观与内部结构图

a）仓库的外观　b）仓库的内部结构

（1）仓库有哪些类型？

（2）仓库内部的布局如何？

知识准备

一、仓库的含义

《诗经·小雅》中有“乃求千斯仓，乃求万斯箱”的句子，可见仓库历史悠长。在古代，贮藏粮食之处为仓，贮藏兵车之处为库。在现代，仓库是保管、储存货物的建筑物和场所的总称。不论是在古代，还是在现代，储存都是仓库的基本功能，但储存已不是现代仓库的唯一功能。

二、仓库的种类

仓库分类的主要方法如下。

（1）按保管货物的种类划分，仓库可以分为原材料库、半成品库和产品库。

（2）按仓库的保管条件划分，仓库可以分为普通仓库、冷藏仓库、恒温仓库、危险品仓库和水面仓库等。

（3）按仓库的建筑形式划分，仓库可以分为单层仓库（见图 1-2）、多层仓库、立体货架仓库（见图 1-3）、筒仓、露天仓库等。

图 1-2　单层仓库

图 1-3　立体货架仓库

三、仓库的内部布局

仓库内部布局是为了在保证货物储存要求的前提下合理有效地利用库房面积而进行的布局规划。其合理与否直接影响到仓库各项工作的效率和储存货物的安全。仓库内部布局主要包括仓库总平面布局和仓库作业区布局。

1. 仓库总平面布局

仓库总平面一般可划分为仓储作业区、辅助作业区、行政管理区、院内道路、停车场和绿化带等（见表 1-1）。仓储作业区是仓库的主体。

表 1-1　仓库总平面布局

总　平　面	功　　能	主要建筑物和构筑物
仓储作业区	仓储作业区是仓库的主体。仓库的主要业务，如货物保管、检验、包装、分类、整理等都在这个区域里进行	库房、货场、站台，以及加工、整理、包装场所等
辅助作业区	在辅助作业区内进行的活动是为主要业务提供各项服务	维修加工以及动力车间、车库、工具设备库、物料库等
行政管理区	行政生活区由办公室和生活场所组成	办公楼、警卫室、化验室、宿舍和食堂等
院 内 道 路	在仓库总面积中需要有库内运输道路。货物出入库和库内搬运要求库内外交通运输线相互衔接，并与库内各个区域有效连接	道路
停车场和绿化带	在规划各区域时，要遵照相应的法律法规，并使不同区域所占面积与仓库总面积保持适当的比例	停车场、绿化区域等

2. 仓库作业区的布局

根据功能的不同，仓库作业区可分为收货整理区、储存区、拣货区、暂存区、流通加工区、发货整理区、工具暂存区和办公控制区等（见表 1-2）。

表 1-2　仓库作业区各区域的功能

功　能　区	主 要 功 能
收货整理区	完成商品到达仓库后的卸货、清点、检验、分类、入库等工作
储　存　区	主要用于存储或分类存储经过检验后的货物
拣　货　区	进行货物的分拣及分拣出来后的配货与配装作业
暂　存　区	将入库后需要立即出库的货物暂时存放，为送货作准备
流通加工区	根据流通或销售的需要进行必要的生产性和流通性加工的区域，主要进行分装、切裁、混装、刷唛、包装等流通加工作业
发货整理区	对所要发送的货物进行查验、待送前暂存和发货的区域，从布局和结构上看，发货区和接货区类似，也是运输货物的线路和接靠货车的站台、场地组成部分
工具暂存区	主要用于存放托盘、箱笼、搬运车等工具
办公控制区	统一协调管理仓库作业区，让仓库作业有序进行

不同企业对仓库作业区各区域的具体布局并不完全相同。图 1-4 为某企业仓库作业区的布局图。

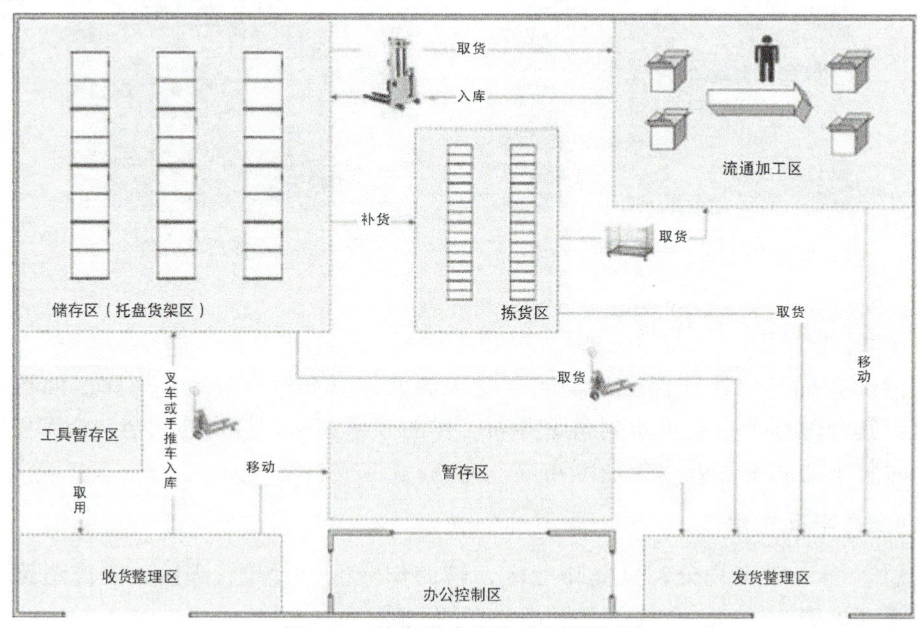

图 1-4　某企业仓库作业区的布局

任务实施

（1）分享所见过的制造企业的仓库，分析该企业的仓库一般有哪些类型？举例说明冷藏仓库、恒温仓库、水面仓库适用的货物种类。

（2）分享所见过的仓库，统计单层仓库与多层仓库的数量并进行比较，讨论造成这种差异的原因。

任务巩固

参观学校仓库或某物流中心，绘制仓库布局图及仓库作业布局图。并与管理人员交流目前的仓库布局的利弊，提出改进意见。

任务二　初识仓储作业的流程

任务描述

第三方物流企业往往受多家客户委托代为储存货物。先让我们一起走进“上海可的配送中心”，去看看货品从库外到库内再到库外的仓储作业过程中的“必经之路”，即探究仓储作业的流程。学习任务二，完成下列问题。

（1）上海可的配送中心的仓储作业的业务活动有哪些？

（2）上海可的配送中心的仓储作业的流程包括哪些内容？

知识准备

一、仓储作业的概念

仓储作业是指从货物入库到货物出库的全部工作。

二、仓储作业的业务活动与流程

仓储作业流程，是指完成从货物的入库开始到出库结束，按需要把货物全部完好地发送出去的全部过程。仓库的业务活动，或者说仓储的基本功能，包括了货物的进出、库存、分拣、包装、配送及其信息处理等六个方面。其中，货物的出入库与在库管理是仓储作业过程中最基本的活动。

仓储作业的基本作业流程包括入库、保管、出库三个阶段（见图 1-5）。

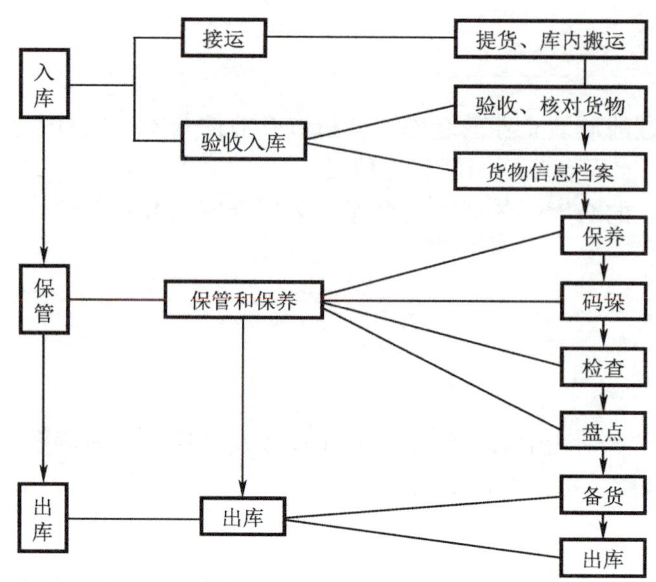

图 1-5　仓储作业流程图 1

结合仓库作业区的布局，一批货物从入库到保管再到出库所经过的路程通常如下（见图 1-6）。

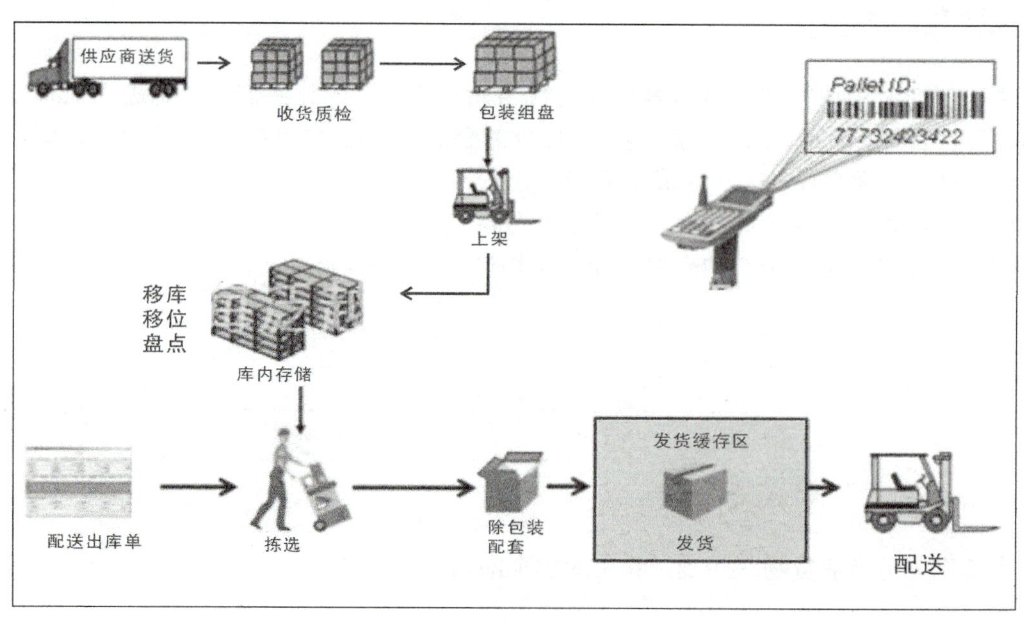

图 1-6　仓储作业流程图 2

任务实施

观看上海可的配送中心仓储作业视频，回答下列问题。

（1）视频体现了仓储作业的哪些业务活动？

（2）视频中展示的仓储作业流程如何？请绘制流程。

任务巩固

参观某物流企业的仓储作业过程，邀请管理人员谈谈仓储的业务活动，并绘制该物流企业的仓储作业流程。结合视频，提出需要改进的流程。

任务三 初识仓储单证

任务描述

如前所述，仓储活动包括信息处理环节。承载信息的平台则是仓储单证，每一项仓储活动都伴有特定的仓储单证。学习任务三，完成下列问题。

（1）仓储活动中需要哪些单证？

（2）仓储活动中的各单证是如何流转的？

知识准备

一、仓储活动中的单证种类

在货物的出入库中，单证的填写与流转非常重要。单证上面记载着货物的重要信息以及管理人员的信息，是出入库及质押等的依据。在入库、保管与出库（配送）中主要流转的单证（见表 1-3）。

表 1-3 仓储作业流程与相应的单证

作 业 流 程	单 证 名 称
入　　库	送货通知单、送货单、入库单
保　　管	盘点单、移库单、退货单
出　　库	出库通知单、提货单、出库单

二、仓储单证的流转

不同企业的仓储单证流转并不完全一致，但主要的单证基本流转如下：

1．入库作业物流单证的流转

（1）物流企业接收来自客户的送货通知单，并据此编制入库作业计划。

（2）物流企业接收来自客户代表（如送货员）的送货单，核查入库作业计划与送货单，编制入库单。

（3）验收员从信息员处接收入库单，验收商品后在入库单上签字，并邀请送货员在入库单上签字。入库单一联交送货员，一联交信息员作信息反馈用，一联交财务。若在验收过程中出现异常情况，验收员需要填制货物异常报告。

（4）验收员在送货单上签字，由送货员带回至客户处。

（5）信息员根据反馈回的入库单在系统中录入相关数据。

（6）信息员根据入库单编制储位分配单（若采用 RF，储位分配单可省略），并交仓管员。

（7）仓管员根据储位分配单对货物上架，根据上架实际情况填写储位分配单。一联留存，一联交信息员反馈。信息员根据反馈信息调整系统数据。

2．在库作业物流单证的流转

（1）信息员根据业务需要编制盘点单，交仓管员。仓管员根据盘点结果填写盘点单，一联留存，一联交信息员。信息员根据盘点单反馈信息制作盘点结果表。

（2）信息员根据业务需要编制移库单，交仓管员。仓管员根据移库情况填写移库单，一联留存，一联交信息员。信息员根据移库单反馈信息调整系统数据。

3．出库作业物流单证的流转

（1）物流企业接收来自客户的出库通知单，并据此编制出库作业计划。

（2）物流企业在提货日期到来前，编制出库单，交仓管员。

（3）仓管员根据出库单拣取货物，并在出库单上签字。

（4）客户代表前来提货，仓管员邀请客户代表在出库单上签字。出库单一联交客户代表，一联交信息员，一联交财务。

（5）信息员根据反馈的出库单调整系统数据。

任务实施

观看上海可的配送中心的视频，完成下列问题。

（1）视频中出现了哪些物流单证？

（2）根据视频绘制相关物流单证的流转图。

任务巩固

根据资料 1 与 2，模拟送货通知、入库单及送货单的单据流转，并讨论各单据的联数。要求学生分组、分角色扮演存货人、送货员、信息员、仓管员。

资料 1：送货通知单（见图 1-7）。

送货通知单

八方物流有限公司：

我公司有一批货物将于明日送达，请通知各仓库作好收货准备。

立酷派集团

20130117

图 1-7　送货通知单

资料 2：2013 年 1 月 18 日，立酷派集团生产部安排人员李四携带送货单送货到达八方物流，仓管员张三根据入库单进行货物点收，本次送货的货物与入库单上的货物信息完全符合，产品质量完全符合合同要求，随后签收。

考核与评价

项目实施评价表

考核项目	考核要求	配分/分	评分标准	得分/分	备注
定义解析	1. 能解释仓储 2. 能说出仓库作业各区域及其功能 3. 能解释仓储作业	30	1. 不能解释仓储的概念扣 10 分 2. 不能说出教师提供的仓库的各作业区域及其功能，每处 3 分 3. 不能解释仓储作业概念的扣 10 分		
布局绘制	1. 能绘制教师提供的仓库作业区布局图 2. 能绘制教师提供的物流中心的平面布局图	30	1. 不能绘制仓库作业区布局图，每处扣 3 分 2. 不能绘制物流中心的平面布局图，每处扣 3 分		
流程描述	1. 能描述某仓储作业的流程 2. 能描述某仓储作业的单证流转过程	40	1. 不能描述仓储作业的流程，每处扣 3 分 2. 不能描述仓储单证流程，每处扣 3 分		
开始时间：		结束时间：		实际时间：	

项目二　定位仓储岗位

学习目标

1. 明确入库作业的岗位要求
2. 明确保管作业的岗位要求
3. 明确出库作业的岗位要求

项目概述

仓储作业岗位的工作内容不仅包括简单的出入库、装卸货物，而且关系到客户、货主、企业和个人切身利益。走上仓储作业岗位，就要掌握岗位的特定要求。

任务描述

不同的岗位会有不同的社会期待。仓储岗位对于入库作业、保管作业、出库作业的要求也不相同。学习该任务，完成下列问题。

（1）仓储作业的活动有哪些？

（2）不同仓储作业活动的岗位要求相同吗？

（3）你适合哪一个仓储作业活动的岗位要求？

知识准备

仓储作业岗位较多，各岗位有不同的工作内容，因此各岗位也有不同的岗位要求（见表1-4）。

表 1-4　仓储作业岗位及岗位要求一览表

项　目	岗　位	岗位工作内容	岗 位 要 求
信息员		1. 预检到达货物 2. 制作采购单、入库单，储位分配单、盘点单、移库单、退货单、出库单等单证	1. 熟悉办公软件的操作 2. 熟悉公司仓储管理信息系统操作 3. 熟悉公司收发货流程 4. 熟悉使用打印机等设备
入库作业	装卸工	1. 运用合适的装卸搬运工具卸货 2. 搬运货物至暂存区 3. 对货物进行合适的暂时堆叠	1. 熟悉货物搬运装卸工具的性能和安全操作 2. 能识别货物外包装的标识、标记 3. 熟悉堆码的技术和形式等
	验收员	1. 核对单证 2. 清点数量、检查外包装、抽检质量 3. 处理问题货物	1. 能对外包装进行基本的感官验货 2. 能运用简单的仪器进行数量验收 3. 熟悉公司的验收流程 4. 会填制验收单证
	理货员	1. 单货核对 2. 货物入库上架存放	1. 熟练掌握货物分类知识 2. 熟悉仓库库区的划分 3. 熟悉终端入库上架操作 4. 熟悉掌握库区储位编码知识 5. 熟悉掌握电动托盘叉车操作技术

（续）

项　目	岗　位	岗位工作内容	岗 位 要 求
保管作业	仓管员	1. 仓库的温、湿度管理 2. 货物的保养、存储、养护 3. 安全管理 4. 盘点库存货物	1. 能使用温湿度计，能根据库内外温湿度差异和天气状况，采取合理的温湿度控制方法 2. 能使用不同的清洁工具搞好库内外卫生 3. 掌握基本的货物保护方法 4. 熟悉防火安全制度，掌握消防器材的使用与方法 5. 掌握常见的盘点方法，能填制盘点单，处理盘点差异
出库作业	补货员	1. 照单取货 2. 货物搬运 3. 补货上架	熟悉货物搬运装卸工具的性能和安全操作
	拣货员	1. 根据拣货单拣取货物 2. 搬运货物至合流区	1. 掌握常用的几种拣货方式 2. 熟悉电子标签辅导拣货系统的操作 3. 熟悉货物搬运工具的性能和安全操作
	复核员	1. 复核出库货物，确认数量、包装、名称等信息与单证一致 2. 统筹作业，搬运货物至暂时出库区	1. 熟悉公司复核流程 2. 能处理复核差异事项 3. 掌握作业操作 4. 掌握货物搬运工具的性能和安全操作
	出货员	1. 核对出库凭证与装车单 2. 核对出货凭证与货物	1. 熟悉公司的出库流程 2. 能处理差异事项 3. 掌握装车方法

任务实施

仔细阅读表 1-4，并回答下列问题。

（1）入库作业中的验收员岗位与出库作业中的复核员岗位的工作内容有哪些异同点？

（2）哪些岗位要求掌握搬运装卸工具的操作？

任务巩固

模拟仓储物流企业的运作，进行角色定位，熟悉流程的前后衔接岗位。

准备工作：

（1）将全班分成四组，各组共同学习国家标准《仓储从业人员职业资质》后，每位学生寻找适合自己的岗位。

（2）分组模拟入库作业流程。

（3）分组模拟在库保管的工作。

（4）分组模拟出库作业流程。

（5）各组讨论模拟情况，填制单证，并讨论各岗位需要掌握的技能和知识，完成表 1-5。

（6）各组派代表展示模拟情况。

表 1-5　仓储岗位及其要求表

担 任 岗 位	前后衔接的岗位	需要填制的单证	需要掌握的技能或知识	备　注

考核与评价

项目实施评价表

考核项目	考核要求		配分/分	评分标准		得分/分	备注
岗位区别	1. 能说出仓储岗位的种类 2. 能根据教师提供的仓储作业人员的作业图片说出其岗位类别		20分	1. 不能说出仓储岗位的种类，每种扣1分 2. 不能根据图片说出对应的岗位类别，每处扣1分			
岗位描述	1. 能说出仓储作业各岗位的工作内容 2. 能说出仓储作业各岗位的工作要求		40分	1. 不能说出仓储作业各岗位的工作内容，每处扣1分 2. 不能说出仓储作业各岗位的工作要求，每处扣1分			
岗位模拟	1. 能分角色模拟仓储物流企业的入库作业流程 2. 能分角色模拟仓储物流企业的在库保管工作 3. 能分角色模拟仓储物流企业的出库作业流程		40分	1. 不能找到衔接岗位，每处扣2分 2. 不能说出需要填制的单证，每张扣2分 3. 不能说出需要掌握的技能或知识，每处扣2分			
开始时间：		结束时间：			实际时间：		

模块二

入库作业

项目一　准备入库事宜

学习目标

1. 能够填写各种入库单证
2. 掌握货物分区、分类的方法，能根据仓库的实际情况进行仓库分区作业
3. 掌握货物定位的方法，能合理安排货物的库位
4. 清楚仓储保管合同的内容、合同双方的权利和义务
5. 了解入库前的其他作业要求

项目概述

入库作业是仓储业务活动的开始。它包括入库准备、入库货物接运、验收、搬运、装卸、堆码、办理交接手续和登账手续等一系列工作。入库作业的工作质量，直接影响到货物储存保管以及出库作业等工作的顺利进行。而签订仓储保管合同则是入库作业的开始。

任务一　走近仓储保管合同

任务描述

某市盛达粮油进出口有限责任公司（以下简称盛达公司）与该市东方储运公司签订一份仓储保管合同。合同主要约定：由东方储运公司为盛达公司储存保管小麦 60 万公斤，保管期限自当年 7 月 10 日至 11 月 10 日，储存费用为 50 000 元，任何一方违约，均按储存费用的 20% 支付违约金。学习任务一，完成下列问题。

（1）根据以上约定，双方签署的仓储保管合同是否已经内容完整？

（2）双方的合法权益在哪些方面可能会无法受到保障？

知识准备

一、仓储合同的主要条款

1. 品名或者品类

仓储物的名称应该写全称、标准名称或者类别的标准名称，且必须清晰、明确，如果有

代号的，应标明代号，不符合法律规定的货物不能保管。

2．数量、质量、包装

存货人和保管人都要实事求是地确定并考虑仓储能力、仓储物的总量、计价单位等，数字要清晰无误。

仓储物的质量所适用的标准应清楚、明确、详细具体地写入合同中。国际仓储业务应尽量使用国际标准。

仓储物的包装所适用的标准为国际标准、（专业）部颁标准、企业标准、协商标准。包装的目的是保护仓储物不受损害。

3．仓储物验收的内容、标准、方法、时间

存货人交付验收的内容，包括仓储物和验收资料。

保管人在验收时对仓储物的品名、规格、数量、质量和包装状况等按包装上的标记或外观检查进行验收；无标记的以存货人提供的验收资料为准。散装货物按照国家有关规定或者合同约定验收。

验收方法包括全部验收和抽查验收，要在合同中明确约定。

验收期限从仓储物和验收资料全部送达保管人之日起，至验收报告送出之日止。

4．储存条件和保管要求

合同双方应该根据仓储物的性质，选择不同的储存条件，并在合同中明确载明。必要时，存货人应向保管人提供仓储物储存、保管、运输、装卸搬运等方面的技术资料，以避免造成仓储物或者仓库毁损、人身伤亡等损失。

由于仓储物的自然性质不同，对仓库的外界条件和温度、湿度等都有特定的要求。例如：肉类需要冷藏；木材、纸张、水泥需要干燥的环境；精密仪器的仓储环境要求恒温、防潮、防尘；易燃、易爆、易渗漏、有毒、放射性等危险货物的仓储需要有专门的仓库、技术、设备。

5．仓储物的进出库手续、时间、地点、运输方式

（1）进库管理。存货人或运输部门、供货单位送货到库的，或者由保管人负责到供货单位、车站、港口等处提运的仓储物，必须按照正常验收项目进行验收，或者按照国际规定当面交接清楚，分清责任。交接中发现问题，供货人在同一城镇的，保管人可以拒收；外埠或本埠港、站、机场、邮寄到货，保管人应该接货，妥善保存，并在有效验收期内通知存货人和供货人处理。

（2）出库管理。存货人自提或者保管人送货上门或者保管人代办运输的，相应的责任也应该明确。

6．仓储物的损耗标准和损耗处理

仓储合同应该规定一个标准以作为划分正常与非正常损耗的界限，以防范解决仓储物数量、重量减少的问题。非正常损耗由运输或保管中的责任人负责。

7．计费项目、标准和结算方式

计费项目、标准和结算方式应在合同中明确、详细规定，以免发生争议。

8. 责任划分和违约处理

责任划分是指存货人和保管人在仓储物入库、验收、保管、包装、出库等方面的责任。在合同中明确规定，以划清各自的责任。违约处理的方式有协商、调解、仲裁、诉讼；违约责任处理有违约金、赔偿金等。

9. 储存期限

储存期限一般应该在合同中明确规定，但有的合同也不规定，只要存货人按时支付仓储费即合同继续有效。

10. 变更和解除合同的期限

该期限的确定应该合理，要考虑国家和当事人的利益。

11. 其他事项

与仓储合同有关的仓储物检验包装、保险、运输等事项，也必须在合同中明确规定或另订合同。

仓储合同是诺成性合同，只要双方达成一致协议、合同成立，则合同立即生效，双方当事人必须受合同效力的约束，严格遵循合同条款执行。否则，违约一方应承担损失赔偿责任。

二、仓储合同双方的权利与义务

1. 保管方的义务与存货方的权利

（1）保证货物完好无损。

（2）对库场因货物保管而配备的设备，保管方有义务加以维修，保证货物不受损害。

（3）在由保管方负责对货物搬运、看护、技术检验时，保管方应及时委派有关人员。

（4）保管方对自己的保管义务不得转让。

（5）保管方不得使用保管的货物，其不对此货物享有所有权和使用权。

（6）保管方应做好入库的验收和接收工作，并办妥各种入库凭证手续，配合存货方做好货物的入库和交接工作。

（7）对危险品和易腐货物，如不按规定操作和妥善保管，造成毁损，则由保管方承担赔偿责任。

（8）一旦接受存货方的储存要求，保管方应按时接收货物入场。

2. 存货方的义务与保管方的权利

（1）存货方对入库场的货物数量、质量、规格、包装应与合同规定内容相符，并配合保管方做好货物入库场的交接工作。

（2）按合同规定的时间提取委托保管的货物。

（3）按合同规定的条件支付仓储保管费。

（4）存货方应向保管方提供必要的货物验收资料。

（5）对危险品货物，必须提供有关此类货物的性质、注意事项、预防措施和采取的方法等。

（6）由于存货方原因造成退仓、不能入库场，存货方应按合同规定赔偿保管方。

（7）由于存货方原因造成不能按期发货，由存货方赔偿逾期损失。

仓储合同范本

仓储保管合同

存货方：____________　合同编号：

签订地点：

保管方：____________　签订时间：____年__月__日

根据《中华人民共和国经济合同法》和《仓储保管合同实施细则》的有关规定，存货方和保管方根据委托储存计划和仓储容量，经双方协商一致，签订本合同。

第一条　储存货物的品名、品种、规格、数量、质量、包装。

1. 货物品名：
2. 品种规格：
3. 数量：
4. 质量：
5. 货物包装：

第二条　货物验收的内容、标准、方法、时间、资料。

第三条　货物保管条件和保管要求。

第四条　货物入库、出库手续、时间、地点、运输方式。

第五条　货物的损耗标准和损耗处理。

第六条　计费项目、标准和结算方式。

第七条　违约责任。

1．保管方的责任

（1）在货物保管期间，未按合同规定的储存条件、保管要求和保管货物，造成货物灭失、短少、变质、污染、损坏的，应承担赔偿责任。

（2）对于危险货物和易腐货物等未按国家和合同规定的要求操作、储存，造成毁损的，应承担赔偿责任。

（3）由于保管方的责任，造成退仓不能入库时，应按合同规定赔偿存货方运费和支付违约金________元。

（4）由保管方负责发运的货物，不能按期发货，应赔偿存货方逾期交货的损失；错发到货地点，除按合同规定无偿运到规定的到货地点外，并赔偿存货方因此而造成的实际损失。

（5）其他约定责任。

2．存货方的责任

（1）由于存货方的责任造成退仓不能入库时，存货方应偿付相当于相应保管费_%（或______%）的违约金。超议定储存量储存的，存货方除交纳保管费外，还应向保管方偿付违约金_______元，或按双方协议办。

（2）易燃、易爆、易渗漏、有毒等危险货物以及易腐、超限等特殊货物，必须在合同中注明，并向保管方提供必要的保管运输技术资料，否则造成的货物毁损、仓库毁损或人身伤亡，由存货方承担赔偿责任直至刑事责任。

（3）货物临近失效期或有异状的，在保管方通知后不及时处理，造成的损失由存货方承担。

（4）未按国家或合同规定的标准和要求对储存货物进行必要的包装，造成货物损坏、变质的，由存货方负责。

（5）存货方已通知出库或合同期已到，由于存货方（含用户）的原因致使货物不能如期出库，存货方除按合同的规定交付保管费外，并应偿付违约金＿＿＿＿＿元。由于出库凭证或调拨凭证上的差错所造成的损失，由存货方负责。

（6）按合同规定由保管方代运的货物，存货方未按合同规定及时提供包装材料或未按规定期限变更货物的运输方式、到站、接货人，应承担延期的责任和增加的有关费用。

（7）其他约定责任。

第八条　保管期限

从＿＿年＿月＿至＿＿年＿月＿日止。

第九条　变更和解除合同的期限

由于不可抗力事故，致使直接影响合同的履行或者不能按约定的条件履行时，遇有不可抗力事故的一方，应立即将事故情况电报通知对方，并应在＿＿＿天内，提供事故详情及合同不能履行、或者部分不能履行、或者需要延期履行的理由的有效证明文件，此项证明文件应由事故发生地区的＿＿＿＿＿机构出具。按照事故对履行合同影响的程度，由双方协商解决是否解除合同，或者部分免除履行合同的责任，或者延期履行合同。

第十条　解决合同纠纷的方式：执行本合同发生争议，由当事人双方协商解决。协商不成，双方同意由＿＿＿＿＿仲裁委员会仲裁（当事人双方不在本合同中约定仲裁机构，事后又没有达成书面仲裁协议的，可向人民法院起诉）。

第十一条　货物商检、验收、包装、保险、运输等其他约定事项。

第十二条　本合同未尽事宜，一律按《中华人民共和国经济合同法》和《仓储保管合同实施细则》执行。

存货方（章）：		保管方（章）：	
地址		地址	
法定代表人		法定代表人	
委托代理人		委托代理人	
电话		电话	
电挂		电挂	
开户银行		开户银行	
账号		账号	
邮政编码		邮政编码	

鉴（公）证意见：

经办人：　　　　鉴（公）证机关（章）

年　月　日

（注：除国家另有规定外，鉴（公）证实行自愿原则）

有效期限：　　年　月　日

至　　年　月　日

监制部门：　　　　印制单位：

任务实施

按以下步骤分组分角色模拟起草仓储保管合同，要求仓库保管合同内容完整、双方权利与义务对等。步骤如下。

（1）四人一组，成立团队。再分为两方，假设一方为存货方 2 人（盛达公司）和另一方为保管方 2 人（东方储运公司）。

（2）情境模拟，起草合同。

1）组内两方成员进行情境模拟。存货方和保管方对将要进行的合作内容进行讨论，以前面的合同范本为基础签订仓储合同。

2）磋商结束，确定合同主要内容条款，进行签约过程。

（3）展示成果。

双方的主谈判手向大家介绍仓储合同内容和主要争论焦点。

（4）教师评价。

教师对每组学生的行为进行点评并对知识内容进行归纳。

合同签订后，东方储运公司即开始清理其仓库，并拒绝其他有关部门在这三个仓库存货的要求。同年 7 月 8 日，盛达公司书面通知东方储运公司：因收购的小麦尚不足 10 万公斤，故不需存放贵公司仓库，双方于 6 月 3 日所签订的仓储合同终止履行，请谅解。东方储运公司接到盛达公司书面通知后，遂电告盛达公司：同意仓储合同终止履行，但贵公司应当按合同约定支付违约金 10 000 元。盛达公司拒绝支付违约金，双方因此而形成纠纷，东方储运公司于同年 11 月 21 日向人民法院提起诉讼，请求判令盛达公司支付违约金 10 000 元。

任务巩固

根据各组成果展示情况，进一步修订仓储保管合同。

任务二　规划库区

任务描述

某家新成立的物流企业，拟为周边若干学校的校园商店提供肥皂、洗衣粉、洗洁精、饼干、糖果、方便面、纸巾、饲料、矿泉水等日用品的储存服务。学习任务二，完成下列问题。

（1）针对以上货品，该物流企业应如何分区存储？

（2）库区平面布置采用哪种形式比较合适？

知识准备

一、货物分区应考虑的因素

（1）货物必需的储存条件。应考虑货物自身的特性及货品之间的特性差异，严格遵守“四一致原则”，即“属性一致、养护方法一致、作业手段一致、消防方法一致”。

（2）仓容利用率。在保证货物安全的前提下，要尽可能地提高仓容利用率。

（3）地坪载荷。一般地坪载荷为 2 吨 / 平方米，加强型地坪载荷为 5 吨 / 平方米。

（4）仓库设施条件。不同货物对仓库设施条件的要求不尽相同，因此需要充分考虑现有的仓库设施条件，以达到既能做到科学的分区分类又能经济、合理、高效的利用仓储设施设备。

二、货物分区的方法

（1）根据货物特性分区分类储存，将特性相近的货物集中存放。

（2）将单位体积大、单位质量大的货物存放在货架底层，并且靠近出库区和通道。

（3）将周转率高的货物存放在进出库装卸搬运最便捷的位置。

（4）将同一供应商或者同一客户的货物集中存放，以便于进行分拣配货作业。

三、库区平面布置的形式

平面布置是指对货区内的货垛、通道、垛间距、收发货区等进行合理的规划，并正确处理它们的相对位置。平面布置的形式可以概括为垂直式和倾斜式。

（1）垂直式布局，是指货垛或货架的排列与仓库的侧墙互相垂直或平行，具体包括横列式布局、纵列式布局和纵横式布局。

①横列式布局，是指货垛或货架的长度方向与仓库的侧墙互相垂直（见图 2-1）。

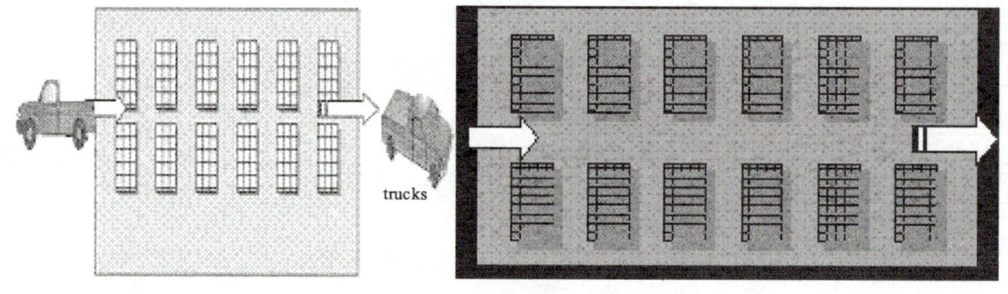

图 2-1　横列式布局

这种布局的主要优点是主通道长且宽，副通道短，整齐美观，便于存取查点，如果用于库房布局，还有利于通风和采光。

② 纵列式布局，是指货垛或货架的长度方向与仓库侧墙平行（见图 2-2）。

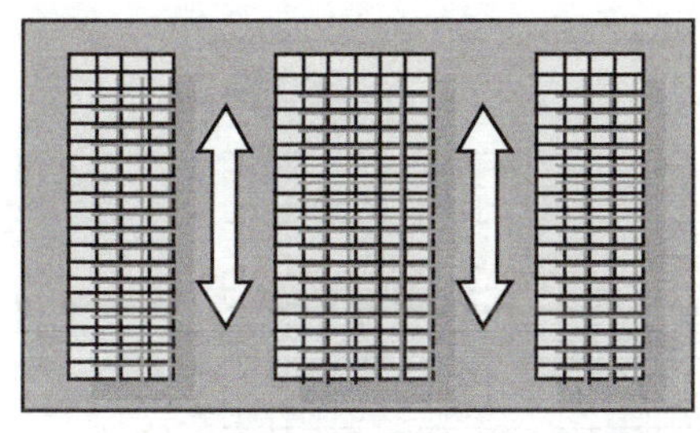

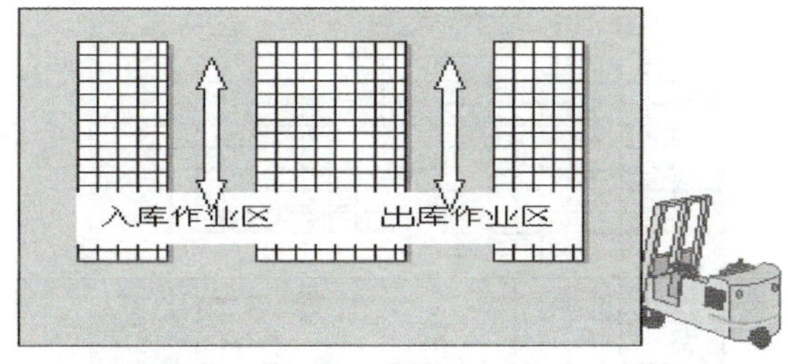

图 2-2　纵列式布局

这种布局的优点主要是可以根据库存货物在库时间的不同和进出频繁程度安排货位。在库时间短、进出频繁的货物放置在主通道两侧；在库时间长、进库不频繁的货物放置在里侧。

③ 纵横式布局，是指在同一保管场所内，横列式布局和纵列式布局兼而有之，可以综合利用两种布局的优点（见图 2-3）。

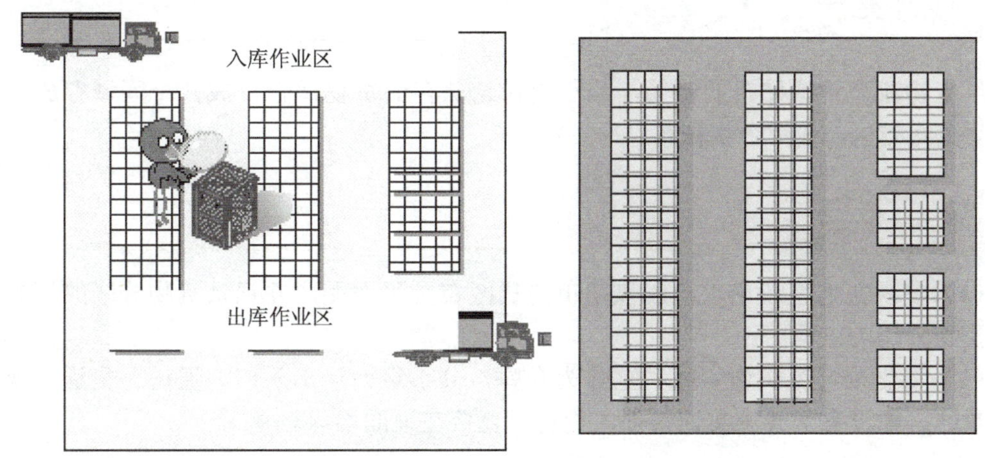

图 2-3　纵横式布局

（2）倾斜式布局，是指货垛或货架与仓库侧墙或主通道成 30°、45° 或 60° 夹角。具体包括货垛倾斜式布局和通道倾斜式布局。

① 货垛倾斜式布局，是横列式布局的变形，它是为了便于叉车作业、缩小叉车的回转角度、提高作业效率而采用的布局方式（见图 2-4）。

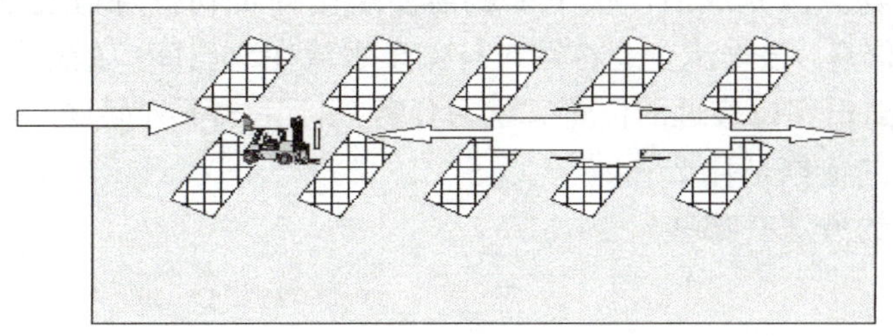

图 2-4　货垛倾斜式布局

② 通道倾斜式布局，是指仓库的通道斜穿保管区，把仓库划分为具有不同作业特点，如大量存储和少量存储的保管区等，以便进行综合利用。这种布局形式，仓库内形式复杂，货位和进出库路径较多（见图 2-5）。

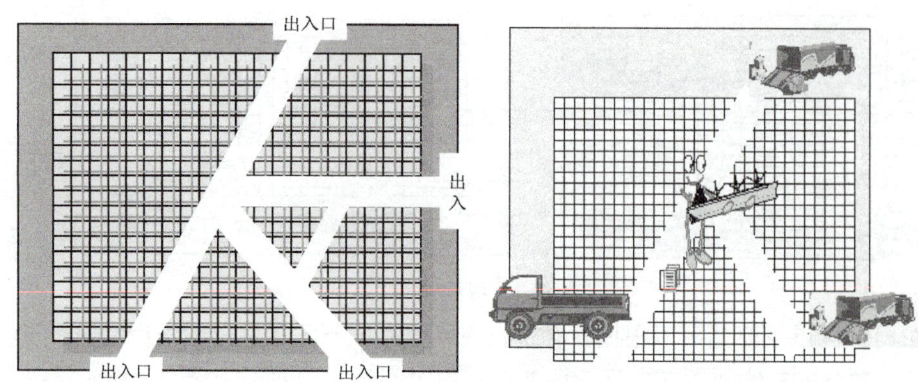

图 2-5 通道倾斜式布局

任务实施

结合物流公司拟储存的货物，分小组讨论储存的货物适合分成几个区域存放？库区若采用垂直式布局，最适合哪种布局形式？

任务巩固

（1）参观某大型超市，绘制该超市的货区布置平面图，并记录货物分区的标志，观察超市货物分区的依据。

（2）将学校物流实训室或教室作为仓库，分小组设计出入口、通道、货垛、垛间距、收发货区。如没有货架等实训条件，货物可直接在地面堆垛。

任务三 选择货位

任务描述

库区规划与货物分区完成后，接下来就需要给储存货物找合适的位置（即货位）。依据从客户处获得的信息，该物流企业将饲料与矿泉水放在离出库口最近的位置，而将洗洁精、肥皂、洗衣粉放在离出库口最远的位置。学习任务三，完成下列问题。

（1）货位定位的依据是什么？

（2）货位编号的方法有哪些？

知识准备

一、货位定位的依据

货位定位主要应遵循以下原则。

（1）最接近物流出口原则。在规定固定货位和机动货位的基础上，要求货物摆放在离物流出口最近的位置上。

（2）以库存周转率为排序依据的原则。经常性的出入库频次高且出入量比较大的品种放在离物流出口最近的固定货位上。很多货物的库存周转率会随着产品生命周期或季节等因素变化而变化。

（3）关联原则。若有两个或两个以上相关联的货物经常被同时使用，则应放在相邻的位置，这样可缩短分拣人员的移动距离，提高工作效率。

（4）唯一原则。同一货物要求集中保管在唯一货位区域内，便于统一管理，避免多货位提货。自动化立体仓库不用严格遵守这个原则。

（5）系列原则。同一系列的货物，设置一个大的区域，如标准件区。

（6）隔离易混货物原则。外观相近，用肉眼难以识别的货物，在标示清楚的基础上，要间隔 2 个以上的货位，防止混在一起，难以区分。

（7）批号管理原则。适用于食品、药品、化妆品等对有效期比较敏感的货物，一个批号的货物必须单独放在一个货位上；通过先进先出，进行严格管理。

（8）面对通道原则。把货物的标志面对通道，不仅是把外面的一层面对通道，而且要把所有的货物标志都要面对通道，面对同一方向，使分拣人员能够始终流畅地进行工作，不用中断工作去确认标志。

（9）合理搭配原则。要考虑货物的外形大小，根据实际仓库的条件，合理搭配空间；避免空间不足多货位放货，避免空间太大使用不充分。

（10）上轻下重原则。楼上或上层货位摆放重量轻的货物，楼下或者下层货位摆放重量大的货物，这样可以减轻搬运强度，保证货架、建筑与人员的安全。

（11）化学品、易燃易爆危险品单独区域存放原则。重点管理维护，避免影响其他货物的安全。

（12）目视化看板原则。绘制《货位平面图》，标明货物明确的货位，即使是临时人员，也能准确无误地分拣出货物。

二、货位编号的要求

（1）标志设置要适宜。例如，库房的编号一般写在库房的外墙上或库门上，货场的编号一般写在场地上，货棚编号书写的地方则可根据具体情况而定。

（2）标志制作要规范。例如，统一使用阿拉伯数字（见图 2-6）或英文字母制作货位编号标志（见图 2-7）。

（3）编号顺序要一致。基本上都应以进门的方向左单右双或自左而右的规则进行，按顺序编号划分若干货位，并标于明显处。

图 2-6　用阿拉伯数字编号的货位

图 2-7　用英文字母编号的货位

三、货位编号的方法

对于多层库房的货位编号，较常用的是“三号定位法”（见图 2-8）和“四号定位法”（见图 2-9）。

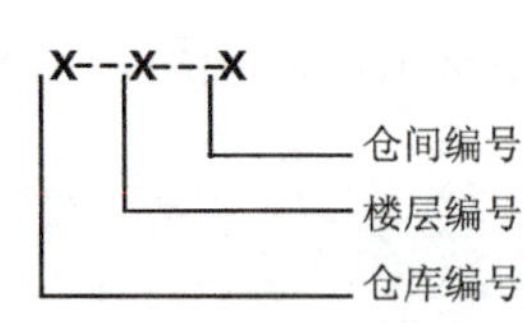

图 2-8　三号定位法

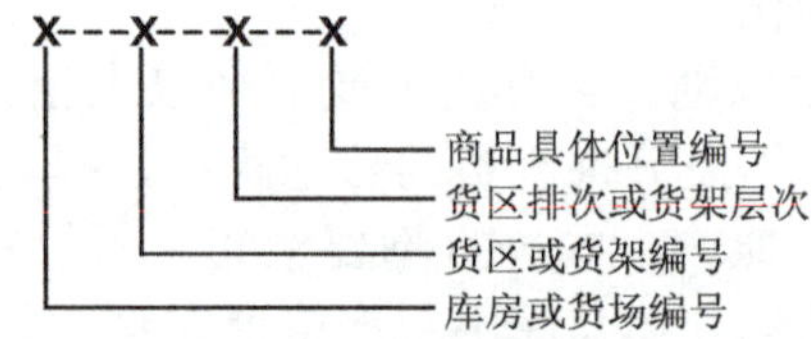

图 2-9　四号定位法

“三号定位法”是用三个数字或字母依次表示库房、层次和仓间，如 1-4-2 编号，表示 1 号库房、4 层楼、2 号仓间。“四号定位法”是用四个数字或字母依次表示库房、货架、层次和货位，如 13-15-2-26 编号，表示 13 号库房、15 货架、2 号层、26 号货位。

任务实施

（1）分小组讨论，该物流企业进行货位定位的依据是什么？有没有更合适的货位定位，依据是什么？

（2）请根据小组设计的货位定位，选用一种方法进行货位编号。

任务巩固

（1）请某仓库为库房货位编号并为商品安排货位。具体资料如下。

该仓库接收了一批矿泉水、汽水、饼干、洗衣粉、卫生纸、毛巾、大米、酱油等商品，经检验后需上货架保管，但是所有的货架并没有编号。假设库房平面（见图 2-10），其中 B 区无货架；另假设每种商品仅占一个货位，每种商品都有多个品牌。

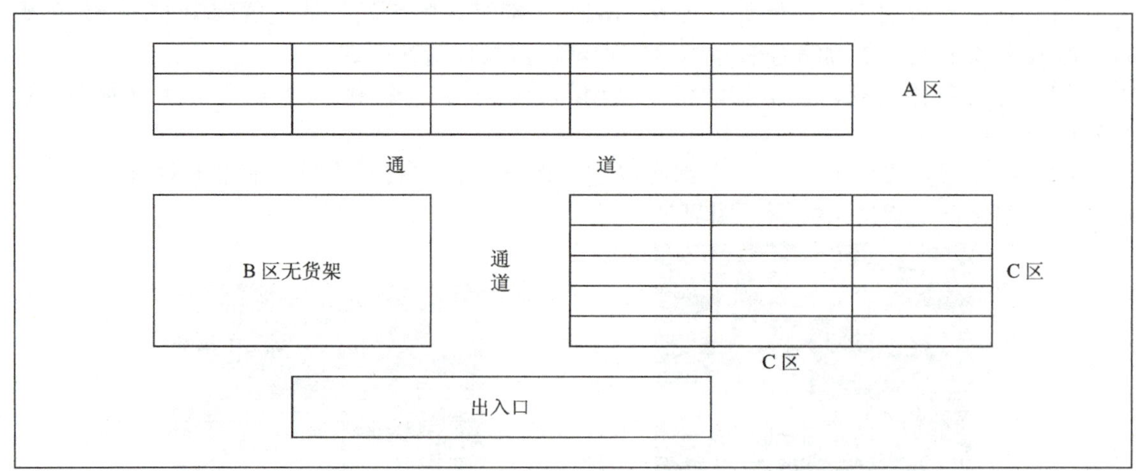

图 2-10　库房平面图

（2）以学校仓库为实训场地，从仓库管理员处获得货物出入库等的信息。

要求：1）测算仓库实用面积；2）根据平时储存货物的情况及仓库已有的仓储设备，给仓库划区并编号；3）根据货物出入库情况，给货位分配货位。

任务四　准备其他事宜

任务描述

单据见证物流业务的发生。入库作业过程中，需要填写一系列单据。2 月 2 日，该物流公司接到了某存货人的入库通知，称仓储合同号为 HTH341 的货物将于两天后送货到达。学习任务四，完成下列问题。

（1）仓管员应该准备哪些单据？

（2）这些单据是如何填写的？

知识准备

一、入库单据的种类

接到存货人发送的入库通知单后，仓库需要准备的单据有入库单（见图 2-11）、入库货物异常报告（见图 2-12）。

不同企业的单据格式不尽相同，但其包含的基本内容是相似的。另外，仓库填制入库单及入库货物异常报告的依据是入库的货物与随车送货单（见图 2-13）的一致性程度。

入库单

编号：

送货单位：______________入库日期：　年　月　日　储存位置：

货物编号	货物名称	规　格	单　位	送货数量	实收数量	备　注

会计：　　　　收货人：　　　　送货人：　　　　制单人：

本单一式三联，第一联：送货人联；第二联：财务联；第三联：仓库存查

图 2-11　入库单

入库货物异常报告

编号：________　　　　报告日期：________

货物名称	规　格	数　量	异常情况
送货人		验收人	

图 2-12　入库货物异常报告

送货单

编号：

送货单位：　　　　送货日期：　　年　　月　　日

货物名称	规格	单位	数量	包装	备注

送货单位（盖章）　　送货人：　　收货单位：（盖章）　　收货人：

图 2-13　送货单 1

二、入库单据的填写流程和要求

收到送货单时，仓库收货人员首先应将送货单与仓储合同副本、入货通知单等进行核对。只有核对相符后才进行实物验收，并根据验收情况如实填制入库单据。具体流程如图 2-14 所示。

在填写入库单据时，仓管人员应该做到单据内容完整、手续齐全、字迹清楚。

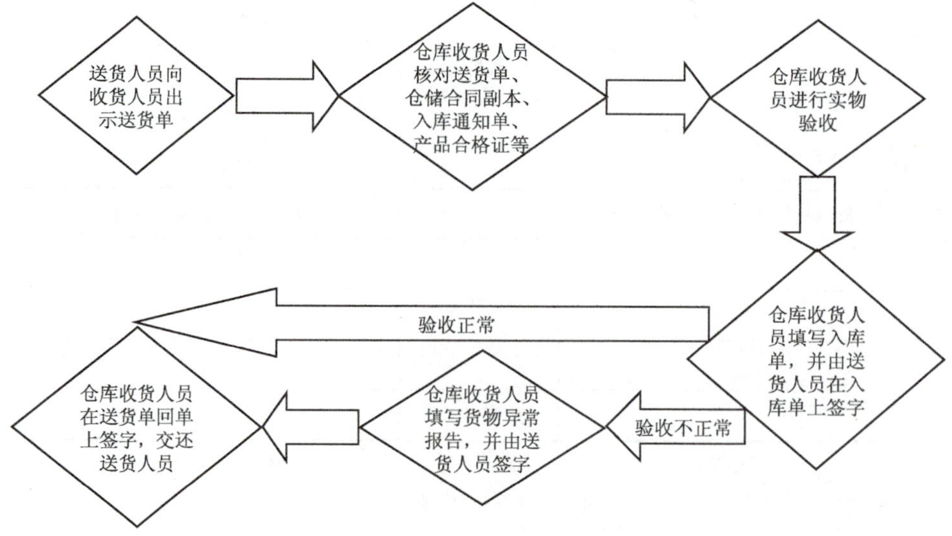

图 2-14　入库单据的填写流程

三、入库的准备工作

1. 熟悉入库货物

仓库业务、管理人员应认真核对入库货物的资料，必要时向存货人询问，掌握入库货物的规格、数量、包装状态、单件体积、到库确切时间、货物存期、货物的理化特性以及保管的要求等。据此精确和妥善进行库场安排、准备。

2. 制订仓储计划

仓库业务部门根据货物情况、仓库情况、设备情况，制定仓储计划，并将任务下达到各相应的作业单位、管理部门。

3. 验收准备

仓库理货人员根据货物情况和仓库管理制度，确定验收方法。准备验收所需的点数、调试、称量、开箱装箱、丈量、移动照明等用具和工具。

4. 装卸搬运工艺设定

根据货物、货位、人员、设备条件等情况，合理科学地制定卸车搬运工艺，确定工作的顺序。

5. 准备苫垫材料、作业用具

在货物入库前，根据所确定的苫垫方案，准备相应的材料，并组织衬垫铺设作业。将作业所需的用具准备妥当，以便能及时使用。

任务实施

根据下列资料，分小组讨论仓管员需要准备的单据及填写注意事项有哪些，并根据验收结果填制入库单。

资料：2013 年 2 月 4 日货物如期送到。收货人员吴灵负责此次收货业务，她核对了单证后，对实物进行了检验，验收结果与送货单（见图 2-15）一致，安排储存于 K01 库房。

送货单

编号：20130204

送货单位：浙江陆通物流有限公司　　　　送货日期：2013 年 2 月 4 日

货物名称	规　格	单　位	数　量	包　装	备　注
茉莉花茶	500ml×12 瓶	箱	20	纸箱	
康师傅冰绿茶	550ml×12 瓶	箱	30	纸箱	
王老吉	355ml×24 听	箱	40	纸箱	
营养快线	500ml×12 瓶	箱	20	纸箱	

送货单位（盖章）：浙江陆通物流有限公司　　送货人：方 ××　　收货单位：（盖章）收货人：

图 2-15　送货单 2

任务巩固

参观校园商店在货物接运前后对送货单、入库单等单据的处理。

考核与评价

项目实施评价表

考核项目	考核要求	配分/分	评分标准	得分/分	备注
条款描述	1. 能说出仓储合同的主要条款 2. 能充分考虑双方各自应承担的义务	20	1. 不能详细考虑合同要点每条扣2分 2. 不能充分考虑双方各自应承担的义务每次扣2分		
货区区分	1. 能说出货区布置的种类 2. 能根据教师提供的图片说出货区布置的种类	20	1. 不能说出货区布置的种类，每种扣1分； 2. 不能根据图片说出货区布置的种类，每种扣2分		
货位选择	1. 能说出货位定位的依据 2. 能说出货位编号的方法 3. 能根据教师提供的货物及仓储区域布局图分配货位	30	1. 不能说出货位定位的依据每处扣1分 2. 不能说出货位编号的方法每种扣1分 3. 不能分配货位，每错扣2分		
单据填写	1. 能说出入库单据的种类 2. 能填写入库单据	30	1. 不能说出入库单据，每张扣2分 2. 不能正确填写入库单据，每错扣2分		
开始时间：		结束时间：		实际时间：	

项目二 检验入库货物

学习目标

1. 能根据不同的情况完成货物的接收作业
2. 会核对复合单据和货物
3. 会处理货物接收中的异常问题
4. 能熟练使用常用计量工具
5. 能根据不同的货物情况验收货物并处理异常问题
6. 会填写入库检验单

项目概述

货物入库前的准备工作做好后，下一步就是要进行货物的接运与验收。

任务一 接运货物

任务描述

2月2日，该物流公司接到当地某货运站的传真，称有两票货物已到。学习任务一，完成下列问题。

（1）该货物的接运方式有哪些？

（2）货物接运中可能会出现哪些异常情况？

知识准备

货物到达仓库，除了一小部分由供货单位直接运到仓库交货外，大部分要经过铁路、公路、水运、空运等运输方式转运。凡经过运输部门转运的货物，均需经过仓库接运后，才能进行入库验收。在完成货物接运的同时，还应认真填写接运记录单（见图2-16）。

接运记录单

序号	到达记录									接运记录					交接记录			
	通知到达时间	运输方式	发货站	发货人	运单号	车号	货品名称	件数	重量	日期	件数	重理	缺损情况	接货人	日期	提货通知编号	附件	收货人

图2-16 接运记录单

一、货物的接运方式

货物接运的主要方式如下。

1. 提货

（1）到车站、码头提货。这是由外地托运单位委托铁路、水运、民航等运输部门或邮局代运或邮递货物到达本埠车站、码头、民航站、邮局后，仓库依据货物通知单派车提运货物的作业活动。

到车站、码头提货需要注意如下事项。

1）提货人员对所提取的商品应了解其品名、型号、特性和一般保管知识以及装卸搬运的注意事项等。

2）提货时应根据运单以及有关资料详细核对品名、规格、数量，并要注意商品外观，查看包装、封印是否完好，有无沾污、受潮、水渍、油渍等异状。

3）在短途运输中，要做到不混不乱，避免碰坏损失。

4）商品到库后，提货员应与保管员密切配合，尽量做到提货、运输、验收、入库、堆码成一条龙作业，从而缩短入库验收时间，并办理内部交接手续。

（2）到货主单位提取货物。这是仓库受托运方的委托，直接到供货单位提货的一种形式。这是将提货与货物的初步验收工作结合在一起的提货方式，因此，接运人员要按照验收注意事项提货，必要时可由验收人员参与提货。

（3）托运单位送货到库接货。这种接货方式通常是托运单位与仓库在同一城市或附近地区，不需要长途运输时被采用。其作业内容和程序是：当托运方送货到货栈后，根据托运单（需要现场办理托运手续的要提前办理）当场办理接货验收手续，检查外包装，清点数量，作好验收记录。如有质量和数量问题托运方应在验收记录上签证。

（4）铁路专用线到货接运。这是指仓库备有铁路专用线，大批整车或零担到货接运的形式。一般铁路专线都与公路干线联合。在这种联合运输形式下，铁路承担主干线长距离的货物运输，汽车承担直线部分的直接面向收货方的短距离的运输。

铁路专用线到货接运需要注意如下事项。

1）接到专用线到货通知后，应立即确定卸货货位，力求缩短场内搬运距离；组织好卸车所需要的机械、人员以及有关资料，作好卸车准备。

2）车皮到达后，引导对位，进行检查。看车皮封闭情况是否良好，即卡车、车窗、铅封、苫布等有无异状。根据运单和有关资料核对到货品名、规格、标志和清点件数。检查包装是否有损坏或有无散包。检查是否有进水、受潮或其他损坏现象。在检查中发现异常情况，应请铁路部门派员复查，作出普通或商务记录，记录内容应与实际情况相符，以便交涉。

3）卸车时要注意为商品验收和入库保管提供便利条件，分清车号、品名、规格；保证包装完好，不碰坏，不压伤，更不得自行打开包装。应根据商品的性质合理堆放，以免混淆。卸车后在商品上应标明车号和卸车日期。

4）编制卸车记录，记明卸车货位规格、数量，连同有关证件和资料，尽快向保管员交代清楚，办理好内部交接手续。

2. 仓库收货

货物到库后，仓库收货人员首先要检查货物入库凭证，根据凭证开列的收货单位和货物名称与送交的货物内容和标记进行核对。核对无误后与送货人员办理交接手续。如果在以上工序中无异常情况出现，收货人员在送货回单上盖章表示货物收讫。如发现有异常情况，必须在送货单上详细注明并由送货人员签字，或由送货人员出具差错、异常情况记录等书面材料，作为事后处理的依据。

二、货物接运中出现问题的处理

1．破损

造成破损的原因主要是接运前和接运中厂商、发货或承运单位的责任。其中，货物本身的破损影响其价值或使用价值，甚至导致货物报废。包装破损影响货物和仓储保管。

2．短少

接运前短少的，应向承运部门索取有关的事故记录作为索赔的依据；接运中因装载不牢或无人押运被窃等短少的，签收时报告保卫部门处理。

3．变质

（1）生产或保管不善、存期过长等原因导致货物变质，责任在供货方。

（2）承运中因受污染、水渍等原因导致货物变质，责任在承运方。

（3）提运中，因货物混放、雨淋等原因造成变质的，是接运人员的责任。

4．错到

（1）因发运方的责任，如错发、错装等导致错到，应通知发运方处理。

（2）因提运接运中的责任，如错卸、错装等导致错到，仓管员在签收时应详细注明，并报仓库主管负责追查处理。

（3）因承运方责任，如错运、错送等导致错到，应索取承运方记录，交货主交涉处理。

（4）对于无合同、无计划的到货，应及时通知货主查询，经批准后，才能办理入库手续。

任务实施

根据以下资料，分小组讨论该物流企业如何选择接运方式，且这种接运方式需要注意哪些事项。

资料：该物流企业即将接运的两票业务如下：

（1）①上好佳薯片，80 箱，总重量 2 400kg，体积 18m^3；②上好佳曲奇饼干，20 箱，总重量 600kg，体积 10m^3。

（2）缝纫机，16 箱，总重量 800kg，体积 18m^3。

该物流企业立即着手安排接运事宜。2 月 3 日，该物流企业可调度的运输工具资源如下：①车辆 A，车牌号沪 B-8863，载重量 30t，容积 50m^3；②车辆 B，车牌号沪 A-6975，载重量 20t，容积 50m^3；③车辆 C，车牌号沪 A-8563，载重量 40t，容积 60m^3。

任务巩固

请小组讨论接运人员应该如何处理下列情况，并填制接运记录单。

资料：到了货运站，接运人员发现 1 箱上好佳薯片外包装有水渍，1 箱上好佳曲奇饼干外包装有被咬痕迹；缝纫机型号与仓储合同不一致。

根据上述情况，接运人员应该如何处理？并填制接运记录单。

任务二 验收货物

任务描述

接运工作完成后，就要对入库的货物从数量、质量、包装三方面进行验收。2 月 2 日，该物流公司接到了某存货人的入库通知，称仓储合同号为 HTH341 的货物将于两天后送货到达，要求于 2 月 5 日前完成货物入库。2 月 4 日货物如期送到。收货人员吴灵负责此次收货业务。学习任务二，完成下列问题。

（1）对货物的数量验收可用哪些计量设备？

（2）货物验收中会遇到哪些问题？该如何处理？

知识准备

一、计量设备的种类

计量工具可用于货物进出库时的计量、点数，以及货存期间的盘点、检查等，仓库中使用的计量工具种类很多，常见的计量设备如下。

（1）重量计量设备，各种磅秤、电子秤等。

（2）流体容积计量设备，流量计量仪、液面液位计量仪。

（3）长度计量设备，检尺器（见图 2-17）、自动长度计量仪等。

（4）个数计量装置，自动计数器及自动计数显示装置等。

（5）还有综合的多功能计量设备和计量装置等。常用的有如下几种：

1）轨道衡。轨道衡（见图 2-18）是对地面车辆、铁道车辆载货计重的衡器，常用有机械式及电子式的两类。

2）电子秤。电子秤（见图 2-19）是电子衡器之一，按用途不同有吊秤、配料秤、皮带秤、台秤等。在物流领域中，配合起重机具在起吊货物时同时计重的吊钩秤使用较多。在工厂物流中，配料秤使用较多。

3）核探测仪（核子秤）。核探测仪是利用核辐射的射线对物料进行探测，电离室将透过的射线转换为电信号，由微机进行处理，可以显示、打印，用以计量重量及容积的装置。

4）出库数量显示装置。出库数量显示装置是一种计数的计量装置，安装于多品种、少批量、多批次的拣选式货架上，每当取出一件，相应的显示装置上就显示出数量指示，可观察显示装置确认拣选数量、库存数量。如果和电子计算机联机，则可由计算机立即汇总、记录。用这种装置可以防止计数的混乱及差错，所以应用很广泛。

图 2-17　检尺器

图 2-18　轨道衡及其显示器

图 2-19　电子秤

二、货物入库验收的基本要求

验收的主要任务是查明到货的数量和质量，把好货物入库质量关，防止仓库和存货人遭受不必要的损失。

1．及时

到库商品必须在规定的期限内完成验收入库工作。这是因为商品虽然到库，但未经过验收的商品没有入账，不算入库，不能供应给用料单位。同时商品的托收承付和索赔都有一定的期限，如果验收时发现商品不合规定要求，要提出退货、换货或赔偿等请求，均应在规定的期限内提出。否则，供方或责任方不再承担责任，银行也将办理拒付手续。

2．准确

验收应以商品入库凭证为依据，准确地查验入库货物的实际数量和质量状况，并通过书面材料准确地反映出来。做到货、账、卡相符，提高账货相符率，降低收货差错率，提高企业的经济效益。

3．严格

仓库的各方都要严肃认真地对待商品验收工作。验收工作的好坏直接关系到国家和企业的利益，也关系到以后各项仓储业务的顺利开展。因此，仓库领导应高度重视验收工作，直接参与验收的人员要以高度负责的精神来对待这项工作，明确每批货物验收的要求和方法，并严格按照仓库验收入库的业务操作程序办事。

4．经济

商品在验收时，多数情况下，不但需要检验设备和验收人员，而且需要装卸搬运机具和设备以及相应工种工人间的配合。这就要求各工种密切协作，合理组织调配人员与设备，以节省作业费用。此外在验收工作中，尽可能保护原包装，减少或避免破坏性试验，也是提高作业经济性的有效手段。

三、货物验收异常问题的处理

货物在入库验收过程（见图 2-20）中若出现异常情况，要及时处理，并应针对不同的异常情况采取不同的处理方法。

（1）验收凭证异常的处理。验收中凭证异常情况有三种，即凭证未到、凭证不齐、凭证不符。前两种情况下，应将货物作待验品来处理，待凭证齐全后再组织验收。最后一种情况下，应及时通知货主进行处理，并按货主提出的办法办理验收，将处理经过记录以备案。

（2）验收包装异常的处理。若验收时发现货物外包装出现严重破损、变形、水渍、油渍等异常情况时，应及时通知货主，并按货主提出的办法处理验收。

（3）验收数量异常的处理。若发现货物数量异常（短缺或溢余），应会同送货人员当场作出详细记录，交接双方在记录上签字，并及时通知货主。数量短缺需按实际验收数量入账，数量溢余需按货主意见处理。

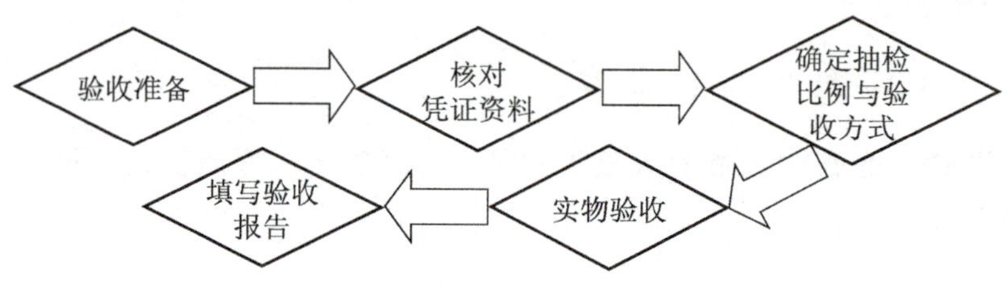

图 2-20　货物验收流程图

任务实施

（1）根据以下资料（见图 2-21），分小组讨论该笔货物的数量验收需要准备哪些计量设备，并记录不同的计量设备分别适用于哪些或哪类商品。

（2）分小组讨论处理货物验收中遇到的问题，完成验收作业，并记录验收工作的流程及结果。（建议：教师用不同颜色的粉笔盒代表不同的货物，事先在凭证、包装、数量、质量方面作有意识地处理，并体现各组的货物出现的异常点）。

资料：

送货单

编号：20110204

送货单位：浙江八方物流有限公司　　　　送货日期：2013　年　2　月　15　日

货物名称	规　格	单　位	数　量	包　装	备　注
茉莉花茶	500ml×12 瓶	箱	20	纸箱	
康师傅冰绿茶	550ml×12 瓶	箱	30	纸箱	
王老吉	355ml×24 听	箱	40	纸箱	
营养快线	500ml×12 瓶	箱	20	纸箱	

送货单位（盖章）：浙江陆通物流有限公司　　送货人：方 ××　　收货单位：（盖章）收货人：

图 2-21　送货单 3

任务巩固

根据以上验收情况，填制货物入库单、入库货物异常报告，并在入库货物异常报告的备注栏中说明处理方法。

考核与评价

项目实施评价表

考核项目	考核要求	配分/分	评分标准	得分/分	备注
货物接运	1．能说出货物接运的方式 2．能说出货物接运中可能出现的问题 3．能根据教师预设的情景说出货物接运中出现问题的简单处理	50	1．不能说出货物接运方式，每种扣 2 分 2．不能说出货物接运中可能出现的问题，每种扣 2 分 3．不能进行简单处理货物接运中的问题，每次扣 3 分		
货物验收	1．能说出验收的基本要求及流程 2．能说出验收中的异常问题的种类 3．能根据教师预设的情景说出验收中的异常问题的处理方式	50	1．不能说出验收的基本要求或流程，每处扣 2 分 2．不能说出验收中的异常问题的种类，每种扣 2 分 3．不能处理异常问题，每次扣 3 分		
开始时间：		结束时间：		实际时间：	

项目三　搬运与堆垛货物

学习目标

1. 会选用合适的搬运工具，能合理确定搬运路线
2. 掌握货物堆垛前的准备要求、货物堆垛的要求、基本原则
3. 掌握各种堆码方法的要点
4. 会按照货物的性质堆码

项目概述

货物验收后，就需要按一定的方式方法货物搬运（见图 2-22）、堆垛货物（见图 2-23）。货物搬运作业贯穿于出入库作业的始终，是仓储工作的重要组成部分。装卸搬运工作的好坏，极大地影响着仓储公司的经济效益。

图 2-22　货物搬运

图 2-23　货物堆垛

任务一　搬运货物

任务描述

库房 A 存有散装苹果 10t，现需要将其搬至相邻接的库房 B。学习任务一，完成下列问题。

（1）搬运的方式有哪些？

（2）不同的搬运方式需要使用哪些搬运工具？

（3）搬运的路线如何设计？

知识准备

一、常见的搬运工具

1. 手推车

手推车是一种以人力驱动为主，一般为无动力装置（不包括自行车）在路面上水平运输货物的小型搬运车辆的总称。它适合于短距离输送较小、较轻的货物（见图 2-24）。

2. 手动搬运车

手动搬运车是一种轻小型的利用人力提升货叉的装卸搬运设备，用于搬运装载于托盘上的货物（见图 2-25）。

3. 牵引车

没有承载货物的平台，只能作为牵引工具，用来牵引挂车，不能单独运输货物（见图 2-26）。

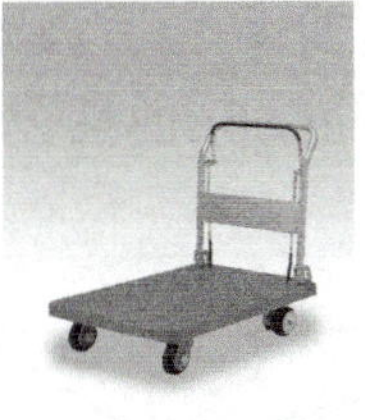
图 2-24 手推车

图 2-25 手动搬运车

图 2-26 牵引车

4. 叉车

叉车是仓库和货场广泛用来承担装卸、搬运、堆码作业的搬运车辆，具有适用性强、机动灵活、效率高等优点（见图 2-27）。

5. 自动搬运车

自动搬运车以电池为动力，装备有自动导引装置，能够独立自动寻址，具有安全保护装置以及各种装卸装置，并通过计算机系统控制完成无人驾驶及作业的搬运车辆（见图 2-28）。

6. 单元负载式输送机

单元负载式输送机主要用于输送托盘、箱包件或其他有固定尺寸的集装单元货物（见图 2-29）。

图 2-27 叉车

图 2-28 自动搬运车

图 2-29 单元负载式输送机

二、搬运工具的选择

搬运工具的选择以满足现场作业为前提。搬运工具首先要符合现场作业的性质和物资特点、特性要求；其次，搬运工具的作业能力（吨位）与现场作业量之间要形成最佳的配合状态。

搬运工具的选择还需要考虑到作业费用。需要考虑设备投资额、设备的运营费用及搬运的作业成本。

装卸搬运工具的配套要根据现场作业性质、运送形式、速度、搬运距离等要求，合理选择不同类型的相关设备。

三、搬运路线的确定

搬运路线有如下三种类型（见图 2-30）。

（1）直达型，指物料从起点到终点经过的路线最短。当物流量大、距离短或距离中等时，一般采用这种形式是最经济的，尤其是当货物有一定的特殊性而时间又较紧迫时更为有利。

（2）渠道型，指物料在预定路线上移动，与来自不同地点的其他物料一起运到同一终点。当物流量为中等或少量，而距离为中等或较长时，采用这种形式是经济的，尤其当布置是不规则的分散布置时更为有利。

（3）中心型，是各物料从起点移动到中心分拣处，然后再运到终点。当物流量小而距离中等或较远时，这种形式是非常经济的。尤其当厂区基本上是正方形的且管理水平较高时更为有利。

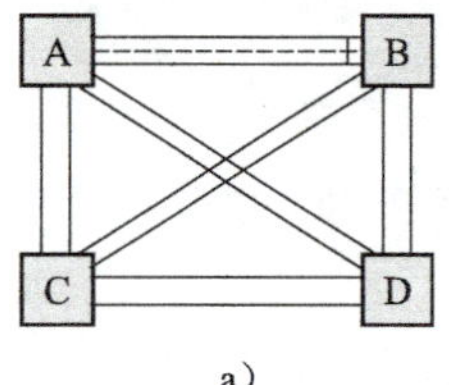

a）

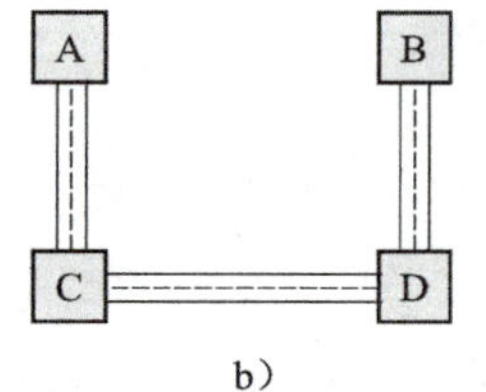

b）

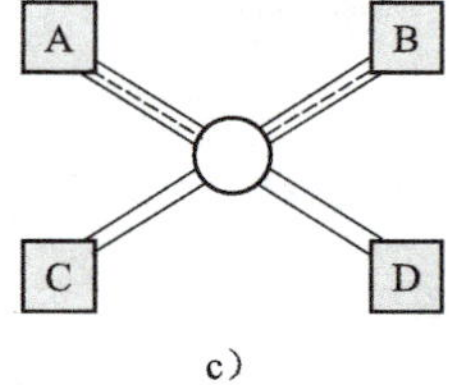

c）

图 2-30 搬运路线的类型

a）直达型 b）渠道型 c）中心型

搬运路线的选择，一般根据距离与物流量指示图（见图 2-31）来分析。

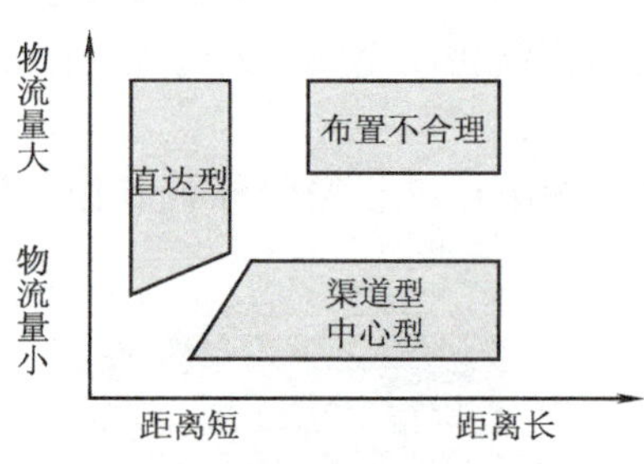

图 2-31 货物搬运路线选择

任务实施

分小组讨论，并将讨论下列问题。各组展示讨论成果后，再进一步修正方案。

（1）搬运的方式有哪些？

（2）不同的搬运方式需要使用哪些搬运工具？

（3）搬运的路线如何设计？

任务巩固

选用手动液压搬运车在图 2-32 所示场所搬运一托盘货物，搬运过程要求绕过障碍物，货物不允许倒塌。

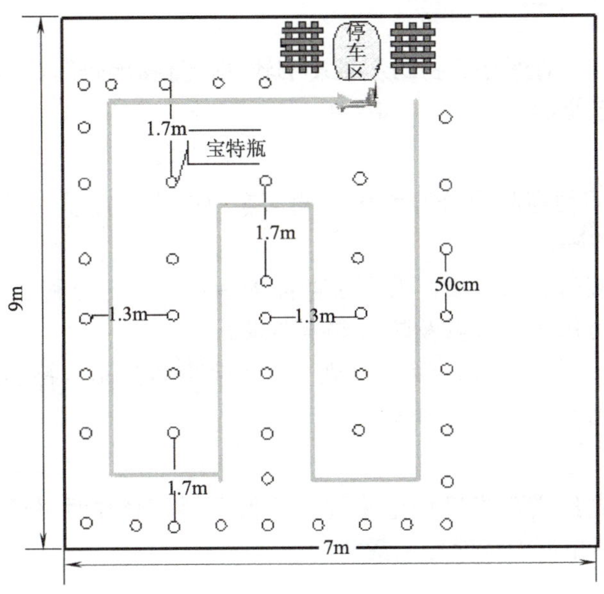

图 2-32　搬运图

任务二　堆码货物

任务描述

货物堆码是物流作业的一项基本技能。某存货人有一批货物送达公司仓库，已经通过货物验收。现需要完成货物的入库堆码工作。学习任务二，完成下列问题。

（1）货物堆码有哪些方法？

（2）堆码时应遵循什么原则？

知识准备

一、堆码货物的前提条件

货物在正式堆码前，应完成如下工作。

（1）商品的名称、规格、数量、质量已全查清，验收合格。

（2）商品已根据物流的需要进行编码。

（3）商品外包装完好、清洁、标志清晰。

（4）部分受潮、锈蚀以及发生质量变化的不合格商品，已加工恢复或已剔除。

（5）为便于机械化作业，准备堆码的商品已进行集装单元化。

二、货物堆垛的基本要求

堆码工作的合理与否对库存货物的质量影响较大，货物堆码的基本要求是合理、牢固、定量、整齐、节约、方便。

1．合理

（1）不同客户的同种商品应分开堆码，同一客户的不同性质、品种、规格、等级、批次的商品也需要分开堆码。

（2）货垛形式适应商品的性质，有利于商品的保管，能充分利用仓容和空间。

（3）货垛间距符合作业要求以及防火安全要求。

（4）“大不压小，重不压轻，缓不压急”，不会围堵商品，特别是后进商品不堵先进商品，确保“先进先出”。

2．牢固

牢固是指堆放稳定结实，货垛稳定牢固，不偏不斜，必要时采用衬垫物固定，不压坏底层商品或外包装，不超过库场地坪承载能力。

3．定量

定量是指每一货垛的商品数量保持一致，采用固定的长度和宽度，且为整数。每层货量相同或成固定比例递减，能做到过目知数。每垛的数字标记清楚，货垛牌或卡填写完整，排放在明显位置。

4．整齐

整齐是指货垛堆放整齐，垛形、垛高、垛距标准化和统一化，货垛上每件商品都排放整齐、垛边横竖成列，垛不压线，商品外包装的标记和标志一律朝垛外。

5．节约

节约是指尽可能堆高，避免少量商品占用一个货位，以节约仓容，提高仓库利用率；妥善组织安排，做到一次作业到位，避免重复搬倒，节约劳动消耗；合理使用苫垫材料，避免浪费。

6．方便

方便是指选用的垛形、尺度、堆垛方法应方便堆垛、搬运装卸作业，提高作业效率；垛形方便理数、查验商品，方便通风等保管作业。

三、货物堆码的基本原则

1．分类存放

分类存放是仓库储存规划的基本要求，是保证货物质量的重要手段，因此也是堆码需要遵循的基本原则。

（1）不同类别的货物分类存放，甚至需要分区、分库存放。

（2）不同规格、不同批次的货物也要分位、分堆存放。

（3）残损货物要与原货分开。

（4）对于需要分拣的货物，在分拣之后，应分位存放，以免混串。

此外，分类存放还包括不同流向货物、不同经营方式货物的分类分存。

2. 选择适当的搬运活性

搬运活性是指物品按照装卸与搬运次数进行分类，通常用活性指数 0、1、2、3、4 来表示。搬运活性指数是指搬运某种状态下的物品所需要进行的四项作业（集中、搬起、升起、运走）中已经不需要进行的作业数目（见图 2-33）。指数越高表明搬运的方便程度越高，搬运起来越容易。例如：无包装在地面散放的货物很不方便移动，其活性指数为 0；有包装或放置在一般容器内的物品，其活性指数为 1；装载在托盘上或者入集装箱的物品，其活性指数为 2；在无棚货车与可移动设备及工具上装载的货品，其活性指数为 3；放置在输送线上，其活性指数为 4。

为了减少作业时间、次数，提高仓库物流速度，应该根据货物作业的要求，合理选择货物的搬运活性。对搬运活性高的入库存放货物，也应注意摆放整齐，以免堵塞通道，浪费仓容。

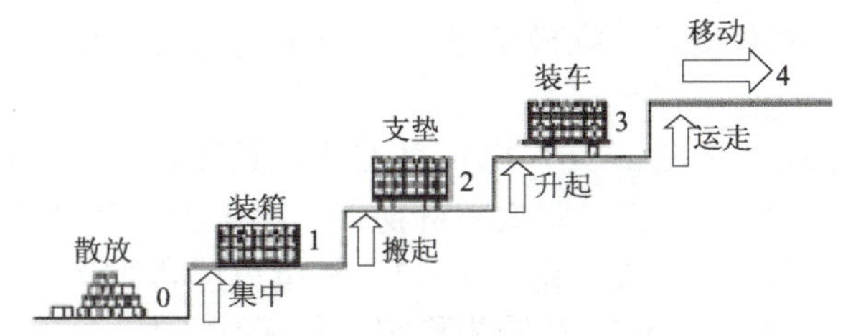

图 2-33　货物搬运活性指数示意图

3. 面向通道、不围不堵

货垛以及存放货物的正面，尽可能面向通道，以便查看；另外，所有货物的货垛、货位都应有一面与通道相连，处在通道旁，以便能对货物进行直接作业。只有在所有的货位都与同道相同时，才能保证不围不堵。

4. 根据出库的频率选定位置

出入库频率高的货物摆放在靠近仓库的出入口、易于作业的位置。

5. 尽可能向高处码放

在确定货垛稳定不影响质量的情况下尽可能码高，可利用货架等设备。

四、货物堆码的基本方法

1. 散堆法

散堆法适用于露天存放的没有包装的大宗货物，如煤炭、矿石等，也可适用于库内少量存放的谷物、碎料等散装货物（见图 2-34）。

图 2-34　散堆法

2. 货架存放

采用通用或者专用的货架进行货物堆码的方式（见图 2-35），通过货架能提高仓库的利用率，减少货物存取时的差错。采用货架存入的最大优点是货物相互之间不会挤压，可以实现有选择的取货或实现先入先出的出库原则。适用于小件、品种规格复杂且数量少、包装简易或脆弱、易损坏、不易堆垛的货物。常用的货架有悬臂架、板材架、托盘货架、多层立体货架等。

图 2-35 货架存放

3．堆垛法

对于有包装（如箱、桶）的货物，包括裸装的计件货物，采取堆垛的方式储存。堆垛方式储存能够充分利用仓容，做到仓库内整齐，方便作业和保管。货物的堆码方式主要取决于货物本身的性质、形状、体积、包装等。一般情况下多采取平放使重心最低，最大接触面向下，易于堆码，稳定牢固。

常见的堆码方式包括重叠式、纵横交错式、仰伏相间式、压缝式、通风式、栽柱式、衬垫式等。

（1）重叠式。重叠式（见图 2-36）也称直堆法，是逐件、逐层向上重叠堆码，一件压一件的堆码方式。用于袋装、箱装、箩筐装货物，以及平板、片式货物等。

（2）纵横交错式。纵横交错式（见图 2-37）是指每层货物都改变方向向上堆放。适用于管材、捆装、长箱装货物等。该方法较为稳定，但操作不便。

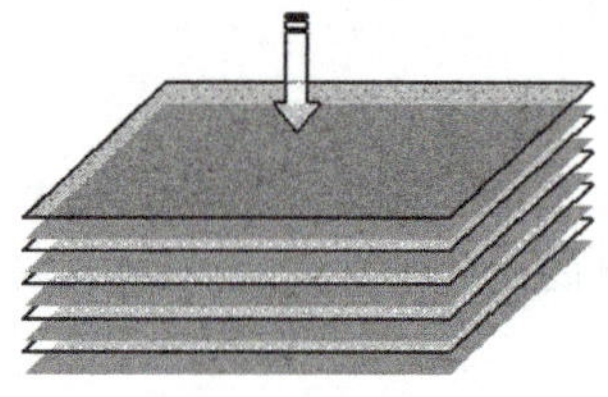

图 2-36 重叠式

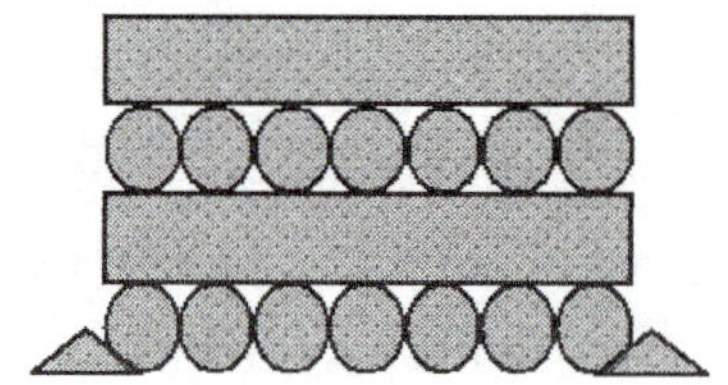

图 2-37 纵横交错式

（3）仰伏相间式。对上下两面有大小差别或凹凸的货物，如槽钢、钢轨等，将货物仰放一层，在反一面伏放一层，仰伏相向相扣（见图 2-38）。该垛极为稳定，但操作不便。

（4）压缝式。将底层并排摆放，上层放在下层的两件货物之间（见图 2-39）。按两件货物之间是否留有空隙，分为不留空隙压缝、留空隙压缝两种形式；按堆垛的形状分为台柱状、金字塔状两种形式。

图 2-38 仰伏相间式

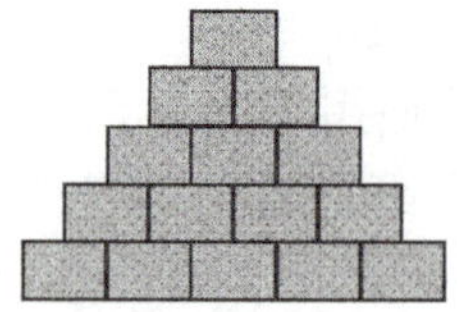

图 2-39 压缝式

（5）通风式。货物在堆码时，任意两件相邻的货物之间都留有空隙，以便通风。层与层之间采用压缝式或者纵横交错式。通风式（见图 2-40）堆码可以用于所有箱装、桶装以及裸装货物堆码，起到通风防潮、散湿散热的作用。

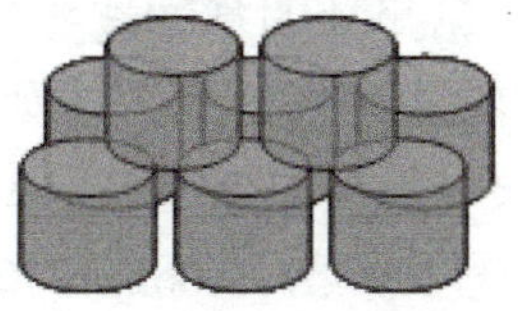
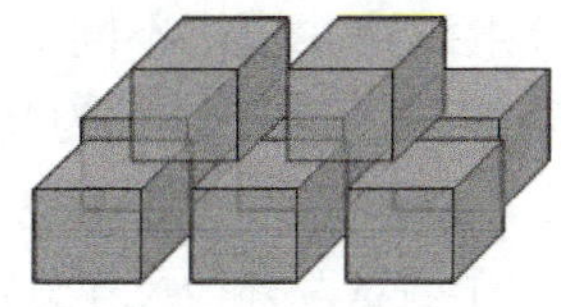

图 2-40　通风式

（6）栽柱式。码放货物前先在堆垛两侧栽上木桩或者铁棒，然后将货物平码在桩柱之间，几层后用铁丝将相对两边的柱拴连，再往上摆放货物（见图 2-41）。此法适用于棒材、管材等长条状货物。

（7）衬垫式。码垛时，隔层或隔几层铺放衬垫物，衬垫物平整牢靠后，再往上码（见图 2-42）。适用于不规则且较重的货物，如无包装电机、水泵等。

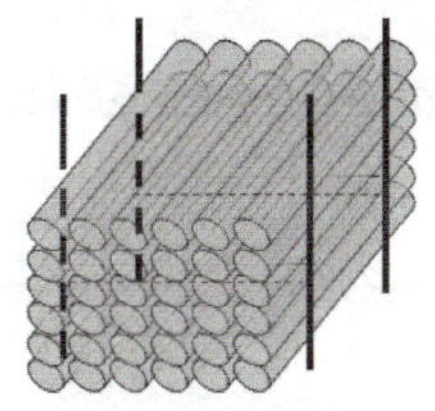

图 2-41　栽柱式

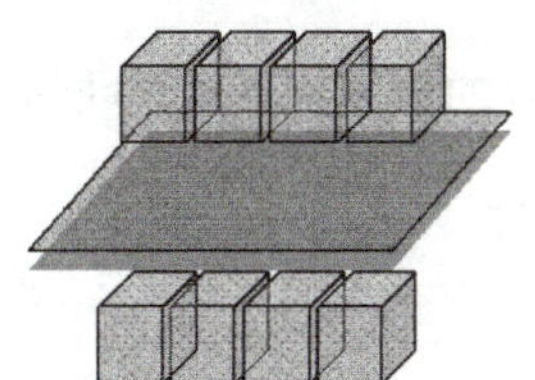

图 2-42　衬垫式

4. 托盘堆码

由于托盘在物流系统中的运用得到认同，因此就形成了货物在托盘上的堆码方式。常见的托盘堆码方法有重叠式堆码、纵横交错式堆码、正反交错式堆码和旋转交错式堆码等。

（1）重叠式堆码。即各层码放方式相同，上下对应。这种方式的优点是，工人操作速度快，包装货物的四个角和边重叠垂直，承载能力大。缺点是各层之间缺少咬合作用，容易发生塌垛。在货物低面积较大的情况下，采用这种方式具有足够的稳定性，如果再配上相应的紧固方式，则不但能保持稳定，还可以保留装卸操作省力的优点。

（2）纵横交错式堆码。相邻两层货物的摆放旋转 90°，一层横向放置，另一层纵向放置。每层间有一定的咬合效果，但咬合强度不高。

（3）正反交错式堆码。同一层种，不同列的货物以 90° 垂直码放，相邻两层的货物码放形式是另一层旋转 180° 的形式。这种方式类似于建筑上的砌砖方式，不同层间咬合强度较高，相邻层之间不重缝，因而码放后稳定性较高，但操作较为麻烦，且包装体之间不是垂直面相互承受载荷，所以下部货物容易压坏。

（4）旋转交错式堆码。第一层相邻的两个包装体互为 90°，两层间码放又相差 180°，这样相邻两层之间互相咬合交叉，货体的稳定性较高，不易塌垛。其缺点是，码放的难度较大，且中间形成空穴，降低托盘的利用效率。

5. “五五化”堆垛

“五五化”堆垛就是以五为基本计算单位，堆码成各种总数为五的倍数的货垛，以五或五的倍数在固定区域内堆放，使货物“五五成行、五五成方、五五成包、五五成堆、五五成层”，堆放整齐，上下垂直，过目知数。便于货物的数量控制、清点盘存。

任务实施

（1）根据资料，分组讨论并模拟不同数量及外箱尺寸的货物选择托盘堆码方法。

（2）分组讨论，若实际入库存放时为将五种商品区别开来，应如何选择堆放位置，其遵循的堆码原则是什么，以桌子为模拟场地，以课本为模拟纸箱。

资料：到货商品的箱子数量及外径尺寸分别为：① 100 箱，190mm×370mm×270mm；② 50 箱，285mm×380mm×270mm；③ 60 箱，320mm×480mm×200mm；④ 80 箱，380mm×570mm×220mm；⑤ 150 箱，350mm×350mm×245mm。

任务巩固

（1）以课本模拟通过验收货物的装货纸箱，以桌子模拟场地，练习堆垛法和多种托盘堆码法。

（2）将多种尺寸的箱子在托盘上堆码，为各种尺寸的箱子找到堆码层数最少的托盘堆码方式。

考核与评价

项目实施评价表

考核项目	考核要求	配分/分	评分标准	得分/分	备注
工具识别	1. 能根据教师提供的图片说出搬运工具 2. 能根据教师预设情景选择搬运工具	10	1. 不能根据图片说出搬运工具，每种扣 2 分 2. 不能根据情景选择搬运工具，每次扣 5 分		
路线选择	1. 能说出搬运路线的类型 2. 能绘制搬运路线的类型 3. 能说出各种搬运路线的特点 4. 能根据要求操作液压搬运车	30	1. 不能说出搬运路线的类型，每处扣 2 分 2. 不能说出各种搬运路线的特点，每处扣 3 分 3. 不能绘制搬运路线的类型，每种扣 3 分 4. 不能根据要求操作液压搬运车，每处扣 3 分		
区分堆码	1. 能说出货物堆码的基本原则 2. 能说出货物堆码的基本方法 3. 能根据图片识别货物堆码的方法	10	1. 不能说出货物堆码的基本原则，每处扣 1 分 2. 不能说出货物堆码的基本方法，每种扣 1 分 3. 不能根据图片识别货物堆码的方法，每次扣 3 分		
实践堆码	1. 能根据要求实践各种堆垛法 2. 能根据要求实践各种托盘堆码法	20	1. 不能根据要求实践堆垛法，每次扣 3 分 2. 不能根据要求实践托盘堆码法，每次扣 3 分		
模拟入库	1. 能分角色模拟入库作业 2. 能填写入库单及送货单 3. 能选择合适方式进行托盘堆码 4. 能选用合适的搬运工具并搬运货物	30	1. 不能分角色模拟入库，每次扣 5 分 2. 不能正确填写入库单或送货单，每处扣 3 分 3. 不能合理托盘堆码，每次扣 3 分 4. 不能选用合适的搬运工具并搬运，每处扣 3 分		
开始时间：		结束时间：		实际时间：	

模块三

保管作业

项目一　走近仓库温湿度

学习目标

1．理解温度、湿度的概念

2．掌握温度和湿度测试仪的使用

3．掌握仓库温湿度的控制和调节方法

4．学会调控仓库的温湿度

5．会运用温湿度查算表换算有关参数

项目概述

货物在仓库中发生的各种变质现象，几乎都与库房内的温湿度密切有关。因此，对仓库进行温湿度管理，力求把仓库的温湿度保持在适合货物储存的范围内至关重要。常见温湿度测量设备如下（见图 3-1）。

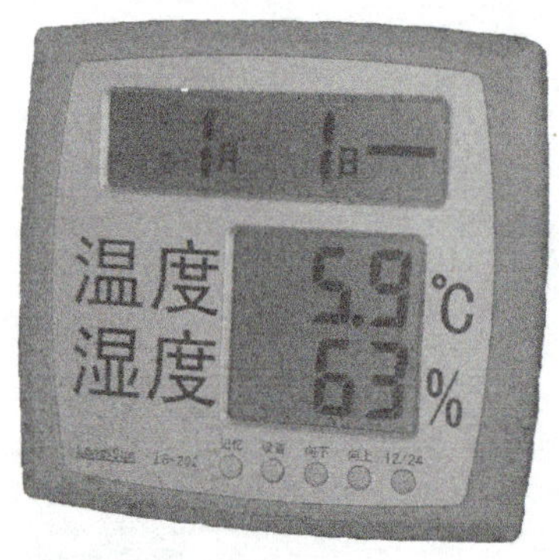

图 3-1　自计温湿度计

任务一　解读仓库温湿度

任务描述

2012 年 2 月 3 日 12 时，某仓库管理人员记录：“室温 12℃，空气湿度 67%”。学习任务一，完成下列问题。

（1）温度是如何测量的？

（2）空气湿度是如何测量的？

知识准备

一、温度和湿度的定义

1. 温度的定义

空气温度是指空气的冷热程度。一般而言，距地面越近，气温越高；距地面越远，气温越低。在仓库日常温度管理中，多用摄氏度表示，凡 0℃以下，在度数前加一个“-”，即表示零下 ×× 摄氏度。

2. 湿度的定义

湿度是空气中水汽含量的多少和空气干湿程度。表示空气湿度主要有以下几种方法：

（1）绝对湿度。绝对湿度是指在单位体积的空气中，实际所含水蒸气的量。可以按密度来计算，即按每立方米空气中实际所含水蒸气的重量来计算，用 g/m^3 表示。

（2）饱和湿度。饱和湿度是指在一定温度下单位体积中最大限度能容纳水蒸气的量。用 g/m^3 表示。空气的饱和湿度随着温度的升高而增大，随温度降低而减小。

（3）相对湿度。相对湿度表示空气中实际水蒸气量距离饱和状态程度，相对湿度大，空气就愈潮湿，水分不易蒸发；反之，即易蒸发。

$$相对湿度 = 绝对湿度 / 相同温度下的饱和湿度 \times 100\%$$

（4）露点温度。当含有一定数量水蒸气的空气（绝对湿度）的温度下降到一定程度时，所含水蒸气就会达到饱和（饱和湿度，即相对湿度达 100%），并开始液化成水，这种现象称为结露。水蒸气开始液化成水时的温度称做“露点温度”，简称“露点”。如果温度继续下降到露点以下，空气中超饱和的水蒸气就会在货物或其他物料的表面上凝结成水滴。此外，风与空气中的温湿度有密切关系，也是影响空气温湿度变化的重要因素之一。

二、温度和湿度的测量

1. 温度的测量

仓库内外温度测量常用普通温度计、最高最低温度计。

（1）普通温度计分为酒精温度计与水银温度计两种（见图 3-2）。水银温度计准确度高，但凝固点也高，不宜测量 -36℃以下的温度。酒精温度计准确度相对较低，但凝固点也低，适合测量低温，不宜测量 78℃以上高温。在我国，北方可能会在寒冷的冬季使用酒精温度计。

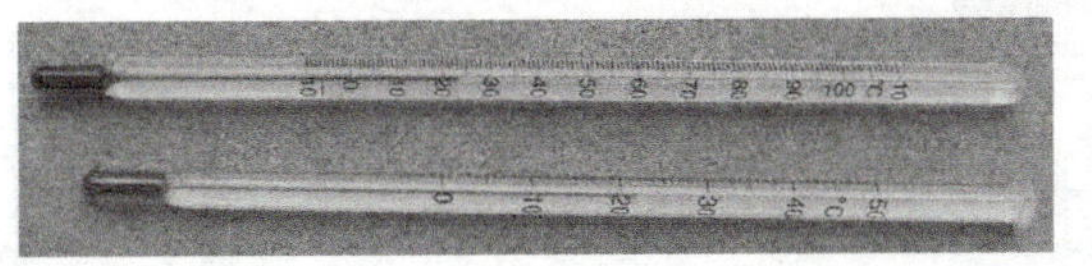

图 3-2 普通温度计（上为酒精温度计，下为水银温度计）

使用普通温度计时，首先要看清它的量程（测量范围），然后看清它的最小分度值，也就是每一小格所表示的值。要选择适当的温度计测量被测物体的温度。测量时温度计的液泡应与被测物体充分接触，且玻璃泡不能碰到被测物体的侧壁或底部；读数时，温度计不要离开被测物体，且眼睛的视线应与温度计内的液面相平。

使用前应进行校验（可以采用标准液温多支比较法进行校验或采用精度更高级的温度计校验）。不允许使用温度超过该种温度计的最大刻度值的测量值。温度计有热惯性，应在温度计达到稳定状态后读数。读数时应在温度凸形弯月面的最高切线方向读取，目光直视。

（2）最高最低温度计。最高最低温度计（见图 3-3）能指出在测量时间内所达到的最高温度和最低温度，但不能指出确切的时间。

图 3-3　最高最低温度计

2．湿度的测量

湿度的测量工具有干湿球温度计、自动记录湿度表、毛发湿度计。最常用的是干湿球温度计。干湿球温度计（见图 3-4）是采用间接测量方法，通过测量干球、湿球的温度，经过计算得到温度值。

干湿球温度计由两支相同的普通温度计组成，一支用于测定气温，称干球温度计；另一支在球部用蒸馏水浸湿的纱布包住，纱布下端浸入蒸馏水中，称湿球温度计。由于包住湿球温度计的纱布吸水后蒸发吸热，所以示数比干球温度计的示数小。当空气干燥时，湿球温度计的纱布蒸发快，吸热多，两个温度计的示数差就比较大。两个温度计的示数差越大，说明空气越干燥。当空气中水蒸气很多时，湿球温度计的纱布蒸发慢，吸热少，两温度计的示数差就小。两个温度计的示数差越小，说明空气越潮湿。图 3-5 显示的是其工作的基本原理。

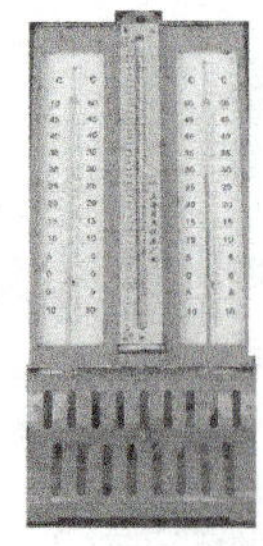

图 3-4　干湿球温度计

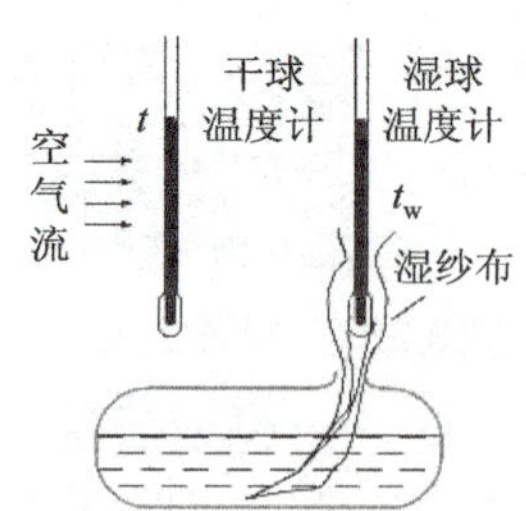

图 3-5　干湿球工作示意图

使用时，应将干湿球温度计放置距地面 1.2 ～ 1.5m 的高处。读出干、湿两球所示的温度差，根据干球的温度、干湿球的温度差这两个数据，再根据对照表（见表 3-1）就可查出当时空气的相对湿度。

目前，许多仓库直接使用温湿度自动计（见图 3-6），可以便捷地获得仓库的温度与湿度。

表 3-1　温湿度对照表

干湿温差 /℃ 干球温度 /℃	0.5	1	1.5	2	2.5	3	3.5	4	4.5	5	5.5	6	6.5	7	7.5	8
	相对湿度（%）															
50	97	94	92	89	87	84	82	79	77	74	72	70	68	66	63	61
49	97	94	92	89	86	84	81	79	77	74	72	70	67	65	63	61
48	97	94	92	89	86	84	81	79	76	74	71	69	67	65	62	60
47	97	94	92	89	86	83	81	78	76	73	71	69	66	64	62	60
46	97	94	91	89	86	83	81	78	76	73	71	68	66	64	62	59
45	97	94	91	88	86	83	80	78	75	73	70	68	66	63	61	59
44	97	94	91	88	86	83	80	78	75	72	70	67	65	63	61	58
43	97	94	91	88	85	83	80	77	75	72	70	67	65	62	60	58
42	97	94	91	88	85	82	80	77	74	72	69	67	64	62	59	57
41	97	94	91	88	85	82	79	77	74	71	69	66	64	61	59	56
40	97	94	91	88	85	82	79	76	73	71	68	66	63	61	58	56
39	97	94	91	87	84	82	79	76	73	70	68	65	63	60	58	55
38	97	94	90	87	84	81	78	75	73	70	67	64	62	59	57	54
37	97	93	90	87	84	81	78	75	72	69	67	64	61	59	56	53
36	97	93	90	87	84	81	78	75	72	69	66	63	61	58	55	53
35	97	93	90	87	83	80	77	74	71	68	65	63	60	57	55	52
34	96	93	90	86	83	80	77	74	71	68	65	62	59	56	54	51
33	96	93	89	86	83	80	76	73	70	67	64	61	58	56	53	50
32	96	93	89	86	83	79	76	73	70	66	64	61	58	55	52	49
31	96	93	89	86	82	79	75	72	69	66	63	60	57	54	51	48
30	96	92	89	85	82	78	75	72	68	65	62	59	56	53	50	47
29	96	92	89	85	81	78	74	71	68	64	61	58	55	52	49	46
28	96	92	88	85	81	77	74	70	67	64	60	57	54	51	48	45
27	96	92	88	84	81	77	73	70	66	63	60	56	53	50	47	43
26	96	92	88	84	80	76	73	69	66	62	59	55	52	48	46	42
25	96	92	88	84	80	76	72	68	64	61	58	54	51	47	44	41
24	96	91	87	83	79	75	71	68	64	60	57	53	50	46	43	39
23	96	91	87	83	79	75	71	67	63	59	56	52	48	45	41	38
22	95	91	87	82	78	74	70	66	62	58	54	50	47	43	40	36
21	95	91	86	82	78	73	69	65	61	57	53	49	45	42	38	34
20	95	91	86	81	77	73	68	64	60	56	52	58	44	40	36	32
19	95	90	86	81	76	72	67	63	59	54	50	56	42	38	34	30
18	95	90	85	80	76	71	66	62	58	53	49	44	41	36	32	28
17	95	90	85	80	75	70	65	61	56	51	47	43	39	34	30	26
16	95	89	84	79	74	69	64	59	55	50	46	41	37	32	28	23

（续）

干湿温差/℃ 干球温度/℃	0.5	1	1.5	2	2.5	3	3.5	4	4.5	5	5.5	6	6.5	7	7.5	8
	相对湿度（%）															
15	94	89	84	78	73	68	63	58	53	48	44	39	35	30	26	21
14	94	89	83	78	72	67	62	57	52	46	42	37	32	27	23	18
13	94	88	83	77	71	66	61	55	50	45	40	34	30	25	20	15
12	94	88	82	76	70	65	59	53	47	43	38	32	27	22	17	12
11	94	87	81	75	69	63	58	52	46	40	36	29	25	19	14	8
10	93	87	81	74	68	62	56	50	44	38	33	27	22	16	11	5
9	93	86	80	73	67	60	54	48	42	36	31	24	18	12	7	1
8	93	86	79	72	66	59	52	46	40	33	27	21	15	9	3	
7	93	85	78	71	64	57	50	44	37	31	24	18	11	5		
6	92	85	77	70	63	55	48	41	34	28	21	13	3			
5	92	84	76	69	61	53	46	36	28	24	16	9				
4	92	83	75	67	59	51	44	36	28	20	12	5				
3	91	83	74	66	57	49	41	33	25	16	7	1				
2	91	82	73	64	55	46	38	29	20	12	1					
1	90	81	72	62	53	43	34	25	16	8						
0	90	80	71	60	51	40	30	21	12	3						

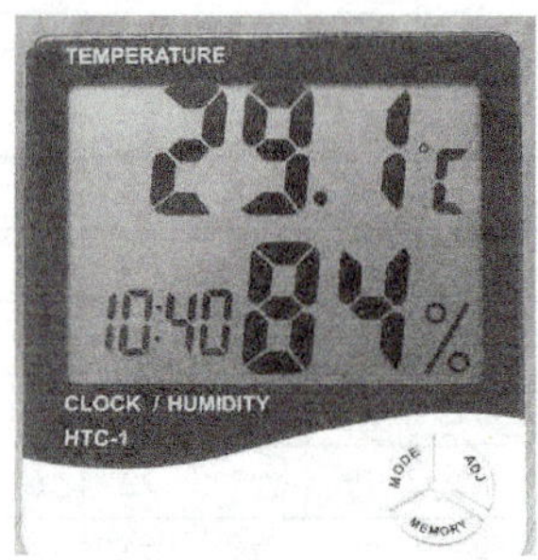

图 3-6　温湿度自动计

任务实施

（1）分享家中测量气温的仪器，探讨这些仪器是属于哪种类别的温度计。

（2）讨论使用水银温度计测量温度使用时的注意事项。

任务巩固

（1）使用干湿球温度计分小组测量教室、寝室、学校仓库、物流实训室等不同的地方，连续四周观察空气温湿度在一天中的变化规律，并记录数据，查阅表 3-1，填写仓库温湿度记录表（见表 3-2）。

（2）每天中午 12:00 左右，使用温湿度自动计在同一测量场所的门口、角落或背阳面、正中间同时测量，并记录数据，比较数据的差异，讨论分析差异的原因。

表 3-2　仓库温湿度记录表

场所：　　　　　　　　　　　　　　　　　　年　　月　　　　　　　　　　　　　编号：

日期	上午							下午							备注
	天气情况			记录时间	温度（℃）	湿度（%）	记录人	天气情况			记录时间	温度（℃）	湿度（%）	记录人	
	晴	阴	雨					晴	阴	雨					

本月库房温度情况			本月库房湿度情况			
月最高温度	月最低温度	月平均温度	月最高湿度	月最低湿度	月平均湿度	

注：每天记录时间为上午 8:00 ～ 9:00，下午 2:00 ～ 3:00 为宜。

（3）调查当地大型药房或医院药房，填制表 3-3，并邀请负责人谈谈温湿度管理对药品保管的作用。

表 3-3　药房温湿度管理情况调查表

药 房 名 称	有无使用温度计	温度计类型	有无使用湿度计	湿度计类型

任务二　调控仓库温湿度

任务描述

又是一年梅子熟，天气预报说：“今夜小雨，明天小雨，气温 26 ～ 31℃，南风 4 ～ 7 级。”仓库管理员小王一听有些发愁，仓库里存放有 10t 大米该如何是好？学习任务二，完成下列问题。

（1）大米在仓库储存时的温度、湿度调节有哪些方法？

（2）适合梅雨时节的温度、湿度调节方法有哪些？

知识准备

仓储企业库房温、湿度的管理对货物的质量有很大的影响。要保证货物的质量在存储过程中不受损害，除了掌控温度、湿度的相关知识之外，还需要了解仓库本身的特点和存储货物的类别。在不同的季节和地区，控制好仓库的温度、湿度，保障货物质量的安全性，是仓库管理工作的关键点，也是货物管理的重要环节。

一、常见货物的安全温湿度

不同货物安全储存的适合温湿度并不相同（见表 3-4）。例如，复写纸、橡胶制品等，如果储存温度超过要求（30 ～ 35℃）就会发粘、熔化甚至变质；而有的产品如水果、墨水等又怕冻，库存温度过低会出现冻结、沉淀或失效。再如食盐、洗衣粉等产品遇到湿度过大会出现潮解、结块等；而皮革、木器家具等湿度过低又会造成开裂，甚至失去使用价值。因此，仓管员需要对储存货物的温湿度要求有明确的了解。

表 3-4　常见货物的温湿度要求

种　类	温度 /℃	相对湿度（%）	种　类	温度 /℃	相对湿度（%）
金属及制品	5 ～ 30	≤ 75	重质油、润滑油	5 ～ 35	≤ 75
碎末合金	0 ～ 30	≤ 75	轮胎	5 ～ 35	45 ～ 65
塑料制品	5 ～ 30	50 ～ 70	布电线	0 ～ 30	45 ～ 60
压层纤维塑料	0 ～ 35	45 ～ 75	工具	10 ～ 25	50 ～ 60
树脂、油漆	0 ～ 30	≤ 75	仪表、电器	10 ～ 30	70
汽油、煤油、轻油	≤ 30	≤ 75	轴承、钢珠、滚针	5 ～ 35	60
搪瓷制品	≤ 35	≤ 80	棉织品	10 ～ 25	60 ～ 70
竹木制品	≤ 30	60 ～ 75	毛织品	≤ 25	60 ～ 70
纸制品	≤ 35	≤ 75	丝织品	≤ 25	60 ～ 75
茶叶	0 ～ 15	≤ 60	毛皮	≤ 30	≤ 75
牙膏	–5 ～ 25	≤ 80	奶粉	≤ 25	≤ 65
洗衣粉	≤ 25	≤ 75	食糖	≤ 30	≤ 70
肥皂	≤ 25	60 ～ 80	墨汁	0 ～ 25	65 ～ 80
烟卷	≤ 30	≤ 70	墨水	0 ～ 25	65 ～ 80

二、仓库温湿度控制与调节的方法

库房的温湿度会受到季节、库房的建筑材料、库房结构、库房建筑物的色泽、库房建筑物传热面和光滑程度、仓库内货物的特性、堆码等因素的影响。为了维护仓储货物的质量完好，创造适宜于货物储存的环境，当仓库内温湿度适宜货物储存时，就要设法防止仓库外气候对仓库内的不利影响；当仓库内温湿度不适宜货物储存时，就要及时采取有效措施调节仓库内的温湿度。因此当储存环境发生变化后，就需要对库房温湿度进行控制与调节。温湿度控制的基本方法有三种，即通风、密封和吸湿等。

实践证明，采用通风、密封与吸潮相结合的办法，是控制和调节库内温湿度行之有效的办法。

1．密封

密封是仓库环境管理工作的基础。密封，就是把货物尽可能严密封闭起来，减少外界不良气候条件的影响，以达到安全保管的目的。

采用密封方法，要和通风、吸潮结合运用，如果运用得当，可以达到防潮、防霉、防热防溶化、防干裂、防冻、防锈蚀、防虫、防老化等多方面的效果。

密封保管应注意的事项如下。

（1）在密封前要检查货物质量、温度和含水量是否正常，如发现生霉、生虫、发热、水淞等现象就不能进行密封。发现货物含水量超过安全范围或包装材料过潮，也不宜密封。

（2）要根据货物的性能和气候情况来决定密封的时间。总体来讲，怕潮易霉的货物，宜在梅雨季节到来之前密封；怕热易熔货物，应在阴凉的季节储存；怕冻货物，应在气温较高时密封；怕干裂的货物，应在温度较高，干燥期到来之前进行密封。

（3）常使用的密封材料有塑料薄膜、防潮纸、油毡、芦席等。这些密封材料必须干燥清洁，无异味。

（4）密封常用的方法有整库密封、小室密封、按垛密封以及按货架、按件密封等。对储存量大、出入库动态不大的货物宜于采取整库密封；对出入库频繁、零星而又怕潮易霉、易干裂、易生虫、易锈蚀的货物，可以采用货架密封法。

2．通风

通风是调节库内温湿度的简便易行的有效方法，它是利用库内外空气温度不同而形成的气压差，使库内外空气形成对流，来达到调节库内温湿度的目的。当库内外温度差距越大时，空气流动就越快；若库外有风，借风的压力更能加速库内外空气的对流。但风力也不能过大（风力超过5级，灰尘较多）。

通风的关键在于通风时机的选择。一般来讲，通风时机的选择应遵循以下原则：

（1）当库外空气的温度和相对湿度都低于库内时。

（2）库内外相对湿度很接近，库外湿度低于库内时。

（3）当库内外温度很接近，而库外相对湿度较库内低时。

（4）当库外温度和绝对湿度低于库内，库外相对湿度稍高于库内时。

具体通风时机的选择，还应与货物特性相结合，要注意：

（1）怕热不怕湿货物，如酒精、双氧水等。在夏季，只要库外温度低于库内时，就可以通风。

（2）怕冻不怕湿货物，如墨水等，只要库外温度高于库内温度时，就可以通风。

（3）怕热又怕湿货物，如皮革等，只有当库外温度、相对湿度和绝对湿度都低于库内时，才能通风。

（4）怕干不怕热货物，如竹木制品，当库外相对湿度高于库内相对湿度时可通风。

通风有两种方法，即自然通风与机械通风。

自然通风是利用库房门窗、通风洞等，使库内外空气进行自然交换。机械通风则是在库房上部装设排风扇，在库房下部装置进风扇，以加速库房内外的空气交换。

3．吸潮

吸潮指利用物理或化学的方法，将空气中的水分除去，以降低空气湿度的一种有效方法。在梅雨季节或阴雨天，当仓库内湿度过高，不适宜货物保管，而库外湿度也过大，不宜进行通风散潮时，可以在密封库内用吸潮的办法降低库内湿度。

吸湿方法主要有冷却法吸潮和吸湿剂吸潮。

（1）冷却法吸潮。这种方法是利用制冷的原理，将潮湿的空气冷却到露点温度以下，使水汽凝结成水滴分离排出。

（2）吸湿剂吸潮。这种除湿方法是最常用的方法之一，分为静态吸潮和动态吸潮。

静态吸潮方法是将固体吸湿剂静止放置在被吸潮的空间中，使其自然与空气接触，吸收空气中的水分，达到降低空气湿度的目的。吸湿剂有吸附剂和吸收剂。吸收剂主要吸收水分，常用的有生石灰（CaO）和无水氯化钙（$CaCl_2$）等；吸附剂具有大量毛细孔筛，对水汽有强烈的吸附功能，常用的有活性炭、分子筛、硅胶等。其中硅胶的吸附性能优良，吸潮后仍为固态，对货物无不良影响，而且经烘干后可重复使用。应用于仪器、电讯器材、照相器材、钟表等贵重货物的防潮。静态吸潮简单易行、不需要任何设备、耗能较少，但吸潮比较缓慢，吸湿效果不够明显。而动态吸湿却能有效弥补这一缺陷。

动态吸湿又称为机械吸湿，是使用去湿机械的蒸发器凝结成水滴排出，不冷却干燥的空气送入库内，如此不断循环，排出水分，促使库内降湿。目前广泛采用的去湿机械有空气去湿机、氯化钙动态除湿机、氯化锂转轮除湿机。现代商场仓库普遍使用机械吸潮，吸湿机一般适宜于储存棉布、针棉织品、贵重百货、医药、仪器、电工器材和烟糖类的仓库吸湿。

任务实施

分组从梅雨季节与非梅雨季节两个时间角度讨论大米仓库适合的温湿度调节方法，由组长记录。分组呈现讨论结果。可借助以下材料对梅雨季节时库外的温湿度作进一步了解。

材料：明代谢在杭的《五杂炬·天部一》记述：“江南每岁三、四月，苦霪雨不止，百物霉腐，俗谓之梅雨，盖当梅子青黄时也。自徐淮而北则春夏常旱，至六七月之交，愁霖雨不止，物始霉焉。”明代杰出的医学家李时珍在《本草纲目》中更明确指出：“梅雨或作霉雨，言其沾衣及物，皆出黑霉也。”

任务巩固

观察并记录温湿度情况记录于表 3-5，选择学校仓库或图书馆储存货物中的某一种类，填写处理措施。

表 3-5　仓库温湿度记录表

日期	上午							下午							备注
	天气	干球/℃	湿球/℃	绝对湿度	相对湿度	处理措施	记录时间	天气	干球/℃	湿球/℃	绝对湿度	相对湿度	处理措施	记录时间	

考核与评价

项目实施评价表

考核项目	考核要求	配分/分	评分标准	得分/分	备注
定义解析	1. 能说出温度的定义 2. 能说出湿度的定义 3. 能说出湿度的表示方法	30	1. 不能说出温度的定义，扣5分 2. 不能说出湿度的定义，扣5分 3. 不能说出湿度的表示方法，每种扣5分		
温湿度测量	1. 能正确使用普通温度计测量温度 2. 能正确使用干湿球温度计并通过查表测量仓库的相对湿度 3. 能正确使用温湿度自动计测量温湿度	30	1. 不能正确使用普通温度计测量温度，扣10分 2. 不能正确使用干湿球温度计测量仓库的相对湿度，扣10分 3. 不能正确使用温湿度自动计测理温湿度，扣10分		
温湿度控制	1. 能说出仓库温湿度控制与调节的方法 2. 能说出通风时机选择应遵循的原则 3. 能结合货物特性选择通风时机 4. 能说出吸湿的方法 5. 能说出密封的注意事项	40	1. 不能说出仓库温湿度控制与调节的方法，每种扣2分 2. 不能说出通风时机选择应遵循的原则，每点扣3分 3. 不能结合货物特性选择通风时机，每次扣3分 4. 不能说出吸湿的方法，每种扣2分 5. 不能说出密封的注意事项，每点扣2分		
开始时间：		结束时间：		实际时间：	

项目二　走近货物盘点

学习目标

1. 理解盘点的概念和意义
2. 掌握盘点检查的内容和方法
3. 会制订盘点的工作程序
4. 会制订盘点时使用的各类表格
5. 能够根据盘点结果进行处理

项目概述

货物在储存过程中，因其本身性质、自然条件的影响、计量器具的合理误差或人为的原因，易造成货物数量和质量的变化。为及时了解和掌握货物在储存过程中的这些变化，就需要经常地进行盘点和检查（见图 3-7）。

图 3-7　工作人员盘点

任务一　解读货物盘点

任务描述

仓库保管员吴玲收到主管的指示，要求对库内货物进行盘点。学习任务一，完成下列问题。

（1）有人说，盘点就是清点货物的数量。对此，你怎么看？

（2）货物盘点时盘点哪些项目？

知识准备

一、盘点的定义

所谓盘点，是指定期或不定期对库存货物的实际状况进行清查、清点的作业，即为了掌握货物的流动情况（入库、在库、出库的流动状况），对仓库现有货物的实际数量与保管账上记录的数量相核对，以便准确地掌握库存数量和质量。

二、货物盘点的意义

每次盘点皆需投入大量的人力、物力和时间，同时也带来一些负面影响，但它却是一种非常重要的工作，因为它能达到下列目的。

（1）查清实际的库存数量，并通过盈亏分析使账面数与实际库存数量保存一致，从而指导企业的日常经营业务。

（2）掌握损溢。一般来讲，库存金额与库存量及单价成正比，搞清库存的盈亏原因，以便真实地把握经营绩效，并及时采取防漏措施。

（3）发现库存管理中存在的问题，防微杜渐。通过盘点查明盈亏的原因，发现作业与管理中存在的问题，并通过解决问题来改善作业流程和作业方式，提高人员素质和企业的管理水平。

三、货物盘点的内容

（1）查数量。通过点数计数查明在库货物的实际数量，核对库存账面资料与实际库存数量是否一致。

（2）查质量。检查在库货物质量有无变化，有无超过有效期和保质期，有无长期积压等现象，必要时还必须对其进行技术检验。

（3）查保管条件。检查保管条件是否与各种货物的保管要求相符合。如堆码是否合理稳固，库内温度是否符合要求，各类计量器具是否准确等。

（4）查安全。检查各种安全措施和消防设备、器材是否符合安全要求，建筑物和设备是否处于安全状态。

四、货物盘点的原则

在进行货物盘点时，应该按照以下原则进行。

（1）真实。要求盘点所有的点数、资料必须是真实的，不允许作弊或弄虚作假，掩盖漏洞和失误。

（2）准确。盘点的过程要求是准确无误，无论是资料的输入、陈列的核查、盘点的点数，都必须准确。

（3）完整。所有盘点过程的流程，包括区域的规划、盘点的原始资料、盘点点数等，都必须完整，不要遗漏区域、遗漏货物。

（4）清楚。盘点过程属于流水作业，不同的人员负责不同的工作，所以所有资料必须清楚，人员的书写必须清楚，货物的整理必须清楚，才能使盘点顺利进行。

（5）具有团队精神。盘点是全体人员都参加的营运过程。为减少停业的损失，加快盘点的时间，各个部门必须有良好的配合协调意识，以大局为重，使整个盘点按计划进行。

任务实施

（1）分组讨论“盘点就是清点货物的数量”的观点正确与否。

（2）邀请校园商店负责人、学校总务主任、教材科长、仓库保管员或图书馆管理员等，请他们谈谈对以上观点的看法，并向他们了解盘点的具体内容以及盘点工作对管理的意义。

任务巩固

设计一份“超市盘点工作开展情况调查表”，对学校周边的大小超市进行一次问卷调查，了解盘点工作的开展情况，并根据调查结果撰写一份调查报告。

任务二　细数货物盘点的方法

任务描述

仓库保管员吴玲收到主管的指示，要求对库内货物进行盘点。时值淡季，吴玲建议全面盘点，并作现货盘点。学习任务二，完成下列问题。

（1）什么是全面盘点？

（2）什么是现货盘点？

知识准备

不同仓库对盘点的要求不同，盘点的方法也会有差异。要快速准确地完成盘点作业，必须根据实际需要确定盘点方法。盘点方法可以从以下四个方面来划分。

一、按盘点是否到现场分类

按盘点是否到现场分类，盘点方法可分为账面盘点法和现货盘点法。

（1）账面盘点法。账面盘点法是将每一种货物分别设立“存货账卡”，然后将每一种货物的出入库数量及有关信息记录在账面上，逐笔汇总出账面库存结余量。

（2）现货盘点法。又称实地盘点，就是到实地对库存货物进行实物盘点方法。按盘点时间频率的不同，现货盘点又分为期末盘点和循环盘点。

1）期末盘点法。期末盘点是指在会计计算期末统一清点所有货物数量的方法。由于期末盘点是将所有货物一次点完，因此工作量大、要求严格。通常采取分区、分组的方式进行。

分区即将整个储存区域划分成一个一个的责任区，不同的区由专门的小组负责点数、复核和监督，因此，一个小组通常至少需要两人分别负责清点数量并填写盘存单、复查数量并登记复查结果，第三人核对前二次盘点数量是否一致，对不一致的结果进行检查。等所有盘点结束后，再与计算机或账册上反映的账面数核对。

2）循环盘点法。循环盘点是指在每天、每周清点一部分货物，一个循环周期将每种货物至少清点一次的方法。循环盘点通常对价值高或重要的货物检查的次数多，而且监督也严格一些，而对价值低或不太重要的货物盘点的次数可以尽量少。循环盘点一次只对少量货物盘点，所以通常只需保管人员自行对照库存数据进行点数检查，发现问题按盘点程序进行复核，并查明原因，然后调整。也可以采用专门的循环盘点单登记盘点情况。

二、按盘点货物的全面性分类

按盘点货物的全面性分类，盘点方法可分为全面盘点和局部盘点。

（1）全面盘点。全面盘点是对所有财产物资进行盘点。由于全面盘点内容庞杂、范围广泛、工作量大，所以一般只在年中和年终进行，但当企业物资种类较少时也可以在其他期末时间进行。

（2）局部盘点。局部盘点是对部分财产物资的清点核对。一般是对使用较频繁的材料、产成品等根据实际情况在年内进行轮流盘点或重点抽查。

这是企业（制造业）、事业单位常用的盘点分类。

三、按盘点时间的固定性分类

按盘点时间的固定性分类，盘点方法可分为定期盘点和不定期盘点。

（1）定期盘点。定期盘点是指对各项物资在固定的时间内进行盘点。如每日一次、每月一次、每季度一次、每半年一次、每年一次等。

（2）不定期盘点。不定期盘点是指没有固定时间，而是根据实际情况临时对各项物资进行盘点。这是企业（商业、服务业等）单位常用的盘点分类。

任务实施

（1）以课桌内的物品模拟库存商品进行全面盘点，谈谈盘点感受，分享如何又好又快做好全面盘点。

（2）模拟库存商品，感受账面盘点法与现货盘点法的优缺点。各组在一个月后，比较账面余额与实际余额。

任务巩固

校园商店在经营过程中，发现食品类商品的出入库频率特别高，而如洗衣粉、肥皂等日化类商品的出入库频率很低。据此，校园商店的盘点更适合采用哪些盘点方法？如果采用循环盘点法，应如何确定盘点商品的数量（具体数据见表3-6）？到了夏天，商店里的饮料、矿泉水出入库频率极速上升。如果商店也采用循环盘点法，有什么好的建议？

表 3-6　校园商店出入库商品数据表

库存商品类别	具 体 种 类	循环盘点周期	工　作　日	每天盘点的种类数
食品类	100	每周	5	
日用品类	100	每月	20	

任务三　走近货物盘点的流程

任务描述

仓库保管员吴玲收到主管的指示，要求对库内货物进行盘点。恰逢淡季，吴玲建议作全面盘点。主管接受了吴玲的建议，遂要求吴玲再结合经验，对货物盘点的全过程进行规划。学习任务三，完成下列问题：

（1）对于全面盘点，你有什么好的建议？

（2）盘点作业的基本流程如何？

知识准备

盘点流程大致可分为三个部分，即盘点前的准备工作、盘点作业及盘点结果的处理，详细流程如下（见图 3-8）。

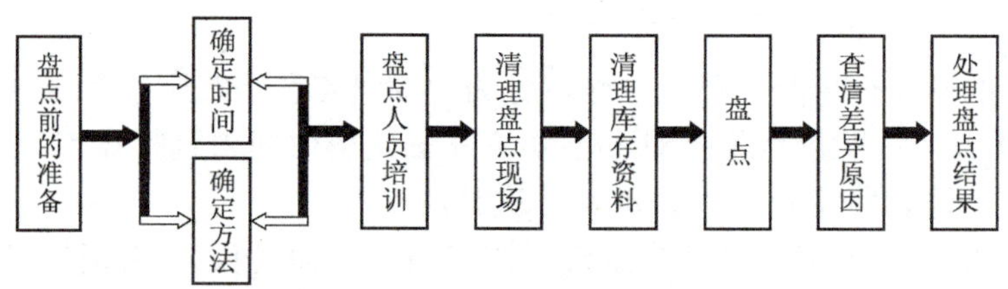

图 3-8　货物盘点作业基本流程图

一、盘点前的准备工作

盘点是一项相当繁杂的工作，没有充足的准备、严密的操作流程以及员工高度的责任心，是无法顺利完成的。盘点前的准备工作充分与否，直接关系到盘点作业能否顺利进行。盘点前的准备工作包括：

（1）制订盘点计划。盘点计划应包括盘点的程序和方法、盘点时间的确定、盘点区域的确定、参与盘点工作人员的确定、对盘点人员的培训计划、盘点所需工具的确定等。

（2）盘点时间确定。决定盘点时间时，既要防止过久盘点对公司造成的损失，又要考虑配送中心资源有限，货物流动速度较快的特点。在尽可能投入较少资源的同时，可以根据货物的不同特性、价值大小、流动速度、重要程度来分别确定不同的盘点时间，盘点时间间隔可以从每天、每周、每月、每年盘点一次不等。如 A 类主要货物每天或每周盘点一次；B 类货物每两三周盘点一次；C 类不重要的货物每月盘点一次即可。另外必须注意的问题是，每次盘点持续的时间应尽可能短，全面盘点以 2 ～ 6 天内完工为佳，盘点的日期一般会选择在财务结算前夕或淡季进行。

（3）盘点人员的安排与培训。必须明确初盘录入人员、点数人员、复点录入人员、点数人员等，同时对盘点人员从认识货物和盘点方法两方面进行培训。

（4）盘点的环境准备。盘点作业开始之前必须对盘点现场进行整理，以提高盘点的效率和盘点结果的准确性，整理工作主要包括以下几个方面的内容：

1）盘点前对已验收入库的货物进行整理归入储位，对未验收入库属于供货商的货物，应区分清楚，避免混淆；对残次品，应进行清理、归类放齐；对退货货物应及时处理，暂无法退货的应进行标记；对赠品，则进行清理并单独存放加以标记。

2）盘点场关闭前，应提前通知，将需要出库配送货物提前作好准备。

3）账卡、单据、资料均应整理后统一结清以便及时发现问题并加以预防。

4）预先鉴别变质、损坏货物，及时从店铺中清理出报废品。对储存场所堆码的货物进行整理，特别是对散乱货物进行收集与整理，以方便盘点时计数。

5）整理内仓、货架上的货物陈列。

6）清除死角。

二、盘点作业

初盘由各部门自行安排人员，按 2 人 1 组进行编排，初盘完成后，将初盘数量用蓝色笔记录于盘点单上，将盘点表转交给复点人员。盘点委员会拟定复盘人员名册，按 2 人 1 组进行编排，其中应有原初盘人员 1 人在内。复盘人员复盘后将结果用红笔记录在盘点单上。初盘与复盘有差异者，应与初盘人员一起寻找差异原因，确认后记录于盘点单。盘点应按从上到下、从左到右的作业顺序进行。

三、盘点结果的处理

（1）核对盘点单的填写及回收情况。

（2）核对盘点单结果与账面数量。当账面数量大于实际数量时盘亏，当账面数量小于实际数量时盘盈。

（3）计算、编表并分析盘盈盘亏。根据盘点结果填写好盘点表，如有盘盈或盘亏，还需要填写货物损溢报告单、货物残损变质报告单，经审核无误后，由参与盘点的人员和保管员共同签名。制作打印盘点盈亏明细表，交与仓库、财务负责人。最后，还应编制货物盘点分析表，作为库存管理考核的依据。

（4）追查发生盈亏的原因。

（5）盘点结果的处理。

任务实施

根据资料，分组讨论将吴玲所负责的仓库的货物盘点作业流程从时间上具体化，并对吴玲提出盘点前准备的建议。

资料：假设可参与盘点的人员为 10 人，货物总数量为 1 000 种，平均每种有 10 000 件，每人日平均可盘点 2 000 000 件，可借助 RF 等设备辅助盘点。2012 年 2 月 3 日，吴玲接到盘点任务，2 月 10 日为周日，仓库正常休息时间。

任务巩固

分组进一步了解校园商店、学校仓库、图书馆、教材科等库存情况，按照盘点作业流程图，对拟进行的盘点作业作准备，并形成文字稿。

任务四　走近货物盘点单据

任务描述

仓库保管员吴玲收到主管的指示，要求对库内货物进行盘点。为保证盘点顺利进行，吴玲一并准备了盘点单据。学习任务四，完成下列问题。

（1）盘点单据有哪些？

（2）盘点单据如何填写？

知识准备

一、盘点单

盘存单一式两联（见图 3-9），第二联是在第一联的基础上进行复盘核对后在核对栏内签名，从而保证盘点的准确性。

盘点单

第一联		第二联		
1. 货物编号	货物类别	1. 货物编号	货物类别	
2. 货物名称：		2. 货物名称：		
3. 数量	单位	3. 数量	单位	
4. 存放位置代号		4. 存放位置代号		
5. 填卡人	盘点单号	5. 核对人	填卡人	盘点单号

注：本单一式两联，一联为初盘人填写，二联为复盘人填写。

图 3-9　盘点单

填写盘点单时，初盘人使用蓝色笔记录，复盘人使用红色笔记录。数量一栏需写上明细的箱数与包数。盘点单不得更改涂写，如有更改需用红笔在更改处由主管人员签名。

二、盘点表

复盘人复盘后，将复盘数量记录于“盘点表”（见图 3-10）。如果复盘人复盘时发现数量与初盘人不一致，应与初盘人员一起寻找差异原因，确认后记录于“盘点表”。

盘点表

盘点单号：

初盘人：　　　　复盘人：　　　　负责人：　　　　盘点日期：

货物编号	货物名称	货位编号	单位	账面数	盘点数	盘盈数量	盘亏数量	商品单价 / 元	差异金额 / 元	备注

注：本表一式两联，一份仓库留存，一份交财务。

图 3-10　盘点表

三、货物损溢报告单

如果盘点时发现货物有损溢，则需填写“货物损溢报告单”（见图 3-11）。盘点表里所有的账实不符的货物，都需在“货物损溢报告单”中填写。

货物损溢报告单

单　　号：

初盘人：　　　　复盘人：　　　　负责人：　　　　盘点日期：

货物编号	货物名称	货位编号	单位	账面数	盘点数	盘盈数量	盘亏数量	商品单价 / 元	差异金额 / 元	备注
合　计										

图 3-11　货物损溢报告单

四、货物残损变质报告单

如果盘点时发现货物有残损或变质，需填写“货物残损变质报告单”（见图 3-12）。盘点表里所有的备注为残损或变质的货物，都需在“货物残损变质报告单”中填写。

货物残损变质报告单

单　　号：

初盘人：　　　　复盘人：　　　　负责人：　　　　盘点日期：

货物编号	货物名称	货位编号	单位	账面数	盘点数	残损数量	变质数量	商品单价 / 元	差异金额 / 元	备注
合　计										

图 3-12　货物残损变质报告单

任务实施

请以吴玲的身份，以下面资料为例分组讨论此项盘点作业中需要准备哪些盘点单据，以及这些盘点单据在填写过程中应注意的问题？

资料：

盘点作业过程中，吴玲安排仓库保管员吴良具体负责康师傅集团存储商品的盘点作业。

假设盘点信息如下。

（1）康师傅饮用矿物质水，产品编号 KSF001，500ml×12/ 箱，所在货位 A 区 001，账面数量 25 箱。

（2）康师傅冰红茶，产品编号 KSF002，550ml×12/ 箱，所在货位 A 区 002，账面数量 30 箱。

吴良依据盘点要求，开始进行盘点作业，盘点过程中，发现康师傅饮用矿物质水少了一箱，康师傅冰红茶与账目库存一致，两种货物均无破损。但盘点时发现，康师傅冰红茶有两箱货物保期只剩 20%。经过仓管员吴玲复核后，吴良将此单交还仓库经理张明。张明根据与供应商康师傅集团的采购协议（即“保期不足 40% 的货物在外包装完好的情况下，无条件退货”）着手办理退货。

任务巩固

分小组从校园商店负责人、图书管理员或仓库管理员等处获得各个盘点处的库存账面资料，组织开展盘点作业，并填写相关的盘点单据。

任务五　处理盘点差异

任务描述

在吴玲的主持下，仓库如期进行了盘点作业。盘点的结果显示：有若干货物出现盘盈，若干货物出现盘亏，还有若干货物出现变质或残损。学习任务五，完成下列问题。

（1）出现盘点差异的原因有哪些？

（2）对于盘点损溢或残损该如何处理？

知识准备

一、盘点差异的原因分析

一般而言，产生盘点差异的原因主要有如下几个方面。

（1）计账员素质不高，录入数据时发生错录、漏录等情况。

（2）账务处理系统管理制度和流程不完善，导致货物数据不准确。

（3）盘点时发生漏盘、重盘、错盘现象，导致盘点结果出现错误。

（4）盘点前数据未结清，使账面数不准确。

（5）出入库作业时产生误差。

（6）由于盘点人员不尽责导致货物损坏、丢失等后果。

（7）货物因气候影响发生腐蚀、硬化、结块、变色、锈烂、生霉、变形以及受虫鼠啮食等，致使货物数量短缺或无法再使用。

（8）衡器或量具不准或使用方法不当及检验方面的问题引起数量或质量上的差错。

（9）由于自然灾害造成的非常损失和非常事故发生的毁损。

（10）由于供方装箱（装桶）时，每箱（每桶）数量有多有少，而在验收时无法每箱（每桶）进行核对，所造成的短缺或盈余。

二、盘点结果的处理

盘点清查后，通常会出现如下几种情况。

（1）规定标准内的盈亏，又称合理盈亏，是指盈亏数量不超过规定标准的，处理方法是经主管领导批准后核销。

（2）超过标准的盈亏，应查明原因，作出分析，写出报告，按审批程序报上级备案后，按《仓储合同》中相关规定处理。

（3）此多彼少，总数相符，属于同一品种，不同规格的可经货主同意后进行规格间的数量调整，不是同类物资的，按超标准盈亏处理。

（4）质量变化。要查明原因，作好记录，在采取挽救措施的同时，通知货主尽快调拨，对完全变质、失效的除按规定作出报告外，更应查明变质原因是保管不善造成的，还是超过规定储存期限所致，以便分清责任，总结经验。

（5）积压物资。盘点中如发现长期无动态的积压物资或超过保管期限的物资，应立即向货主发出通知，催促处理。

三、填写盘点结果调整的单据

盘点结果经审核批准调整后，需要填制“盘点调整表”（见图 3-13）。

盘点调整表

年　　月　　日

货物名称	货物编号	包装单位	账面现结存数	增　加　数	减　少　数	调整后结存数	调整原因说明

图 3-13　盘点调整表

四、避免出现盘点差异的方法

盘点盈亏根本表现在货物的损溢，其归根结底是由于员工平时工作疏忽、责任心不强，不严格按照规程操作造成的。因此，要避免盘点中大的盈亏差错，必须加强全员的责任心培养与业务技术的提升。具体防范措施如下：

（1）要增强工作责任心。

（2）严格控制进货关和销售关。

（3）检查各类度量衡器具，保证计量准确无误。

（4）加强报表单据各环节的复核与控制。

（5）加强防盗设施配置，减少因此带来的损失。

五、盘点报告

各盘点负责人在盘点结束后及时总结盘点全过程，填写有关盘点报告，出具书面盘点总结；盘点报告上所列内容应填写齐全、清晰明了，不应随意省略、涂改和出现串行、漏行。盘点报告一般由财务人员、盘点负责人、盘点小组成员共同签字确认后上交有关部门。

任务实施

根据任务四中“任务实施”的资料，分小组填制“盘点调整表”，并讨论此项盘点中出现盘点差异的原因可能有哪些。

任务巩固

根据任务四中的“任务实施”的盘点结果情况，撰写盘点报告。

任务六 控制库存

任务描述

任何一个企业或集团，都是为了满足市场需求而生产、销售其产品，但因公司运作及营销手段上的差异，多多少少都有库存存在。如何有效控制仓储库存，提高企业经营效率，是任何一个企业或集团急需解决的关键问题。某知名企业接受了一位记者的采访。

（1）总经理，您好！今天很荣幸地采访到您。你们公司能取得如此好的业绩，您能向大家介绍一下，你们是如何理解仓储库存的？

（2）我们也学过零库存，也了解零库存的含义。您能针对贵公司的实际情况给中小企业在如何控制库存上提一些好的建议吗？

知识准备

一、库存控制的含义

库存控制（inventory control）又称库存管理，是对制造业或服务业生产、经营全过程的各种货物、产成品以及其他资源进行管理和控制，使其储备保持在经济合理的水平上。

传统的狭义观点认为：库存控制主要是针对仓库的物料进行盘点、数据处理、保管、发放等，通过执行防腐、温湿度控制等手段，达到使保管的实物库存保持最佳状态的目的。这只是库存控制的一种表现形式，或者可以定义为实物库存控制。那么，如何从广义的角度去理解库存控制呢？库存控制应该是为了达到公司的财务运营目标，特别是现金流运作，通过优化整个需求与供应链管理流程（DSCM），合理设置 ERP 控制策略，并辅之以相应的信息处理手段、工具，从而实现在保证及时交货的前提下，尽可能降低库存水平，减少库存积压与报废、贬值的风险。从这个意义上讲，实物库存控制仅仅是实现公司财务目标的一种手段，或者仅仅是整个库存控制的一个必要的环节；从组织功能的角度讲，实物库存控制主要是仓储管理部门的责任，而广义的库存控制应该是整个需求与供应链管理部门，乃至整个公司的责任。

二、库存的作用与弊端

自从有了生产，就有了库存货物的存在。库存对市场的发展、企业的正常运作与发展起了非常重要的作用。

1．库存的作用

（1）维持销售产品的稳定。销售预测型企业对最终销售产品必须保持一定数量的库存，其目的是应付市场的销售变化。这种方式下，企业并不预先知道市场真正需要什么，只是按对市场需求的预测进行生产，因而产生一定数量的库存是必需的。但随着供应链管理的形成，这种库存也在减少或消失。

（2）维持生产的稳定。企业按销售订单与销售预测安排生产计划，并制订采购计划，下达采购订单。由于采购的货物需要一定的提前期，这个提前期是根据统计数据或者是在供应商生产稳定的前提下制订的，但存在一定的风险，有可能会拖后而延迟交货，最终影响企业的正常生产，造成生产的不稳定。为了降低这种风险，企业就会增加材料的库存量。

（3）平衡企业物流。企业在采购材料、生产用料、在制品及销售货物的物流环节中，库存起着重要的平衡作用。采购的材料会根据库存能力（资金占用等），协调来料收货入库。同时对生产部门的领料应考虑库存能力、生产线物流情况（场地、人力等）平衡物料发放，并协调在制品的库存管理。另外，对销售产品的货物库存也要视情况进行协调（各个分支仓库的调度与出货速度等）。

（4）平衡流通资金的占用。库存的材料、在制品及成品是企业流通资金的主要占用部分，因而库存量的控制实际上也是进行流通资金的平衡。例如，加大订货批量会降低企业的订货费用，保持一定量的在制品库存与材料会节省生产交换次数，提高工作效率，但这两方面都要寻找最佳控制点。

2．库存的弊端

库存的弊端主要表现在以下几个方面。

（1）占用企业大量资金。

（2）增加了企业的产品成本与管理成本。库存材料的成本增加直接增加了产品成本，而相关库存设备、管理人员的增加也加大了企业的管理成本。

（3）掩盖了企业众多管理问题。如计划不周、采购不力、生产不均衡、产品质量不稳定及市场销售不力等。

三、库存管理的主要指标

仓储库存管理的目的就是要确定一个资金占用少、费用省、既足够又是最低限度的最优储备量，使库存系统有效地保证生产消费的需要并获得最好的经济效益。衡量库存管理的指标应该反应这一基本要求，体现出库存管理的水平，为此，应确定以下几个主要指标。

1．库存周转率

在实际评价中，库存周转率的计算可用如下公式

库存周转率 = 使用数量 / 库存数量
= 使用金额 / 库存金额
= 该期间的出库总金额 / 该期间的平均库存金额
= 该期间的出库总金额 ×2/（期初库存金额 + 期末库存金额）

为了提高库存资金周转率，企业应当正确地掌握供求规律，确定合理的储备金额，处理积压，提高服务水平。

2．服务水平

服务水平一般用供应量占需求量的百分比大小来衡量，即

服务水平 = 供应量 / 需求量

需求量 = 供应量 + 缺货量

对于一个库存系统来说，为了保证供应，提高服务水平，必须设置一定的安全库存量，以防止由于某些突发性事故而造成生产和供应系统的中断，防止因缺货造成的损失。对于某些受季节性波动影响的生产和供应，则更应确定合理的库存量，从而保证生产和供应的均衡性和连续性。因此，提高服务水平是库存系统追求的又一个重要指标。

3．缺货率

缺货率是从仓储缺货的角度来反映一定时期内物流仓储的服务水平和服务质量，也是物流仓储信息的一个重要数据。可用缺货量或缺货客户数或缺货资料的百分比来表示，即

缺货率 = 缺货量 / 需求量 ×100%

或　　缺货率 = 缺供客户数 / 供货客户数 ×100%

或　　　　　　　　　　缺货率 = 缺货次数 / 顾客订货次数 ×100%

仓储缺货率反映了物流仓储因货物存储不足对客户需求的影响程度的信息，数据越大，说明服务水平越差，是衡量仓储服务水平的一个反指标。必须千方百计降低仓储缺货率，以提高仓储服务水平。

4．平均供应费用

平均供应费用的计算公式为

平均供应费用 = 库存系统年总费用 / 年全部供应额

以上主要指标是相互联系而又相互制约的。库存管理的任务就在于测情度势，权衡轻重，分清主次，全面考虑，做出最佳的决策。

四、控制仓储库存的策略

在高库存的情况下，中小企业常常采取很多方法，如加大促销力度，降价销售，或是继续库存，同时在财务上提取库存跌价损失准备金，并且支付储存费用。

为此，不少企业提出零库存的目标，其实，这也仅仅是一个努力的方向，想真正做到这一点并不容易。企业要想降低库存，可以通过不同的途径来实现。简单来说有以下几种策略。

基本策略指降低该种库存所必须采取的行动，具体措施指如何降低由于采取基本策略可能带来的成本增加，以及如何减少对该种库存的需求（见表 3-7）。

表 3-7　降低库存的策略

库 存 类 型	基 本 策 略	具 体 措 施
周转库存	减小库存量（Q）	降低订货费用 缩短作业交换时间 利用“相似性”增大生产批量
安全库存	订货时间尽量接近需求时间 订货量尽量接近于需求量	改善需求预测工作 缩短生产周期与订货周期 减少供应的不稳定性 增加设备与人员的柔性
调节库存	使生产速度与需求变化吻合	尽量“拉平”需求波动
在途库存	缩短生产配送周期	标准品库存前置 慎重选择供应商与运输商 减小库存量（Q）

1．周转库存

由于平均周转库存等于库存量 /2，所以降低周转库存的基本策略很简单，即减小库存量。现在有一些日本企业可以做到周转库存只相当于几个小时的需求量，而对于大多数企业来说，至少是几周，甚至几个月。但是，单纯地减小库存量而不在其他方面作相应的变化将是很危险的，有可能带来严重的后果。例如，订货成本或作业交换成本有可能急剧上升。因此，必须再采取一些具体措施，寻找使订货成本或作业交换成本降低的方法。在这方面，日本企业有很多成功的经验，如“快速换模法”等。利用一人多机、成组技术或柔性制造技术，即尽量利用“相似性”来增大生产批量、减少作业交换是另一种可以考虑的途径。此外，还可尽量采用通用零件等。

2. 安全库存

安全库存是为了防止意外情况发生而比需要的时间提前订货，或订货量大于需求量而产生的。降低这种库存所必须采取的行动也很显然。订货时间尽量接近需求时间，订货量尽量接近需求量。但是与此同时，由于意外情况发生而导致供应中断、生产中断的危险也随之加大，从而影响到为顾客服务，除非有可能使需求的不确定性和供应的不确定性消除，或减到最小限度。

这样，至少有四种具体措施可以考虑使用。

（1）改善需求预测。预测越准，意外需求发生的可能性就越小。还可以采取一些方法鼓励用户提前订货。

（2）缩短订货周期与生产周期，这一周期越短，在该期间内发生意外的可能性也越小。

（3）减少供应的不稳定性。其中途径之一是让供应商知道企业的生产计划，以便他们能够及早作出安排。另一种途径是改善现场管理，减少废品或返修品的数量，从而减少由于这种原因造成的不能按时按量供应。还有一种途径是加强设备的预防维修，以减少由于设备故障而引发的供应中断或延迟。

（4）增加设备、人员的柔性。这种方法通过生产运作能力的缓冲、培养多面手人员等方法来实现。这种方法更多地用于非制造业，因为对于非制造业来说，服务无法预先储存。

3. 调节库存

降低调节库存的基本策略是尽量使生产速度与需求变化吻合。但这是一件说起来容易做起来难的事情。一种思路是想办法把需求的波动尽量“拉平”，针对性地开发出新产品，使不同产品之间的需求“峰”、“谷”错开，相互补偿。又如在需求淡季通过价格折扣等促销活动转移需求。

4. 在途库存

影响在途库存的变量有两个：需求和生产配送周期。由于企业难以控制需求，因此，降低这种库存的基本策略是缩短生产配送周期。可采取的具体措施：①标准品库存前置；②选择更可靠的供应商和运输商，以尽量缩短不同存放地点之间的运输和存储时间；③利用计算机管理信息系统来减少信息传递上的延误，以及由此引起的在途时间的增加。④可以通过减少库存量来降低在途库存，因为库存量越小，生产周期越短。

从上面可以看出，这四种降低库存的策略实际上是相互关联、相互作用的。因此在实际的库存管理中需要全盘统筹，综合考虑。

任务实施

以该企业负责人的身份，讨论如何回答记者提出的两个问题，并形成文字稿进行小组间交流。

任务巩固

对爸爸或妈妈的一年四季衣物进行一次全面盘点，依据库存、穿着次数等对衣物清理提出建议。

考核与评价

项目实施评价表

考核项目	考核要求	配分/分	评分标准	得分/分	备注
定义解析	1. 能说出货物盘点的定义 2. 能说出货物盘点的意义 3. 能说出货物盘点的内容 4. 能说出货物盘点的原则	10	1. 不能说出货物盘点的定义，扣1分 2. 不能说出货物盘点的意义，每处扣1分 3. 不能说出货物盘点的内容，每处扣1分 4. 不能说出货物盘点的原则，每处扣1分		
种类区分	1. 能说出货物盘点的方法 2. 能演绎各种货物盘点方法 3. 能根据教师预设情景选择合适的盘点方法	20	1. 不能说出货物盘点的方法，每种扣1分 2. 不能演绎各种货物盘点方法，每次扣2分 3. 不能合理选择盘点方法，每次扣2分		
流程模拟	1. 能说出盘点的大致流程 2. 能根据教师预设情景撰写盘点计划 3. 能根据教师预设情景模拟全面盘点	20	1. 不能说出盘点的大致流程，每处扣2分 2. 不能合理撰写盘点计划，扣5分 3. 不能模拟全面盘点，扣10分		
单证填写	1. 能说出盘点中的单证种类 2. 能根据教师预设情景正确填写盘点单、盘点表、货物损溢报告单、货物残损变质报告单	30	1. 不能说出盘点中的单证种类，每种扣2分 2. 不能根据教师预设情景正确填写盘点单、盘点表、货物损溢报告单、货物残损变质报告单，每处扣2分		
差异处理	1. 能说出盘点差异的原因 2. 能根据教师预设情景正确处理盘点结果 3. 能根据教师预设情景正确填制《盘点调整表》	10	1. 不能说出盘点差异的原因，每处扣1分 2. 不能正确处理盘点结果，每次扣2分 3. 不能根据教师预设情景正确填制“盘点调整表”，每处扣2分		
撰写报告	能根据盘点结果撰写盘点报告	10	盘点报告内容不完整，或报告格式不规范，每处扣1分		
开始时间：		结束时间：		实际时间：	

项目三　调整货物储存位置

学习目标

1. 掌握货物移位的原则，能确定需要移动的货物
2. 掌握实现路径优化和库位优化的要求
3. 能根据仓库货物和货位情况合理调整货物的货位
4. 会填写货物移位表格

项目概述

在仓库管理过程中，随时会出现货品混杂、空仓、乱堆放、占用通道等现象，因此作为仓库管理人员，要及时做好货物移位的工作。将货物进行移位以实现最优化，可以减少货物搬运的成本，降低货物在存储过程及搬运过程中的损耗，从而降低物流业务本身的成本，提高收益。货物的移位包括仓库间的移位与同一仓库不同货位间的移位。

任务一　了解货物移位的原则

任务描述

当春的脚步逐渐临近时，吴玲意识到，对货物进行位置大调整的时间快到了。学习任务一，完成下列问题。

（1）为什么需要对货位进行调整？

（2）货位调整的原则有哪些？

知识准备

一、货物移位的原因

（1）因货架和货品本身特性的需要而进行货位调整。例如，由于频繁地对某些货物进行存

取，这些货架的重量可能发生较大变化。如果货架出现诸如“上重下轻”等严重的不均衡现象，则可能导致货架变形甚至倾覆。因此应遵循“重物应在下”的原则，保证货架的稳定性。

（2）因货物的流动性而进行货位调整。在不同时期，货物的需求品种、需求数量和需求频率可能会有较大变化，而存取不同货位上的货物所花路径和时间的代价是不同的，因而货物的货位不应是一成不变的，应根据外界条件的变化，遵循“常用应易取”的原则对货位进行调整，以提高存取效率。

（3）因平衡各工作区工作量的需要而进行货位调整。将拣货量大的货品平均分配在不同拣货区域，避免某区域内的拣货作业拥挤，改善工作流程，缩短对一批订单的总反应时间。

二、货物移位应遵循的原则

（1）周转率原则。将货品按周转率由大到小排序，周转率高的应尽量安排在靠近出货区或靠近拣货人员工作区的储位，以利拣货。

（2）产品相关性原则。将经常出现在同一张订单的品项放置在相邻之位置。这样可以缩短提取路程，减少工作人员劳动，简化清点工作。

（3）产品同一性原则。所谓同一性，就是把同一物品储放于同一保管位置。这样作业人员对于货品保管位置能简单熟知，并且对同一物品的存取花费最少搬运时间是提高物流中心作业生产力的基本原则之一。否则当同一货品散布于仓库内多个位置时，物品在进行存放取出等作业时不方便，就是在盘点以及作业人员对料架物品掌握程度都可能造成困难。

（4）产品互补性原则。互补性高的货品应存放于邻近位置，以便缺货时可迅速以另一品项替代。

（5）产品相容性原则。相容性低的产品不可放置在一起，以免损害品质。

（6）产品尺寸原则。在仓库布置时，应同时考虑物品单位大小以及由于相同的一群物品所造成的整批形状，以便能供应适当的空间满足特定要求。所以在存储物品时，必须要有不同大小位置的变化，用以容纳不同大小的物品和不同的容积。此原则可以使物品存储数量和位置适当，使得发送迅速，搬运工作量及时间都能减少。若未考虑存储物品单位大小，则可能造成存储空间太大而浪费空间，或存储空间太小而无法存放；未考虑存储物品整批形状也可能造成整批形状太大无法同处存放。

（7）重量特性原则。所谓重量特性的原则，是指按照物品重量不同来决定储放物品于货位的高低位置。一般而言，重物应保管于地面上或料架的下层位置，而重量轻的物品则保管于料架的上层位置。若是以人工进行搬运作业时，人的腰部以下的高度用于保管重物或大型物品，而腰部以上的高度则用来保管重量轻的物品或小型物品。

（8）产品特性原则。物品特性包括物品本身的危险性及其腐蚀性，可能会影响其他的物品，因此在物流中心布局时应予以考虑。

三、实现路径优化和库位优化的条件

拣货路径和库位优化固然可以提高作业效率，但具体实施时需具备一系列条件。

（1）仓库内货位特性，如货位的大小，容积率、最大载重量、托盘的尺寸等。

（2）货物特性，如货物的编号、材料类型、储存环境、保质期、尺寸、重量、每箱件数、每托盘箱数等。

（3）货品需求情况，如货品在一段时间内的销售次数、销售量、销售预测和库存量等。

任务实施

（1）分组讨论吴玲提出对货位进行调整的原因是什么，其遵循了货物移位的哪些原则。

（2）分组讨论超市促销货位货物的变化并分析货物移位的原因有哪些。

（3）观察超市各货架摆放的货物，并分组讨论其货位的布置分别符合货物移位的哪些原则。

任务巩固

从学生的消费习惯出发，观察学校校园商店货物的位置分配情况，并根据货物移位的原则对货位改变提出建议。

任务二　实践货物移位作业

任务描述

吴玲接到仓库负责人的通知，要求进行移位作业。学习任务二，完成下列问题。

（1）如何进行货物移位。

（2）如何填写货物移位单。

知识准备

一、货物移位作业的流程

仓库移库员需事先领取移位通知，根据移位通知完成移位操作。之后仓库移库员需将实际移位情况登记于“移库单”上，并将移库单反馈到系统员或信息员，使之在仓储系统中对货位进行调整。具体移位作业流程如下（见图 3-14）。

图 3-14　货物移位作业的流程

二、货物移库单

货物移库单（见图 3-15）既是仓库移库员进行移库的作业依据，也是仓储系统员调整仓储系统的依据。

系统员先将原库位及储存货物情况记录在移库单上，移库员进行移位，移库员再将目的地库位及实际移库情况记录在移库单上。

移库单

编号：

<table>
<tr><td>下达日期</td><td colspan="3"></td><td colspan="2">执行日期</td><td colspan="2"></td></tr>
<tr><td>源库负责人</td><td colspan="2"></td><td>目的库负责人</td><td></td><td colspan="2">回单人</td><td></td></tr>
<tr><td colspan="8">调用资源</td></tr>
<tr><td>资源名称</td><td colspan="3">负责人</td><td colspan="4">数量</td></tr>
<tr><td></td><td colspan="3"></td><td colspan="4"></td></tr>
<tr><td></td><td colspan="3"></td><td colspan="4"></td></tr>
<tr><td colspan="8">货品信息</td></tr>
<tr><td>品名</td><td>单位</td><td>源位置</td><td>目标位置</td><td>应拣数量</td><td>实拣数量</td><td>实存数量</td><td>备注</td></tr>
<tr><td></td><td></td><td></td><td></td><td></td><td></td><td></td><td></td></tr>
<tr><td></td><td></td><td></td><td></td><td></td><td></td><td></td><td></td></tr>
<tr><td></td><td></td><td></td><td></td><td></td><td></td><td></td><td></td></tr>
<tr><td colspan="2">源库负责人：</td><td colspan="2">目的库负责人：</td><td colspan="4">拣货负责人：</td></tr>
</table>

图 3-15　移库单

任务实施

（1）分组讨论货物移位单填写的注意事项，并以吴玲的身份向移位作业人员介绍货物移位单的填写。

（2）根据以下资料，合作完成货物移位单的填写。

资料：2013 年 3 月 20 日，因季节变换，出货商品属性变化，仓库内存放的货物需要按照销售需求进行货位的调整，仓储经理王刚提出了 YKD001 移库单的作业要求，需要针对 KF003 库房进行调整，需要将羽绒服类的物品移动到 KF003 库房的过季物品 C 区，需要将原 C 区的春装服饰移库到当季物品 A 区。调整要求如下：

1）波司登羽绒服 XL（黑 / 男），500 件，需要从 A 区 001 货位移库到 C 区 004 货位。

2）波司登羽绒服 S（粉 / 女），500 件，需要从 A 区 004 货位移库到 C 区 008 货位。

3）七匹狼春装单夹克 XXL（白 / 男），100 件，需要从 C 区 102 货位移库到 A 区 001 货位。

4）七匹狼春装单夹克 XL（蓝 / 男），200 件，需要从 C 区 120 货位移库到 A 区 002 货位。

3 月 21 日，开始执行移库工作，经 A 区负责人张明和 C 区负责人翟闽沟通协调，本次移库需要使用电动前移式叉车一台，一名操作员按照移库单要求进行操作，并将单证交回。

任务巩固

结合任务实施（1）得出建议，制定移库作业计划，进行实际的移库作业。

注：移库作业计划应包括移库货物的名称、数量、货位；移库作业人员的数量及具体人员；移库作业需要的设备；移库作业需要的表格；移库作业的其他准备工作等内容。

考核与评价

项目实施评价表

考核项目	考核要求	配分/分	评分标准	得分/分	备注
原因解析	1. 能说出货物移位的原因 2. 能根据教师预设情景分析货物移位的原因	20	1. 不能说出货物移位的原因，每处扣2分 2. 不能根据教师预设情景分析货物移位的原因，每处扣3分		
判断原则	1. 能说出货物移位应遵循的原则 2. 能根据教师预设情景分析货物移位的原则	40	1. 不能说出货物移位应遵循的原则，每处扣2分 2. 不能根据教师预设情景分析货物移位的原则，每处扣3分		
单证填制	能根据教师预设情景正确填写货物移位单	20	不能根据教师预设情景正确填写货物移位单，每处扣2分		
模拟移位	1. 能说出货品移库的流程 2. 能根据教师预设情景模拟货物移位	20	1. 不能说出货品移库的流程，每处扣2分 2. 不能模拟货物移位，每处扣2分		
开始时间：		结束时间：		实际时间：	

模块四

出库作业

项目一　准备出库

学习目标

1. 掌握出库的基本要求
2. 理解货物出库的依据和基本方法
3. 明确出库的作业流程
4. 能按要求完成货物出库前的准备工作，能计算出库货物的仓容，安排调配装卸机械
5. 会填写各种出库单证
6. 掌握货物出库的各种方式

项目概述

出库作业是仓库管理部门根据业务部门或存货单位开具的出库凭证（发货通知、提货单），从对出库凭证审核开始，进行拣货、分货、发货检查、包装直到把货物点交给要货单位或发运部门的一系列作业过程。出库是货物仓库作业的最后一个环节，它使得仓库工作直接与运输单位和货物使用单位发生联系，也直接体现了仓储企业的客户服务能力。

任务一　体会仓管员的职责

任务描述

任何一家配送中心储存的货物终将都会出库。作为一名仓管员，需要很清楚地知道以下两个问题的答案。

（1）货物出库的依据是什么？

（2）货物出库须经过哪些流程？

知识准备

一、出库的依据与要求

1. 出库的依据

货物出库必须依据货主开出的“提货单”进行，并且是符合财务制度要求的有法律效力

的凭证，要坚决杜绝凭信誉或无正式手续的发货。不论在任何情况下，仓库都不得擅自动用、变相动用或者外借货主的库存物品。

2. 出库的基本要求

（1）按章作业。仓库管理部门应该严格遵守货物出库的各项规章制度，按照货物出库的程序进行发货，做到凭单发货，单实相符。

（2）出库物品要求做到“三不”、“三核”、“五检查”。

1）“三不”即未接单据不翻账、未经审核不备库、未经复核不出库。

2）“三核”即发货时要核实凭证、核对账卡、核对实物。

3）“五检查”即指单据和实物要进行品名检查、规格检查、包装检查、件数检查、重量检查。

（3）坚持先进先出的原则。先进先出就是按照货物入库的时间先后顺序，先入库的货物先出库，以确保库存货物的品质完好。

（4）保证安全。在货物出库作业中，要注意安全操作，防止作业过程中损坏包装，或震坏、压坏、摔坏货物；同时，应保证货物的质量。在同种货物中，应做到先进先出。对于已发生变质的货物应禁止发货。

（5）先备货后复核再发货。通过备货，业务人员可以预先了解是否缺货，是否有质量问题，是否可以调货，并提前解决问题或打印退货单，及时与客户沟通。库管员提前收到出库单、订单时，可以提前准备，提高出库工作效率，并且备完货后可以二次清点总数，减少出现差错的机会。

二、出库作业的流程

出库是仓库根据出库凭证将货物交付给收货人的作业过程，标志着货物仓储阶段的结束。货物出库时，一般经过两个程序，即出库前的准备工作和正式出库。

1. 出库前的准备工作

（1）对货物的包装整理。对经过运输、搬运、仓储后已出现包装受损、不适合直接运输的货物，仓库应事先进行整理、加固或改换包装。

（2）对货物的组配或分装。对需要拆零后出库或拼箱后出库的货物，仓库应事先做好挑选、分类、整理和组装等工作。

（3）准备包装材料、作业工具及相关用品。仓库需要根据货物性质和运输的要求，准备各种包装材料及相应的衬垫材料。对拼箱或有改装的货物，仓库还要准备刷写包装标志的工具、打包的工具等。

（4）调配装卸设备。为加快发送速度，仓库事先应准备必要的装卸搬运设备。

（5）组织人员。进行合理的人员组织是及时快速完成发货的必要保证。

2. 实际的出库工作

（1）核对出库凭证。主要审核出库凭证的真伪性，如印鉴是否相符、凭证有无涂改。

（2）备货。仓管员根据出库凭证上所列的项目进行配货。

（3）复核。货物备好后要进行全面复核查对，确保货物与出库凭证相一致。

（4）登账。仓库根据发货单登账。有些仓库会采用先交货后登账的做法。

（5）交接。货物备好并核对无误后进行交接清点。

图 4-1 显示的是出库作业的一般流程。

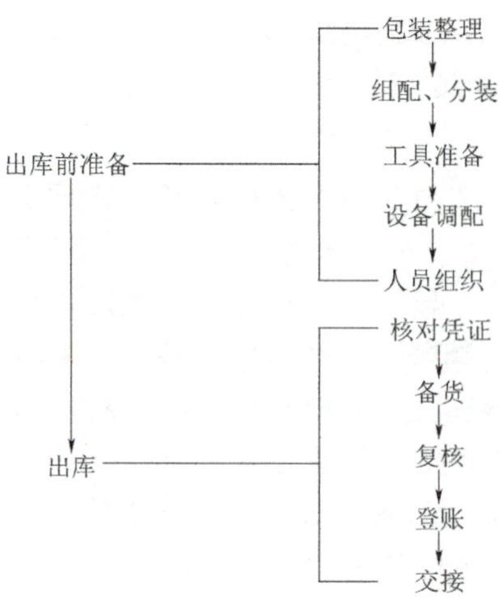

图 4-1　出库作业的一般流程

任务实施

观看物流配送中心的出库作业视频，绘制其出库作业流程图，并讨论其出库作业视频中体现了出库作业的哪些要求。

任务巩固

参观某家物流企业的出库作业流程，绘制其出库作业流程图。比较企业的出库作业流程有何不同。与物流企业负责人交流出库作业中容易出错的地方，并分析出错的原因。

任务二　准备出库事宜

任务描述

仓库收到了信息部传来的“提货单”及“出库单”，称收货人将于两天后到仓库提货。

（1）仓管员需要做哪些出库准备工作？

（2）货物出库除了收货人自提外，还有哪些方式？

知识准备

一、出库的准备工作

1. 对货物原件的包装整理

货物经多次装卸、堆码、翻仓和拆检会使部分包装受损，不适宜运输要求。因此，仓库必须视情况事先进行整理、加固或改换包装。可与承运单位联系，使包装适合运输，长途运输要加垫板，防止运输途中堆垛倾覆。冬季注意防寒，必要时用保温车或专用运输车，包装破损的要加固和更换。

2．零星货物的组配、分装

根据货主需要，有些货物需要拆零后出库，仓库应为此作好准备，备足堆散货物，以免因拆零而延误发货时间；有些货物则需要拼箱，为此，应做好挑选、分类、整理和配套等准备工作。

3．包装材料、工具、用品的准备

对从事装、拼箱或改装业务的仓库，在发货前应根据性质和运输部门的要求，准备各种包装材料及相应的衬垫物，以及刷写包装标志的用具、标签、记号笔、胶带、剪刀、胶带座、木箱、钉箱工具等。

4．待运货物的仓容及装卸机具的安排调配

货物出库时，应留出必要的理货场地，并准备必要的装卸搬运设备，如叉车、托盘车等，以便运输人员的提货发运及时装载货物，加快发送速度。

5．发货作业的合理组织

发货作业是一项涉及人员多、处理时间紧、工作量大的工作，需要对仓管员、分拣员、叉车司机、辅助工人及设备等进行合理组织，明确每个岗位的职责。进行合理的人员组织和机械协调安排是完成发货的必要保证。

二、货物出库的方式

1．托运

由仓库货物会计根据货主事先送来的发货凭证转开商品出库单或备货单，交仓库保管员做好货物的配货、包装、集中、理货、待运等准备作业。没有理货员的仓库应由保管员负责进行集中、理货和待运工作，保管员与理货员之间要办理货物交接手续。然后由仓库保管员（或直接由理货员）与运输人员办理点验交接手续，以便明确责任。最后由运输人员负责将货物运往车站、码头。

2．提货

由提货人凭货主填制的发货凭证，用自己的运输工具到仓库提货。仓库会计根据发货凭证转开货物出库单。仓库保管员按单配货，经专人逐项复核后，将货物当面点交给提货人员，并办理交钱手续，开出门单，由提货人员提走货物。

3．取样

货物所有者为介绍商品或检验货物而向仓储部门提取货样。在办理取样业务时，要根据货主填制的正式样品出库单转开货物出库单，在核实货物的名称、规格、牌号、等级和数量等项后备货，并经复核，将货物交提货人。

4．送货

仓库根据运输出库凭证把货品交给运输部门送达收货单位。送货方式的手续，需要送货人办理发货凭证。送货可以向外地送货，也可以向本地送货，适用于少量货物的发运。

5．移仓

因业务或保管需要而将储存的货物从某一仓位转移到另一仓位的发货方式，移仓分内部移仓和外部移仓。内部移仓填制仓储企业内部的移仓单，并据此发货；外部移仓则根据货主填制的货物移仓单结算和发货。

6．过户

在不转移仓储货物的情况下，通过转账变更货物所有者的一种发货方式。货物过户时，仍由原货主填制正式的发货凭证，仓库据此做过户转账处理。

任务实施

结合下面资料，分小组讨论。

（1）仓管员需要做好哪些出库准备工作，以清单形式罗列并进行交流。

（2）如果收货人不自提，该物流企业是安排送货还是办理托运？请讨论这两种方式对商品数量的要求有什么不同。

资料：

仓库两天后需出库的货物如下。

（1）女士长裙（黑色 /S），2 000 条，总量 4 000kg，体积 12m^3。

（2）男士长裤（灰色 /XL），800 条，总量 1 000kg，体积 4m^3。

（3）男士衬衣（白色 /XL），3 000 件，总量 5 000kg，体积 14m^3。

任务巩固

根据“任务实施”中的资料，为完成货主的出库要求，需要准备哪些装卸机具？货物出库时，需要的理货区域至少多少空间？

任务三　填制出库单证

任务描述

货物出库单证是出库作业的基础。缮制完整的货物出库单证保证货物能够及时提取，也减轻仓库管理部门对出库单证（发货通知、提货单、出库单等）审核、验证工作。学习任务三，完成下列问题。

（1）出库单证有哪些？

（2）出库单证是如何流转的？

知识准备

一、货物出库单证的种类

出库单证是向仓库提取货物的正式凭证。从接到“发货通知单”（见图 4-2）到货物出库，仓管员需要处理的出库单证有提货单、出库单、发货单、发货清单、货物资料卡、货物异常报告。

发货通知单

提货单位			订单号		
商品编号	商品名称	规格型号	单位	数量	发货时间

方式：　　送货人：　　联系电话：

填表：　　审核：　　主管：

图 4-2　发货通知单

（1）提货单（见图 4-3）是仓库凭以办理出库的直接凭证，信息员一方面需核查提货单与发货通知单的一致性，另一方面还需对提货单进行严格审查以确定其真实性。如有疑问，需与货主联系。

提货单

编号：

提货单位			入库单号		开票日期	
商品编号	商品名称	规格型号	单位	数量	单价	金额

制单人：　　提货人：　　提货仓库：

图 4-3　提货单

（2）出库单（见图 4-4），信息员根据提货单或发货通知单制作出库单。出库单一式四联，第一联存根，第二联仓库留存，第三联财务核算，第四联提货人留存。

出库单

货主单位：　　储存凭证号码：

提货单号码：　　出库方式：

发货日期：　　出库单号码：

货号	品名	规格及型号	包装及件数	数量
合计				

仓库主管：　　仓管员：　　提货人：　　制单人：

图 4-4　出库单

（3）发货单（见图 4-5）和发货清单（见图 4-6）。仓管员根据出库单制作发货单和发货清单。发货单一式二联，第一联仓库留存，第二联作出门证。发货清单也一式二联，第一联仓库留存，第二联随货同行。

发货单

出库单号码：　　　　　　　　　　　　　发货单号码：
提货单位：　　　　　　　　　　　　　　发货日期：　年　月　日

货　号	品　名	规格及型号	包装及件数	数　量
合计				

业务主管：（签字）　　　　　　　　　　制单：（签字）

图 4-5　发货单

发货清单

收货单位：　　　　　　　　　　　　　年　月　日

编号	货　号	品　名	规格及型号	包装及件数	数量
合计					

业务主管：（签字）　　　　　　　　　　制单：（签字）

图 4-6　发货清单

（4）货物资料卡（见图 4-7）。仓库管理员根据留存的发货单或发货清单填制货物资料卡。

货物资料卡

货物名称					
货物编号					
入库时间					
规格与等级					
单价					
入库数量					
出库数量					
结存余数					
储存位置					
备注					

图 4-7　货物资料卡

（5）货物异常报告（见图 4-8）。如果出库过程中出现了如出库凭证超过提货期限、提货数与结存数不符等异常情况时，仓管员还需填写“货物异常报告”，并报仓库主管签字。

货物异常报告

货　号	品　名	规格及型号	数　量	异 常 情 况

仓管员：　　　　　　　　　　　　　　仓库主管：

图 4-8　货物异常报告

二、货物出库单证的流转

（1）信息员根据提货单或发货通知单制作出库单，出库单三联交提货人。提货人在付清相关费用后将第二联交仓管员。

（2）仓管员根据出库单制作发货单和发货清单。仓管员据此备货，按照实发数量及有关内容填写发货单和发货清单，转复核员进行实物复核，复核无误后与提货人清点。

（3）仓管员在核实提货人已付相关费用后将发货单和发货清单第二联交提货人、提货人凭发货单和发货清单的第二联提货出库。

（4）发货单第二联由门卫复核签收后放行出库。

（5）仓管员根据留存的发货单填制资料卡。

（6）仓管员将发货单第一联、发货清单第一联返回信息员。

（7）信息员对保管员返回的发货单第一联、发货清单第一联审核无误后，将发货单第一联归档留存；将发货清单第一联经签字、盖章后返给货主。

任务实施

分组模拟货物库单证流转程序，并合作绘制出库单证流转图。建议 1 人扮演提货人、1 人扮演出库业务受理员、1 人扮演保管员、1 人扮演复核员、1 人扮演作业人员，以小组为单位完成该项实训任务。

任务巩固

请根据以下资料，完成出库单的填制。

资料：顶通物流是一家第三家物流公司，承揽物流业务，为客户提供如仓储、保管、运输、配送、流通加工、信息处理的诸多服务，现有一客户为永久商贸公司，签订物流服务合同，承揽该公司的货品收货、货品储存、货品配送的物流服务，双方使用信息系统进行对接，通过软件和通信协议完成到货信息、收货信息、订货信息的在线传输。

2013 年 4 月 20 日 6 点，顶通物流通过信息系统接收到永久商贸公司的发货通知单（见图 4-9）。

发货通知单

提货单位	永久商贸公司浙江分公司		订单号		
商品编号	商品名称	规格型号	单位	数量	发货时间
	人头马洋酒	800ml/ 瓶	瓶	30	20110422
	五粮液	500ml×6 瓶 / 箱	箱	20	20110422
	茅台	450ml/ 瓶	瓶	40	20110422

方式： 自提 送货人： 联系电话：

填表： ×× 审核： ×× 主管： ××

图 4-9 发货通知单

2013 年 4 月 22 日，永久商贸公司浙江分公司持提货单（见图 4-10）到仓库提货。

提货单

提 货 单 位	永久商贸公司浙江分公司		入 库 单 号		开 票 日 期	
商品编号	商品名称	规格型号	单位	数量	单价	金额
	人头马洋酒	800ml/ 瓶	瓶	30		
	五粮液	500ml×6 瓶 / 箱	箱	20		
	茅台	450ml/ 瓶	瓶	40		
制单人：		提货人：		提货仓库：		

图 4-10 提货单

考核与评价

项目实施评价表

考核项目	考核要求	配分/分	评分标准	得分/分	备注
出库规范	1. 能说出出库的基本要求 2. 能根据教师预设情景说出相应的出库要求	20	1. 不能说出出库的基本要求，每处扣1分 2. 不能根据教师预设情景说出相应的出库要求，每处扣2分		
流程描述	能根据教师提供的情景说出出库作业的流程	10	不能根据教师提供的情景说出出库作业的流程，每次扣5分		
出库准备	1. 能根据教师预设情景说出出库的准备工作 2. 能根据教师预设情景说出出库方式	20	1. 不能根据教师预设情景说出出库的准备工作，每处扣2分 2. 不能根据教师预设情景说出出库方式，每次扣2分		
单证填制	1. 能说出出库单证的种类及流转 2. 能根据教师预设情景正确填制各种出库单证	50	1. 不能说出出库单证的种类及流转，每处扣1分 2. 不能正确填制各种出库单证，每处扣2分		
开始时间：		结束时间：		实际时间：	

项目二　包装货物

学习目标

1．掌握拆垛分货作业要点，会拆垛分货作业
2．掌握货物包装前的复检及包装的要求、会准备包装材料和包装机械、会包装货物
3．掌握各类包装标志的含义
4．会给包装好的货物刷标志

项目概述

在现代物流观念形成以前，包装被天经地义地看成生产的终点，因而一直是生产领域的活动，包装的设计往往主要从生产终结的要求出发，因而常常不能满足流通的要求。物流的研究认为，包装与物流的关系，比之与生产的关系要密切得多，因此，包装应进入物流系统之中，这是现代物流的一个新观念。

任务一　拆分货物与复检货物

任务描述

仓管员吴玲接到 2 张出库单，分别需要“茉莉花茶，500ml×12 瓶，箱装，4 瓶；康师傅冰绿茶，550ml×12 瓶，箱装，8 瓶”和“茉莉花茶，500ml×12 瓶，箱装，8 瓶；康师傅冰绿茶，550ml×12 瓶，箱装，4 瓶”。检查货物时发现没有已拆零的货物，于是吴玲决定先拆垛，再按订单分货。学习任务一，完成下列问题。

（1）如何进行拆垛分货作业？

（2）分货完成后是否可以直接对货物进行包装？

知识准备

一、拆垛分货

货物出库前，通常需要进行货物的搬运，货物搬运是指货物在仓库内发生的短距离、以水平方向为主的位移。堆垛拆垛是货物搬运的基本方式之一，堆垛拆垛又称放置取出作业。堆垛是把货物从预先放置的场所移送到运输工具或仓库内的指定位置，再按要求的位置和形状放置货物的作业活动。拆垛是与堆垛相反的作业活动。

拆垛时的注意事项：①拆转袋装货物时，必须从上至下进行拆垛，严禁图省事从下往上扒垛。并且拆第二、三层时，必须面朝垛外、背对大垛，采取向外掀的方式，严禁面对大垛用手进行生拉硬拽，以防打滑将人摔向地面。②在拆多层大垛时，人所站立位置要留有足够的空间，脚下至少有两行袋子宽的位置，逐层向下投放。③掀袋子时，要确保垛下无人站立时才可以往下扔袋子。

分货也称分拣，是在堆垛、拆垛作业前后或配料作业之前发生的作业，是把物资按品种、出入库先后顺序进行分类整理，再分别放到规定位置的作业活动。

二、货物包装前的复检

为保证货物100%的合格率，做好货物质量把关。货物出库打包前需再次复检，复检应依据出库凭证所列购货单位、品名、规格、厂名、批号、数量等与实货逐项核对，检查包装并做好《商品出库复检记录》（见表4-1），每复核完一个品种后复核人员应在发货单上货凭证上签字，以备检查。特殊、贵重商品的复核需由两人进行，各项复核应妥善保存。

有下列情况者，保管员应提出复检，并立即挂上黄色待验标志，停止出库。

（1）怀疑可能变质的货物。

（2）与已发现的不合格品种相邻，分析可能受影响的货物。

（3）贮存期达复检期前三个月的货物。

（4）失效期（使用期）和厂方负责到期前一个月的品种。

（5）其他外观有变化的货物，可能发生污染的货物。

由保管员填写《复验申请单》，详细写明货物名称、识别编号、进厂编号、数量、规格、请验人、请验日期等。一式二份，一份送质保部；一份留仓库。质保部收到复验申请单并查验符合复验标准后，一个工作日内派取样员到仓库抽取样品进行复检，填写复核记录，五日内将检验结果送返仓库。保管员在收到《检验报告书》后根据报告结果，取下待验标志，更换相应的合格标志或不合格标志，继续出库或停止出库。

表4-1　货物出库复核记录表

发货日期	购货单位	品名	规格	单位	数量	批号 生产日期	生产企业	发货人	复核人	备注

任务实施

（1）观看视频“拆垛”，感受拆垛作业要点，记录拆垛要点并讨论。

（2）分小组按要求完成吴玲的出库拣货任务。需准备材料包括：货架第2层以上托盘2个，其中一托盘装茉莉花茶若干箱，一托盘装康师傅冰绿茶若干箱；空周转箱4个，空纸箱2个。

任务巩固

根据以下资料模拟分货作业，并进行包装的复核。

资料：分拣员收到2份拣货单，分别要求拣取“茉莉花茶，500ml×12瓶，箱装，8瓶；康师傅冰绿茶，产品编号CPBH0022，550ml×12瓶，箱装，6瓶；王老吉，产品编号CPBH0033，355ml×24听，箱装，40听；营养快线，产品编号CPBH0014，500ml×12瓶，箱装，20瓶”和“茉莉花茶，500ml×12瓶，箱装，5瓶；康师傅冰绿茶，产品编号CPBH0022，550ml×12瓶，箱装，7瓶；王老吉，产品编号CPBH0033，355ml×24听，箱装，30听；营养快线，产品编号CPBH0014，500ml×12瓶，箱装，18瓶”。为加快作业，分拣员先将2张订单货物进行合并，目前货物已经拣选完毕。

任务二　选择包装材料、操作包装机械

任务描述

货物经复核后无误，吴玲准备打包作业。按照经验，吴玲准备打井字包。学习任务二，完成下列问题。

（1）包装材料有哪些？

（2）打包有哪些注意事项？

知识准备

一、包装材料

用于物流包装的材料很多，从纸到木材、从塑料到金属、从传统的纤维纸板到最新的记忆性塑料带，可谓应有尽有，主要的包装材料有以下几种。

（一）木质包装

木材是最传统的包装材料，至今仍有较广泛的使用。木材较多地用于制作木桶、木箱（见图4-11）和胶合板箱三类容器。木材的另一个用途是制作托盘（见图4-12）。

图4-11　木箱包装

图4-12　木托盘

（二）纸制包装

纸的品种是很多的，有专用包装纸，一般指牛皮纸，用途多半为选用强度较大的制成纸袋（见图4-13）。纸袋为3～6层的多层叠合构造。如果需要，还可以作防潮处理，把牛皮纸和塑料薄膜制成复合多层构造。大型纸袋通常用于水泥、肥料、谷物等粉粒状货物的包装。牛皮纸的强度与每平方米纸张的重量有关，一般有四种规格：75g、78g、81g、84g。它的特性项目包括抗拉强度、抗裂强度、伸长率、耐水率等，均有国家标准。

纸板是指用牛皮纸浆、化学纸浆、旧纸浆等为原料制成的厚纸板的总称。根据不同用途可分为瓦楞原纸或纸箱（见图4-14）、白板纸、黄板纸等，其中瓦楞原纸的用途最广泛，产量也最大，被大量用于制作各种纸箱（见图4-15）。

图4-13　牛皮纸袋

图4-14　瓦楞纸

图4-15　纸箱

（三）塑料包装

塑料在包装中被广泛使用，可用于单个包装、内包装、外包装，用于运输包装时可制成各种塑料容器（见图4-16）。

另外，用塑料箱替代木箱的运输也有大量使用，一般用在食品、饮料等货物的运输包装方面。

图4-16　各种塑料包装

（四）金属包装

用作包装的金属容器有罐（见图4-17）和桶（见图4-18），用镀锌铁板制成。罐有方形和圆形两种，主要用于食品、药品、石油类、涂料类及油脂类物品包装；桶主要用于以石油为主的非腐蚀性半流体、粉末体、固体等物品的包装，容量为20～200升。

图4-17　金属包装罐

图4-18　金属包装桶

（五）其他包装材料

1．草制包装材料

是一种较落后的包装材料。用一些天然生的草类植物，编制成草席、蒲包、草袋等包装材料。其防水、防潮能力较差，强度也很低，已逐渐被淘汰。

2．纤维包装材料

指用各种纤维制作的袋状容器。天然生的纤维有黄麻、红麻、大麻、青麻、罗布麻、棉花等。经工业加工的有合成树脂、玻璃纤维等。

3．陶瓷与玻璃包装材料

此类包装材料的优点是耐风化、不变形、耐热、耐酸、耐磨等，尤其适合各种液体货物的包装。可回收复用，有利于包装成本的降低，易洗刷、消毒、灭菌。缺点是易碎。

4．复合包装材料

复合材料就是将两种以上具有不同性质的材料复合在一起，以改进单一包装材料的性能。应用最广泛的合成材料是与玻璃纸复合、塑与塑、金属箔与塑料；金属箔和塑料及玻璃纸复合；纸与塑料复合等。

二、包装机械

包装机械是指能完成全部或部分货物包装过程的机械。

在仓库的包装作业中，常见的设备有以下几类：

1．充填机

充填机（见图 4-19）是将精确数量的物品装入到各种容器内的包装机。

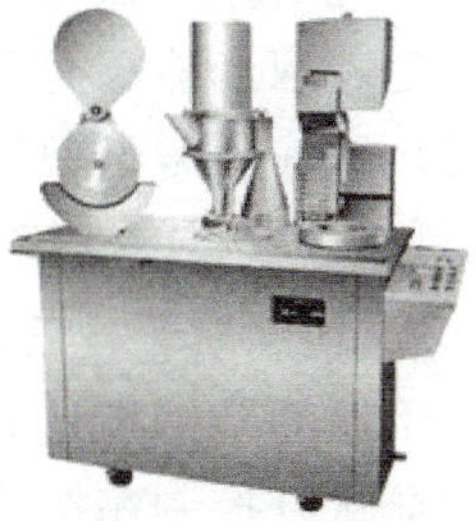

图 4-19　充填机

2．封口机

封口机（见图 4-20）是将充填有包装物的容器进行封口的机器。

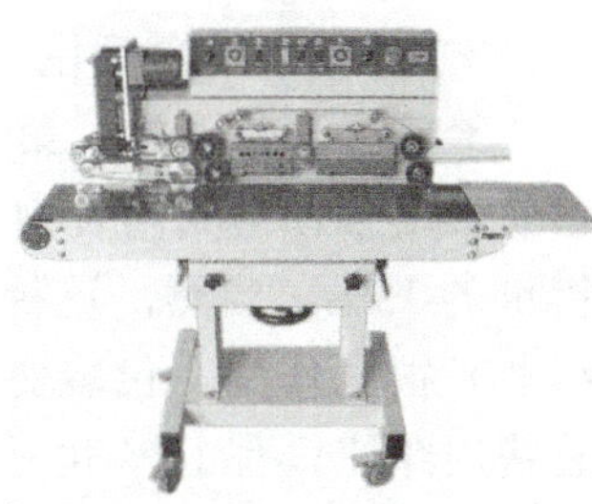

图 4-20　封口机

3．裹包机

裹包机（见图 4-21）是用柔性的包装材料，全部或部分地将包装物裹包起来的包装机。

4．贴标签机

贴标签机（见图 4-22）是采用黏合剂或其他方式将标签粘贴在包装件或货物上的机器。

图 4-21　裹包机

图 4-22　贴标签机

5. 装箱机

装箱机（见图 4-23）用于完成运输包装，将若干包装或散装物品进行封箱。

6. 液体灌装机

液体灌装机（见图 4-24）是将液体产品按预订量灌注到包装容器内的机器。

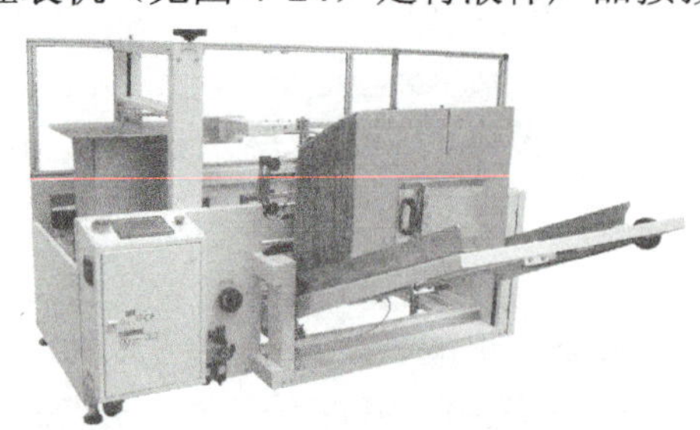

图 4-23　装箱机

图 4-24　液体灌装机

三、包装的要求

1. 能有效保护其内装物品

包装应当能够有效地保护内装物品，防止物品的变质和保证它的品质。在选择包装材料时，应注重考察包装材料的防潮性、耐腐蚀性、耐热耐寒性等，确保包装材料、包装容器、包装方法具有保护物品品质的要求。

2. 包装容量、质量适度

不同的装卸搬运方式决定了包装的容量、质量的大小。在人力装卸搬运的情况下，包装的质量以控制在搬运工人体重的 40% 之内为宜。包装的外形及尺寸与装卸效率有关。采用机械进行装卸搬运，要考察不同机械设备的承载重量。

3. 具有经济合理性

经济合理性要求：第一，在性能相同的情况下，优先选择成本较低的包装材料。第二，包装费用必须与其内装物品的价值相适应。一般来说，大多普通商品的包装费用应低于商品售价的 15%。当然，这种比率因不同的商品而有较大的差异。例如，对于纯净水而言，塑料瓶起很大作用，包装费用的比率超过 15% 是合理的；而手纸的包装所起的作用较小，包装费用即使只有 10% 也是合理的。第三，包装应适度，避免出现过度包装的现象。

4. 说明与标志清楚

销售包装上有关产品的说明应当详细、完整，方便消费者的使用。尤其是有关产品安全、使用方法、生产日期的说明应清楚、明了。运输包装上的标志应当清晰、醒目，尤其是国际运输中的包装标志，应符合国际贸易的惯例和有关国际组织的要求。

5. 符合绿色发展潮流

首先，要求包装材料对人体无毒，不会与内装物品发生化学反应，产生有害的物质。其次，要求包装材料符合环保的特点，能够重复使用，或者容易被降解，不污染环境，近年来逐渐推广使用的可降解塑料包装就符合绿色发展潮流。最后，在强度、使用寿命、成本相同的条件下，应追求包装的轻薄化。这样，不但可以提高装卸搬运、运输的效率，而且可以减少废弃的包装材料的数量，减少无谓的资源消耗。

另外，在码货包装时，要特别注意“重不压轻，大不压小，曲不压直。箭头向上，标签向外”。

任务实施

（1）小组讨论打井字包需要准备的工具或材料。

（2）使用打包带、手工打包机，进行手工打包，并讨论打包时的注意事项。

（3）半自动打包并讨论打包时的注意事项。

任务巩固

对两个已经装好货物的箱子（如内含手套、卷纸、液体饲料、方便面、钳子等若干货物）进行包装前的检查；进行打包作业，要求先做封箱打包，再做井字型打包。

任务三　识别物流包装标志

任务描述

打包作业完成后，为保护货物在出库以后的安全，按照规定，仓管员还需要在包装上标打一些包装标志。学习任务三，完成下列问题。

（1）物流包装标志有哪些？

（2）适合此次出库货物的物流包装标志有哪些？

知识准备

一、物流包装标志

物流包装标志一般分为运输包装收发货标志、包装储运图示标志、危险品标志三类。

1. 运输包装收发货标志

运输包装收发货标志是外包装件上的商品分类图示标志及其他的文字说明的总称。运输包装收发货标志是为在物流过程中识别货物、实现货物收发而采用的。它对物流管理中出入库以及装船配车等环节都有着特别重要的作用。

根据国家标准 GB/T 6388—1986《运输包装收发货标志》，收发货标志一般包括以下内容（见表 4-2）：

表 4-2　运输包装收发货标志

序　　号	项　　目			含　　义
	代　　号	中　　文	英　　文	
1	FL	商品分类图示标志	CLASSIFICATION MARKS	表明商品类别的特定符号
2	GH	供货号	CONTRACT NO	供应该批货物的供货清单号码（出口商品用合同号码）

（续）

序号	项目			含义
	代号	中文	英文	
3	HH	货号	ART NO	商品顺序编号，以便出入库、收发货登记和核定商品价格
4	PG	品名规格	SPECIFICA TIONS	商品名称或代号，标明单一商品的规格、型号、尺寸、花色等
5	SL	数量	QUANTITY	包装容器内含商品的数量
6	ZL	重量（毛重）（净重）	GBOSS WT NET WT	包装件的重量（kg）包括毛重和净重
7	CQ	生产日期	DATE OF PRODUCTION	产品生产的年、月、日
8	CC	生产工厂	MANUFACTURER	生产该产品的工厂名称
9	TJ	体积	VOLUME	包装件的外径尺寸长（m）×宽（m）×高（m）=体积（m^3）
10	XQ	有效期限	TERM OF VAIIDITY	商品有效期至×年×月
11	SH	收货地点和单位	PLACE OF DESTINATION AND CONSIGNEE	货物到达站、港和某单位（人）收（可用贴签或涂写）
12	FH	发货单位	CONSIGNOR	发货单位（人）
13	YH	运输号码	SHIPPING NO	运输单号码
14	JS	发运件数	SHIPPING PIECES	发运的件数
说明	①商品分类图示标志一定要有，其他各项合理选用 ②外贸出口商品根据国外客户要求，以中、英文对照，印制相应的标志和附加标志 ③国内销售的商品包装上不填英文项目			

2．运输包装储运图示标志

包装储运图示标志是根据物品的不同性能和特殊要求，用图案或简易文字表示的，用以提示人们在装卸、运输和储存过程中应注意的事项的标志。

运输包装储运图示标志的种类。依据国家标准 GB/T 191—2008《包装储运图示标志》，运输包装储运图示标志共有 17 种（见表 4-3）。

表 4-3　运输包装储运图示标志的名称和图形

序号	标志名称	标志图形	含义	备注/示例
1	易碎物品		运输包装件内装易碎品，因此搬运时应小心轻放	标在包装件所有四个侧面的左上角处
2	禁用手钩		搬运运输包装件时禁用手钩	
3	向上		表明运输包装件的正确位置是竖直向上	

（续）

序　号	标志名称	标志图形	含　义	备注 / 示例
4	怕晒		表明运输包装件不能直接照晒	
5	怕辐射		包装物品一旦受辐射便会完全变质或损坏	
6	怕雨		包装件怕雨淋	
7	重心		表明一个单元货物的重心	尽可能标在包装件所有六个面的重心位置上，否则至少也应标在包装件四个侧、端面的重心位置上
8	禁止翻滚		不能翻滚运输包装	
9	此面禁用手推车		搬运货物时此面禁放手推车	
10	禁用叉车		不能用升降叉车搬运的包装件	
11	由此夹起		表明装运货物时夹钳放置的位置	只能用于可夹持的包装件；标志应标在包装件的两个相对面上：以确保作业时标志在叉车司机的视线范围内
12	此处不能卡夹		表明装卸货物时此处不能用夹钳夹持	

（续）

序　号	标志名称	标志图形	含　义	备注 / 示例
13	堆码重量极限	 …Kgmax	表明该运输包装件所能承受的最大重量极限	
14	堆码层数极限	 n	相同包装的最大堆码层数，n 表示层数极限	
15	禁止堆码		该包装件不能堆码并且其上也不能放置其他负载	
16	由此吊起		起吊货物时挂链条的位置	至少贴在包装件的两个相对面上；本标志应标在实际的起吊位置上 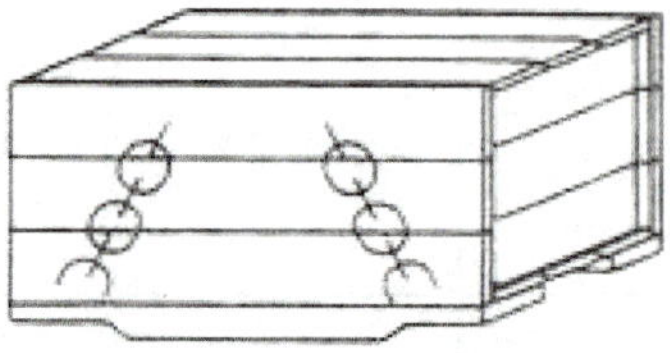
17	温度极限	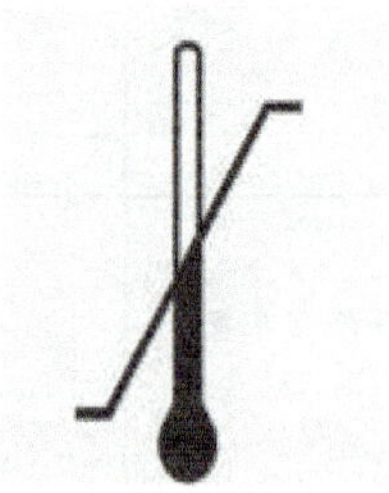	表明运输包装件应该保持的温度极限	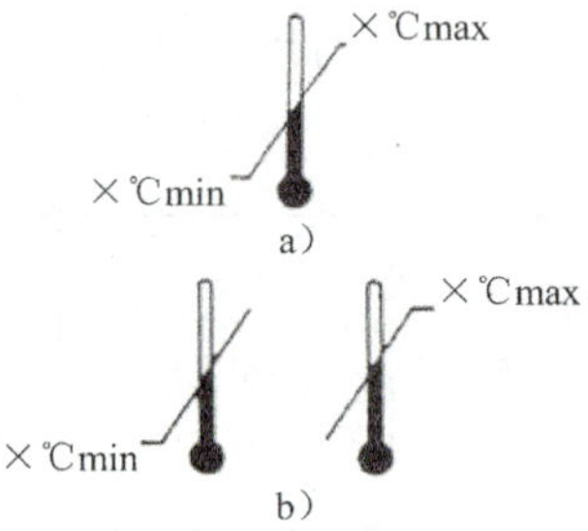 ×℃max ×℃min a) ×℃max ×℃min b)

3. 危险货物包装标志

危险货物包装标志是用来标明化学危险品的，此类标志为了引起人们特别警惕，采用特殊的彩色或黑色菱形图示。根据国家标准 GB 190—2009《危险货物包装标志》，危险货物包装标志分为标记（见表 4-4）和标签（见表 4-5）。其中标记 4 个，标签 26 个，其图形分别标示了 9 类危险货物的主要特性。

表 4-4　危险货物包装标记

序　　号	标 记 名 称	标 记 图 形
1	危害环境物质和物品标记	（符号：黑色；底色：白色）
2	方向标记	（符号：黑色或正红色；底色：白色） （符号：黑色或正红色；底色：白色）
3	高温运输标记	（符号：正红色；底色：白色）

表 4-5　危险货物包装标签

序　　号	标 签 名 称	标 签 图 形	对应的危险货物类项号
1	爆炸性物质或物品	1 （符号：黑色；底色：橙红色） 1.4 1 （符号：黑色；底色：橙红色）	1.1 1.2 1.3 1.4

（续）

序　　号	标 签 名 称	标 签 图 形	对应的危险货物类项号
1	爆炸性物质或物品	 （符号：黑色；底色：橙红色）	1.5
		 （符号：黑色；底色：橙红色） ** 项号的位置，如果爆炸性是次要危险性，留空白 * 配装组字母的位置，如果爆炸性是次要危险性，留空白	1.6
2	易燃气体	 （符号：黑色；底色：正红色）  （符号：白色；底色：正红色）	2.1
	非易燃无毒气体	 （符号：黑色；底色：绿色）  （符号：白色；底色：绿色）	2.2

（续）

序　号	标签名称	标签图形	对应的危险货物类项号
2	毒性气体	 （符号：黑色；底色：白色）	2.3
3	易燃液体	 （符号：黑色；底色：正红色） （符号：白色；底色：正红色）	3
4	易燃固体	 （符号：黑色；底色：白色红条）	4.1
	易于自燃的物质	 （符号：黑色；底色：上白下红）	4.2
	遇水放出易燃气体的物质	 （符号：黑色；底色：蓝色）	4.3

（续）

序　　号	标 签 名 称	标 签 图 形	对应的危险货物类项号
4	遇水放出易燃气体的物质	 （符号：白色；底色：蓝色）	4.3
5	氧化性物质	 （符号：黑色；底色：柠檬黄色）	5.1
	有机过氧化物	 （符号：黑色；底色：红色和柠檬黄色）  （符号：白色；底色：红色和柠檬黄色）	5.2
6	毒性物质	 （符号：黑色；底色：白色）	6.1
	感染性物质	 （符号：黑色；底色：白色）	6.2

（续）

<table>
<tr><th>序　　号</th><th>标 签 名 称</th><th>标 签 图 形</th><th>对应的危险货物类项号</th></tr>
<tr><td rowspan="3">7</td><td>一级放射性物质</td><td> （符号：黑色；底色：上黄下白，附一条红竖条）
黑色文字，在标签下半部分写上：
“放射性”
“内装物_______”
“放射性强度_______”
在一个黑边框格内写上“运输指数”
在“放射性”字样之后应有一条红竖条</td><td>7A</td></tr>
<tr><td>二级放射性物质</td><td> （符号：黑色，底色：上黄下白，附两条红竖条）
黑色文字，在标签下半部分写上：
“放射性”
“内装物_______”
“放射性强度_______”
在一个黑边框格内写上“运输指数”
在“放射性”字样之后应有两条红竖条</td><td>7B</td></tr>
<tr><td>三级放射性物质</td><td> （符号：黑色；底色：上黄下白，附三条红竖条）
黑色文字，在标签下半部分写上：
“放射性”
“内装物_______”
“放射性强度_______”
在一个黑边框格内写上“运输指数”
在“放射性”字样之后应有三条红竖条</td><td>7C</td></tr>
</table>

（续）

序　　号	标 签 名 称	标 签 图 形	对应的危险货物类项号
7	裂变性物质	FISSILE CRITICALITY SAFETY INDEX 7 （符号：黑色；底色：白色） 黑色文字 在标签上半部分写上：“易裂变” 在标签下半部分的一个黑边框格内写上“临界安全指数”	7E
8	腐蚀性物质 8	8 （符号：黑色；底色：上白下黑）	8
9	杂项危险物质和物品	9 （符号：黑色；底色：白色）	9

二、物流包装标志的标打

（1）标志的标打，可采用印刷、粘贴、拴挂、钉附及喷涂等方法。

（2）标志的数目及位置规定。箱状包装应标打于包装端面或侧面的明显处；袋、捆包装应标打于包装明显处；桶形包装应标打于桶身或桶盖；集装箱、成组货物应粘贴于四个侧面。

（3）标志的文字书写应与底边平行。

（4）包装件需标打何种标志，应根据货物的性质正确使用。

任务实施

（1）观察校园商店的收货业务，并观察其外包装上的标志，分组讨论不同物流包装标志分别适用于哪些或哪类商品。

（2）吴玲刚打包完成的两箱货物分别需要发往：①未来超市，由超市验收主管张明签收；②美好超市，由超市主管李管签收。分组讨论这两箱货物需要标打上哪些物流包装标志。

任务巩固

在“任务实施”任务二打包完成的箱子上标打标记，标打时注意具体的标打位置。

考核与评价

项目实施评价表

考核项目	考核要求	配分/分	评分标准	得分/分	备注
规范识记	1. 能说出拆垛的注意事项 2. 能说出需复检的情况	10	1. 不能说出拆垛的注意事项，每处扣2分 2. 不能说出需复检的情况，每处扣2分		
单证填制	能根据教师预设情景正确填写“商品出库复核记录表”	20	不能根据教师预设情景正确填写“商品出库复核记录表”，每处扣2分		
分货实践	1. 能根据教师预设情景正确分货 2. 能对分货情况进行复核	20	1. 不能根据教师预设情景正确分货，每处扣2分 2. 不能对分货情况进行复核，每处扣2分		
包装识别	1. 能说出教师提供的包装材料图片的名称 2. 能说出教师提供的包装机械图片的名称	10	1. 不能说出教师提供的包装材料图片的名称，每处扣1分 2. 不能说出教师提供的包装机械图片的名称，每处扣1分		
设备使用	1. 能正确使用手工打包机 2. 能正确使用半自动打包机	20	1. 不能正确使用手工打包机，每处扣2分 2. 不能正确使用半自动打包机，每处扣2分		
标志识别	1. 能说出物流包装标志的种类 2. 能说出教师提供的包装标志图片的名称及含义	10	1. 不能说出物流包装标志的种类，每处扣1分 2. 不能说出教师提供的包装标志图片的名称及含义，每处扣1分		
标志标打	1. 能说出物流包装标志标打的注意事项 2. 能根据教师预设情景正确标打标志	10	1. 不能说出物流包装标志标打的注意事项，每处扣1分 2. 不能根据教师预设情景正确标打标志，每处扣2分		
开始时间：		结束时间：		实际时间：	

项目三　交付货物

学习目标

1．掌握货物出库管理的要求
2．掌握出库前的复核工作
3．掌握货物待运、货物交付和销账工作
4．学会对出库的异常问题进行处理

项目概述

交付货物是出库作业的最后一个环节。除做好出库前的复核外，还需针对出库时可能出现的异常情况及时处理，另外还要做好销账工作。

任务一　准备货物交付

任务描述

仓管员吴玲完成包装刷唛后，备货作业已经完成。管理员张佳为保证出库作业不出差错，立即进行了出库前的最后一次复核作业，之后货物从仓库提走。学习任务一，完成下列问题。

（1）此次货物出库结束了吗？
（2）货物出库后如何在资料卡中体现？

知识准备

一、复核作业

出库复核是根据用户信息和车次对拣取货品进行货品号码的核实，以及根据有关信息查验出库货品的数量、品质及状态情况，由仓库所设的复核员、仓库主管等工作人员进行，也可由操作的保管员进行。复核的主要内容如下。

（1）货品的名称、规格、型号、数量等项目是否与出库凭证所列的内容一致。
（2）外观质量是否完好，包装是否完好、正确，是否便于装卸搬运作业。例如，怕震怕潮等货品，衬垫是否稳妥，密封是否严密；能否承受装载物的重量，能否保证在货品运输装卸中不致破损，保障货品的完整；收货人、到站、箱号、危险品或防震防潮等标志是否正确、明显。

（3）出库货品的配件（如机械设备等）是否齐全。

（4）出库货品所附证件、单据是否齐全等。如每件包装是否有装箱单，装箱单上所列各项是否和实物、凭证等相符合。

二、理货待运

复核完毕，即将货品移入指定地点，由理货员按货品运输方式和收货地点，分单集中，填制货品运单，并通知运输部门提货交运。

三、货物交付

（1）出库货品无论是要货单位自提，还是交运输部门发运，仓库发货人必须向提货人或运输人员按出库凭证所列逐件当面点交清楚，划清责任。由仓库管理人员与配送人员交接清点，再由企业配送人员与客户点清交接，由客户签章。

（2）仓库方面对重要货品、特殊货品的技术要求、使用方法、运输注意事项等，要主动向提货人、承运人交代清楚。

（3）出库的货品清点交接完毕后，仓库工作人员在出库单上认真填写实发数、发货日期等相关项目并签名，提货人、承运人必须在相关出库单证上签认，仓库交货人随即在出库凭证上加盖“货品付讫”章戳，表示已办理出库手续。仓库门卫通常凭出库单的出门联或专门的出门单放行出库的货品。

四、销账

仓库保管员应认真审核出库凭证，作好出库记录，并根据自留的一联出库凭证登记以下两卡（见图 4-25、图 4-26）一账（见图 4-27），做到随发随记，日清月结，账面余额与实际库存和卡片相符。

料卡	
货物名称	
货物编号	
入库时间	
货物规格与等级	
单价	
入库数量	
出库数量	
结存数量	
储存位置	
备注	

图 4-25　料卡

进销存卡

货物名称：　　　　规格：　　　　单位：

时　间	送货（提货）单位	入库数量	出库数量	库存数量	存储位置

图 4-26　进销存卡

货物保管账页

时间	货物名称	货物编号	规格	单位	入库数量	出库数量	库存数量	存储位置

图 4-27　货物保管账页

任务实施

分组讨论下列问题：（1）料卡、进销存卡、货物保管账页填制的依据是什么？（2）如何证明两卡一账的填制是正确的？（3）实际填制“茉莉花茶”和“康师傅冰绿茶”的两卡一账。

准备：出库单一份，“料卡”、“进销存卡”和“货物保管账页”各一份（要求卡上和账上已有历史数据，教师可给不同小组拟制不同数据）

任务巩固

分组进行出库作业综合实训。

流程如下。

（1）货主出具出货通知单一份，仓库业务人员据此填制出库单（整箱出货和分拣出货各一份），签字确认。

（2）仓管员领取两份出库单，核对单据。

（3）仓管员根据出库单指导作业人员出整箱货物，并复核货物。

（4）拣货人员根据分拣单拣取货物，复核、码箱、打包，签署单据。

（5）仓管员复核出库走到出货区，等待复核操作员拣出的货品。

（6）仓管员签单，核对提货单，货交提货人。

（7）仓管员销账。

任务二　处理出库异常问题

任务描述

美好超市在收到货物拆箱时发现，实际收到“茉莉花茶，500ml×12 瓶，箱装，8 瓶；康师傅冰绿茶，550ml×12 瓶，箱装，4 瓶”，与订单“茉莉花茶，500ml×12 瓶，箱装，4 瓶；康师傅冰绿茶，550ml×12 瓶，箱装，8 瓶”不符，要求退换货。学习任务二，完成下列问题。

该物流企业在出库时发生了什么异常问题？

知识准备

一、货物出库的异常问题

1. 出库凭证（提货单）上的问题

（1）凡出库凭证超过提货期限，客户前来提货，必须先办理手续，按规定缴足逾期仓储保管费。然后方可发货。

（2）凡发现出库凭证有疑点，以及出库凭证发现有假冒、复制、涂改等情况时，应及时与仓库保卫部门以及出具出库单的单位或部门联系，妥善处理。

（3）商品进库未验收或者货物未进库的出库凭证，一般暂缓发货，并通知货主，待货到并验收后再发货，提货期顺延。

（4）如客户将出库凭证遗失，客户应及时与仓库发货员和账务人员联系挂失。

2. 提货数与实存数不符

当遇到提货数量大于实际物品库存数量时，需要和仓库主管部门以及货主单位及时取得联系后再作处理。

3. 串发货和错发货

如果物品尚未离库，应立即组织人力重新发货。如果物品已经离开仓库，会同货主单位和运输单位共同协商解决。

4. 包装破漏

发货时都应经过整理或更换包装，方可出库，否则造成的损失应由仓储部门承担。

5. 漏记和错记账

应根据原出库凭证查明原因调整保管账，使之与实际库存保持一致。

二、货物出库遵循的原则

（1）只有符合法律和财务制度要求的出库单据，才能出库。坚决抵制不合法的单据（如白条）和不合法的做法（如电话通知、短信、传真），杜绝凭信誉出库，抵制特权人物的任意行为。

（2）发现出库凭证有涂改、复制、收货单位与提货人不一致、各种印鉴不合规定、超过提货有效期的单据、单据重复打印出库等情况时，库管员应保持高度的警惕性，要及时联系货主并查询单据的合法性，保护货主和公司的财产不受侵犯。

（3）出库不能当天办完需要分批处理的，应该办理分批处理的手续。

（4）先备货后复核再发货。通过备货，业务人员可以预先了解是否缺货，是否有质量问题，是否可以调货，并提前解决问题或打印退货单，及时与客户沟通。库管员提前收到出库单、订单时，可以提前准备，提高出库工作效率，并且备完货后可以二次清点总数，检查是否漏配、是否多配，减少出现差错的机会。

（5）复核人员要用不同的人、不同的方法进行复核，两人签字后才能出库，单人没有权利将货物提出去。

（6）先进先出。有批号要求的严格按批号发货，并在发货记录上登记批号的区间，当产品跨区域串货时，能够根据发货批号查到经销商，没有批号要求的。按先进先出发货，同时要做到保管条件差的先出，包装简易的先出，容易变质的先出，有保管期限的先出，循环回收的先出。

（7）对于近效期货品、失效货品、变质货品、没有使用价值的货品，在没有特殊批准的情况下，坚决不能出库，应销毁或者作为废品处理的例外。不能以次充好。

（8）出现盘盈盘亏时，不能为了逃脱责任，而进行暗地里串货调整。

（9）为了应对销售、出口等紧急情况，仓储部门的领导可以在职权范围内灵活处理。

（10）当货物未入库验收、未办理入库手续时，原则上暂缓发货。

（11）如果将出库凭证遗失，客户应及时向仓库和财务挂失，将原凭证作废，延缓发货。

任务实施

该次出库过程中出现的异常问题是什么？该如何解决？

任务巩固

分享淘宝收货经验，讨论出现出库异常情况的原因。

考核与评价

项目实施评价表

考核项目	考核要求	配分/分	评分标准	得分/分	备注
复核要求	1. 能说出出库复核的主要内容 2. 能根据教师预设的复核情景指出缺失的内容	20	1. 不能说出出库复核的主要内容，每处扣 2 分 2. 不能根据教师预设的复核情景指出缺失的内容，每处扣 3 分		
销账实践	1. 能说出销账需登记的凭证种类 2. 能根据教师预设情景填制料卡、进销存卡、货物保管账页	20	1. 不能说出销账需登记的凭证种类，每处扣 1 分 2. 不能根据教师预设情景填制料卡、进销存卡、货物保管账页，每处扣 3 分		
异常处理	1. 能说出货物出库的异常问题的种类 2. 能指出货物出库应遵循的原则 3. 能根据教师预设情景处理出库的异常问题	30	1. 不能说出货物出库的异常问题的种类，每处扣 1 分 2. 不能指出货物出库应遵循的原则，每处扣 1 分 3. 不能根据教师预设情景处理出库的异常问题，每处扣 2 分		
出库实训	能以小组形式分角色完成教师预设情景要求的出库作业	30	不能分角色完成扣 5 分，每处错误扣 3 分		
开始时间：		结束时间：		实际时间：	

模块五

WMS 应用

项目一　走近条码

学习目标

1. 理解条码的概念
2. 掌握商品条码的种类、结构
3. 掌握常用的物流条码
4. 理解货物的编码要求，能按照仓库的货物量对货物编码
5. 熟悉条码软件，会使用条码识读设备
6. 了解物流条码的标准化

项目概述

条码在日常生活中随处可见（见图 5-1）。不论是到超市购买商品，还是投递包裹，都可以看到条码的身影。条码是它们的“身份证”。但同为条码，它们又各有特色，相互间有很大差异。让我们一起来认识条码。

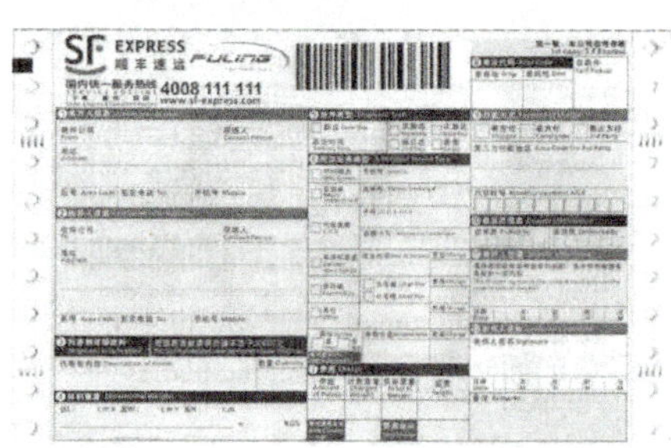

图 5-1　生活中的条码

任务一　观察零售领域中的条码

任务描述

商品条码是超市商品的“身份证”，凭借商品条码，超市收银员可以快速地结算货款、查找库存。让我们一起走进超市，观察不同商品上的条码，并思考商品条码蕴含了怎样的秘密。学习任务一，完成下列问题。

（1）什么是商品条码？

（2）商品条码蕴含了怎样的秘密？

一、商品条码的含义

商品条码是由一组规则排列的条、空以及对应字符组成的标记，用以表示一定的商品信息的符号。其中条为深色、空为浅色，最常见的是黑条白空。其对应字符是由一组阿拉伯数字组成。这一组条、空与对应数字所表示的信息是相同的。

国际上公认的商品条码有 EAN 与 UPC 两种。我国超市中使用的商品条码是 EAN 码，也称为通用商品条码。

二、EAN 商品条码的结构

根据商品条码的长度不同，EAN 商品条码有两种，一种是标准版 EAN-13 码，另一种是缩短版 EAN-8 码。

1. EAN-13 码

这是国际物品编码协会在全球广泛应用的商品条形码，由 13 位数字组成（见图 5-2）。EAN-13 码由前缀码、厂商代码、商品代码和校验码共四部分组成。前缀码是商品条码的前 3 位，由国际物品编码协会分配给某个国家或地区，分配给中国的前缀码是 690 ～ 695。EAN-13 码的代码结构有三种（见表 5-1）。

图 5-2　EAN-13 码

表 5-1　EAN-13 码的代码结构

结构种类	前缀码	厂商代码	商品项目代码	校验码	举例
结构一	$X_{13}X_{12}X_{11}$	$X_{10}X_{9}X_{8}X_{7}$	$X_{6}X_{5}X_{4}X_{3}X_{2}$	X_{1}	6909409012321 6910019009458
结构二	$X_{13}X_{12}X_{11}$	$X_{10}X_{9}X_{8}X_{7}X_{6}$	$X_{5}X_{4}X_{3}X_{2}$	X_{1}	6923644266066 6932382810059 6943171271203 6951326592080
结构三	$X_{13}X_{12}X_{11}$	$X_{10}X_{9}X_{8}X_{7}X_{6}X_{5}$	$X_{4}X_{3}X_{2}$	X_{1}	

注：前缀码为 690 ～ 691 的 EAN-13 码采用结构一，前缀码为 692 ～ 695 的 EAN-13 码采用结构二。

2. EAN-8 码

EAN-8 码（见图 5-3）是 EAN-13 码的压缩版，由 8 位数字组成，分别表示前缀码、商品项目代码和校验码，基本上采用 3-4-1 结构。与 EAN-13 码相比，EAN-8 码没有了厂商代码，它的商品项目代码不是由厂商赋码，而是由各个国家或地区的物品编码组织赋予，在我国则是由国家物流编码中心赋予。

图 5-3　EAN-8 码（乐天木糖醇的商品条码）

任务实施

以小组形式收集各类商品的销售包装或参观超市商品，仔细观察商品条码，填写表 5-2，揭开商品条码的秘密。

（1）比较不同商品条码的位数，可以发现绝大多数商品条码都是________位数字组成的，8 位条码的结构微乎其微。仔细观察 8 位条码结构的商品，可以发现这些商品在体积上的共同特点是____________。

（2）比较同一企业生产的不同种类产品（如蒙牛乳业的产品种类有蒙牛纯牛奶、蒙牛酸酸乳、蒙牛花色乳、蒙牛儿童乳等）的条码，可以发现____________________________。

（3）比较同一产品、不同规格商品的条码（如，蒙牛纯牛奶有 250ml 和 1L 两种规格），我们又能发现____。

（4）再比较同一产品，同一规格、不同包装商品的条码（如，蒙牛有 250ml/ 瓶的瓶包装，也有 24×250ml/ 瓶的箱包装），我们还可以发现______________________________。

表 5-2　条码观察登记表

观察项目	观察对象		条码结构	观察结论
	商品名称	商品条码		
同一企业生产的不同种类产品				
同一产品、不同规格				
同一产品、同一规格、不同包装				

任务巩固

（1）国外商品越来越多地进入中国普通老百姓的生活。据商务部公布的数据，2012 年中国进口总额达 18178.3 亿美元。有人担心买到的是假进口产品，还有人出国时带回的商品却是中国制造的。有人给出了判断商品是否洋货的招术：即根据商品条码的前 3 位，只要不是 690 ～ 695，那肯定是非国产。你认为前缀码与原产国或原产地是对应的吗？

（2）参观超市或进口商品店，搜集 5 ～ 10 个不同的前缀码，并记录原产国或原产地信息。查找资料，前缀码对应的国家或地区与商品包装上记载的原产国或原产地是否相同，并填制表 5-3。你对判断原产国或原产地有什么更好的办法？

表 5-3　商品前缀码与原产地比较

序　　号	商 品 名 称	前　缀　码	原产国或原产地	前缀码对应的国家或地区
1				
2				
3				
4				
5				
6				

（3）某商品的 EAN-13 码是 6909327107888，你想知道这串数字背后隐藏的信息吗？请登录“中国物品编码中心”查询。

EAN 码基本上是制造商在生产过程中直接印刷到商品或其包装上的，在超市等零售终端被广泛采用。但 EAN 码并不限于零售领域中的应用，在物流领域中也被采用。另外，物流领域除了使用 EAN 码外，还有其他的物流条码。请分组讨论物品编码现状。

任务二　认识物流领域中的条码

任务描述

走在城市街道上，随处可见各种便利店。便利店的物流是典型的“拆零配货”型，即配送中心经常需要将若干种整箱商品拆零配成一个装有多种商品的新的整箱。学习任务二，完成下列问题。

（1）箱内商品的 EAN 码能不能直接应用于新包装箱？

（2）物流领域的条码有哪些？

知识准备

一、物流领域条码的种类

国际上通用和公认的物流领域的条码有三种，即通用商品条码、储运单元条码和贸易单元 128 条码。

二、通用商品条码

一般来说，物流领域中，通用商品条码多用于洗衣机、冰箱、电视机等单件商品的外包装（见图 5-4），也可能用于外包装里含有不同种类的商品。这类商品外包装上的通用商品条码可能与包装内的通用商品条码相同，也可能不同。

图 5-4　洗衣机外箱上的商品条码

三、储运单元条码

储运单元条码，俗称箱码，是专门用来表示储运单元编码的条形码。最常见的储运单元条码为 ITF-14 码，用 14 位数字代码进行标识。ITF-14 码的码由矩形保护框、左侧空白区、条码字符、右侧空白区包装指示符和供人识别字符组成（见图 5-5）。

图 5-5　ITF-14 条码结构

ITF-14 码可以以通用商品条码为基础进行编码。如需将通用商品条码直接转化为 ITF-14 码时，可在 EAN13 的前面加 1-8 中的一位，然后用 EAN 的前 12 位加上第一位后的 13 位来计算最后一位校验码，总共加起来是 14 位。

四、贸易单元 128 条码

通用商品条码与储运单元条码都不携带商品的相关信息，如果在物流过程中需要将生产日期、有效日期、运输包装序号、重量、尺寸、体积、送出地址、送达地址等重要信息条码化，以便扫描输入，则可以使用贸易单元 128 条码。目前普遍使用的 128 条码是 EAN-128 码，其结构图如下（见图 5-6），结构中 A ～ G 段的含义如下（见表 5-4）。

图 5-6　EAN-128 码的结构

表 5-4　EAN-128 码 A ～ G 段的含义

代　　号	码　　别	长　　度	含　　义
A	应用识别码	18	00 代表其后的资料内容为运送容器序号，为固定 18 位数字
B	包装形态指示码	1	3 代表无定义的包装指示码
C	前置码与公司码	7	代表 EAN 前置码与公司码
D	自行编定序号	9	由公司指定序号
E	检查码	1	检查码
F	应用识别码		420 代表其后的资料内容为配送邮政码，应用于仅有一个邮政当局的情况
G	配送邮政码		代表配送邮政码

以某生产、销售油漆为主的企业为例。假设该企业采用 4 桶油漆装一个包装箱，36 个包装箱装一个托盘（注：一个托盘可视为一个物流单元）。它已经注册成为中国商品条码系统成员，其厂商识别代码为“69012834”。该企业生产的其中一种类型的油漆产品的商品条码为：6901234000016，则该产品的通用商品条码为 6901234000016（见图 5-7）；内装 4 桶油漆的外包装箱可采用 ITF-14 码 16901234000013（见图 5-8）；36 个包装箱组成的托盘上的物流条码，若采用 EAN-128 码，则可以为（00）369012340000000017（见图 5-9）。

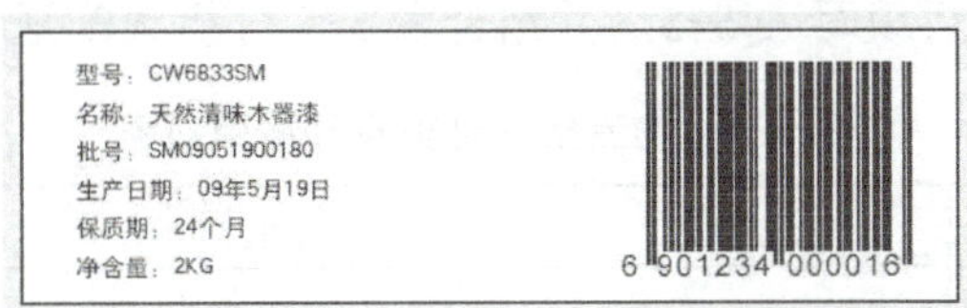

图 5-7　桶装测漆商品条码样本（采用通用商品条码）

图 5-8　装有 4 桶桶装油漆的包装箱条码样本（采用 ITF14 码）

图 5-9　油漆物流单元条码样本（采用 UCC/EAN-128 条码）

五、商品编码的要求

无论采用何种编码方法，商品编码的要求是一致的，即唯一性、无含义、全数字型。

（1）唯一性。唯一性是指商品项目与其标识代码一一对应，即一个商品项目只有一个代码，一个代码只标识同一商品项目。商品项目代码一旦确定，永不改变，即使该商品停止生产、停止供应了，在一段时间内（有些国家规定为 3 年）也不得将该代码分配给其他商品项目。

（2）无含义。无含义代码是指代码数字本身及其位置不表示商品的任何特定信息。在 EAN 及 UPC 系统中，商品编码仅仅是一种识别商品的手段，而不是商品分类的手段。无含义使商品编码具有简单、灵活、可靠、充分利用代码容量、生命力强等优点，这种编码方法尤其适合于较大的商品系统。

（3）全数字型。在 EAN 及 UPC 系统中，商品编码全部采用阿拉伯数字。

任务实施

根据下列资料，分小组填写表 5-5，并结合表 5-5 分析该配送中心可采用的条码种类。

表 5-5　物流条码种类及其适用对象

物流条码种类	适用对象

资料：某物流企业是一家月饼生产厂家的外包配送中心。现收到两份用户订单，第一份订单要求将迷你型月饼按 8 只 1 盒、8 盒 1 箱进行包装，第二份订单要求将广式月饼 4 只加茶叶 1 罐进行套装、10 个套装为 1 箱进行包装。根据这两份订单，该物流企业可以用哪种条码在外包装上印制。

任务巩固

参观当地某大中型家电商场，了解不同的家电从生产厂商到零售终端的过程中分别使用了哪些物流条码。

资料卡

二　维　条　码

一维条码所携带的信息量有限，如商品上的条码仅能容纳 13 位（EAN-13 码）阿拉伯数字，更多的信息只能依赖商品数据库的支持，离开了预先建立的数据库，这种条码就没有意义了，因此在一定程度上也限制了条码的应用范围。基于这个原因，在 20 世纪 90 年代发明了二维条码。二维条码除了具有一维条码的优点外，同时还有信息量大、可靠性高、保密性好、防伪性强等优点。

目前二维条码主要有 PDF417 码、Code49 码、Code 16K 码、Data Matrix 码、MaxiCode 码等，主要分为堆积或层排式和棋盘或矩阵式两大类。

二维条码作为一种新的信息存储和传递技术，从诞生之时就受到了国际社会的广泛关注。经过几年的努力，现已应用在国防、公共安全、交通运输、医疗保健、工业、商业、金融、海关及政府管理等多个领域。

二维条码依靠其庞大的信息携带量，能够把过去使用一维条码时存储于后台数据库中的信息包含在条码中，可以直接通过阅读条码得到相应的信息，并且二维条码还有错误修正技术及防伪功能，增加了数据的安全性。

二维条码可把照片、指纹编制于其中，可有效地解决证件的可机读和防伪问题。因此，可广泛应用于护照、身份证、行车证、军人证、健康证、保险卡等。

美国亚利桑纳州等十多个州的驾驶证、美国军人证、军人医疗证等在几年前就已采用了 PDF417 技术。将证件上的个人信息及照片编在二维条码中，不但可以实现身份证的自动识读，而且可以有效地防止伪冒证件事件发生。菲律宾、埃及、巴林等许多国家也已在身份证或驾驶证上采用了二维条码，我国香港特区在护照上也采用了二维条码技术。

另外在海关报关单、长途货运单、税务报表、保险登记表上也都有使用二维条码技术来解决数据输入及防止伪造、删改表格的例子。

在我国部分地区注册会计师证和汽车销售及售后服务等方面，二维条码也得到了初步的应用。

任务三　制作与识读条码

任务描述

天天乐购大卖场是一家综合性超市，经常在节假日期间开展一些促销活动。以下是“六一儿童节”计划进行促销的货品之一。1 袋净含量为 100g 的手指饼干（仿手指形饼干，商品条码为 6924762397304）和 1 袋伊利 QQ 星儿童成长牛奶（净含量 125ml，商品条码为 6907992511559）进行拼装，再按 24 袋 / 箱进行仓储，要求在条码标签上显示“六一儿童节促销商品”字样。学习任务三，完成下列问题。

（1）商品条码的制作设备有哪些？

（2）“六一儿童节促销商品”字样如何显示在条码标签上？

知识准备

条码是商品在物流中的通行证。条码根据制作者的不同，分为厂商条码与商店条码。商店条码需要物流企业或物流中心根据储运的实际需要自行印制。

目前，条码制作基本依赖专业的条码制作软件。这些专业软件只要求输入正确的供人识别字符，就可自动生成所需的条空。

一、条码制作的设备

条码制作需要专业的设备，一是条码标签纸（见图 5-10），二是条码打印机（见图 5-11）。

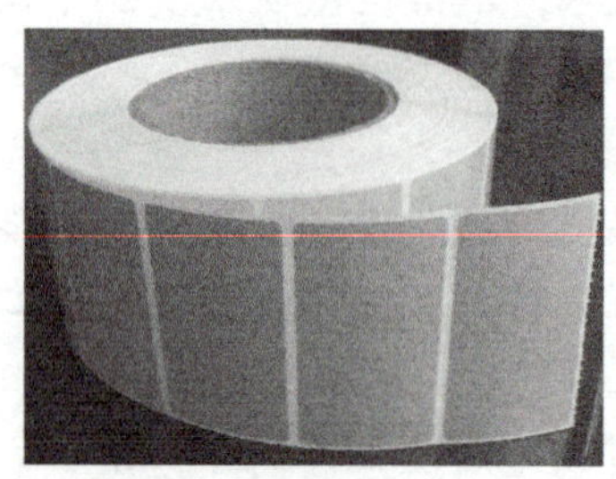

图 5-10 条码标签纸

图 5-11 条码打印机

条码标签纸多用铜版纸标签，其厚度一般在 80g 左右，广泛应用于超市、库存管理、服装吊牌、工业生产流水线等铜版纸标签用量较多的地方。

条码打印机通过打印头把磁带上的墨印在条码打印纸上，如火车票上的条码就是条码打印机打印出来的。与普通打印机不同，条码打印机打印是以热为基础，以碳带为打印介质完成打印，这种打印方式相对于普通打印方式的最大优点，在于它可以在无人看管的情况下实现连续高速打印。

二、条码制作的软件

条码制作软件也就是生成条码的软件，目前市场上有很多这种软件，简单的、复杂的，应有尽有。国际知名条码软件有 Label mx、LabelPainter、BarTender、Codesoft、NiceLabel、LabelMartix、LabelShop 等。因为条码是由欧美发达国家先普及，然后引入中国，所以条码制作软件也是如此，国内知名条码软件有 Label mx、LabelPainter、LabelShop、LabelBar，它们的功能并不比国外的差。如在国内应用最多的 Label mx，有很多功能 BarTender 不能比及。另外，由于国外条码制作软件需要汉化、操作习惯差异、功能需求差异等原因，所以国内企业更多地使用国内软件。

三、条码编制的步骤

（1）打开条码制作软件。

（2）录入对应的数字、文字、图形等。

（3）设置格式。

（4）打印。

四、条码秤

图 5-12 条码秤

条码秤（见图 5-12），是众多电子秤当中的一种，常使用在超市生鲜部及商场卖场生鲜部，是一种称重计量，并可以把重量等信息通过条形码的形式打印出来，方便客户了解和便于前台进行扫描收款的高级电子秤。

任务实施

分小组使用条码制作专业软件，编制条码并按要求对条码格式进行设计。

任务巩固

对于某些散装商品，如农产品，需要自行编制其对应的物流条码。这种现象在超市中同样存在。超市将这种自行编制的条码称为店内码。

（1）查阅“可供超市使用的店内码的前缀码”的资料，请指出下列图片（见图 5-13）显示的店内码的前缀码分别是什么，并讨论这两家超市的店内码是否可以通用。

（2）运用条码制作软件完成图 5-13a 黑色字体的制作。

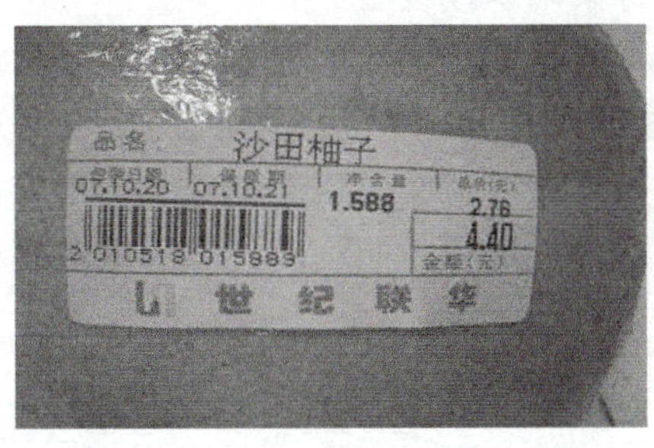

a）

b）

图 5-13 超市散装商品上粘贴的条码

a）世纪联华超市条码 b）新蓝天超市条码

任务四 揭密条码

任务描述

黑白相间的条码，即使借助标注于条码下面的数字符，也无法让人明白它隐含的一系列信息。但在超市收银台，收银员却能轻松地读取。学习任务四，完成下列问题。

（1）收银员能轻松读取商品信息的秘密武器是什么？

（2）此类设备还有哪些？它们能独立运作吗？

知识准备

一、条码识读设备的含义

条码识读设备是用来读取条码信息的设备。它使用一个光学装置将条码的条空信息转换成电频信息，再由专用译码器翻译成相应的数据信息。它同键盘一样，一般属于即插即用型设备，无需专门的驱动程序。

二、条码识读设备的种类

随着条码技术的推广使用，条码识读设备也越来越多。

1. 根据形式分类

从形式上分，常用的条码识读设备有以下几种。

（1）手持式条码识读设备。手持式条码扫描器（见图5-14）是最常用和最灵活的条码扫描识别设备，它们适合于扫描体积和形状不一的物品，操作者可在固定站点处工作，也可接至手持数据终端或车载数据终端移动工作。为方便工作人员移动，仓储中用到更多的是无线式手持条码识读设备。

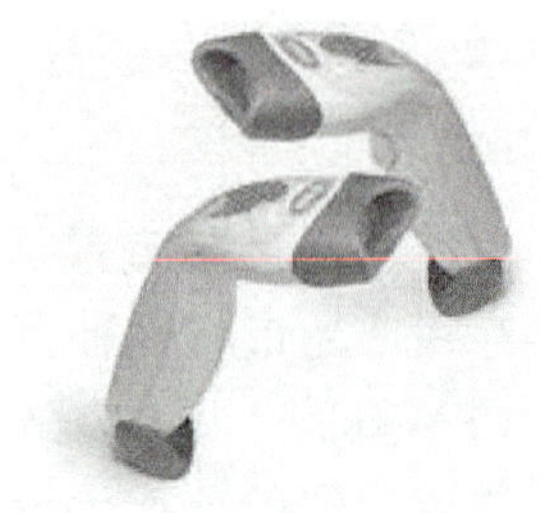

图 5-14　手持式条码识读设备

（2）台式条码识读设备。台式条码扫描器（见图5-15）是常用的条码扫描识读设备，结构紧凑，通常安放在收银柜台上，与POS系统连接。它通过较大的扫描窗形成多条交叉的网状扫描线，从而实现全方向条码扫描。操作者不需要仔细地调整条码的方向，也能够快速方便地识读商品条码，加快结账过程。在零售连锁店、便利店、书店或药店被大量应用。

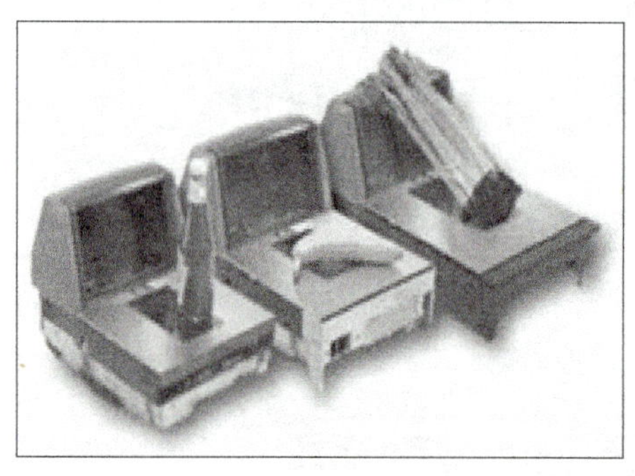

a）

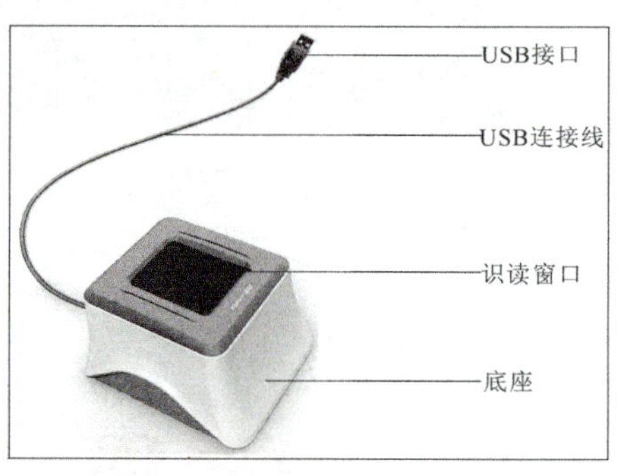

b）

图 5-15　台式条码识读设备

a）台式条码识读设备　b）台式条码识读设备的结构图

2. 根据工作原理分类

从工作原理上分，有光笔、激光和CCD三类条码识读器。

（1）光笔条码识读器（见图5-16）。这是最原始的扫描方式。光笔必须与条码接触才能读取数据，且对条形码有一定的破坏性，目前基本上被CCD取代。

（2）激光条码识读器（见图5-17）。这是一种远距离条码阅读设备，其性能优越，只要条码符号面向扫描器，不管其方向如何，均能实现自动扫描，超级市场大多采用这种设备。

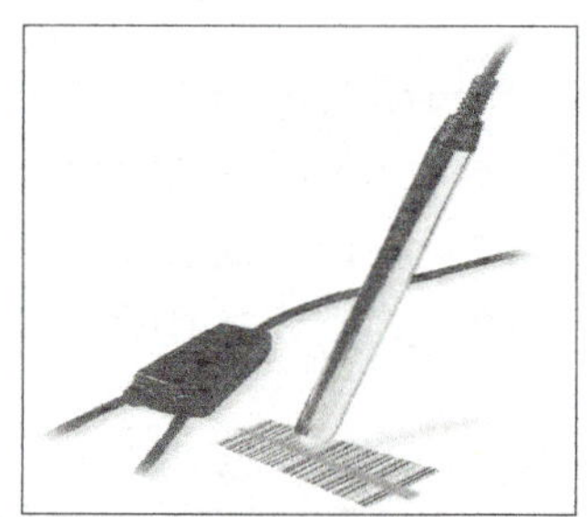

图 5-16　光笔条码识读器

（3）CCD条码识读器（见图5-18）。CCD条码识读器与激光阅读器相比，价格低、重量轻，而且不像光笔一样只能接触阅读。但CCD识读器很难读取印在弧型物体表面的条码（如饮料罐），在一些需要远距离阅读的场合，如仓库领域，也不是很适合。

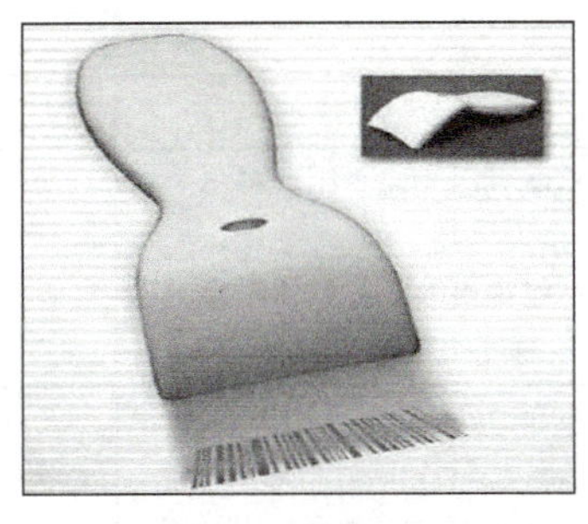

图 5-17　激光条码识读器

图 5-18　CCD 条码识读器

任务实施

以小组形式参观附近的若干家超市或书店的收银台，并掌握以下信息，完成表 5-6。

（1）这些超市的收银台安装的条码识别设备分别属于哪些类型？

（2）咨询收银员，了解相关的条码识别设备在使用时可能会出现什么问题，有哪些注意事项。

表 5-6　条码识别设备观察表

超市名称	条码识别设备种类		设备运行所依赖的数据库
	按形式分类	按工作原理分类	

任务巩固

在学校校园商店实践收银员岗位。实践过程中注意观察以下几项：

（1）提高条码扫描速度的方法有哪些。

（2）条码识读设备无法读取时的解决方法有哪些。

（3）条码识读设备是否可以独立运行。

考核与评价

项目实施评价表

考核项目	考核要求	配分/分	评分标准	得分/分	备注
定义解析	1. 能说出商品条码的含义 2. 能描述 EAN 商品条码的结构 3. 能说出 EAN 分配给中国的前缀码	10	1. 不能说出商品条码的含义，扣 2 分 2. 不能描述 EAN 商品条码的结构，每处扣 2 分 3. 不能准确说出 EAN 分配给中国的前缀码，每处扣 2 分		

（续）

考核项目	考核要求	配分/分	评分标准	得分/分	备注
类型识别	1. 能说出物流条码的种类 2. 能说出教师提供的图片名称及类别	10	1. 不能说出物流条码的种类，扣2分 2. 不能说出教师提供的图片名称及类别，每处扣3分		
条码制作	1. 能运用软件根据要求制作条码 2. 能根据要求制作店内码	30	1. 不能正确制作条码，每处扣5分 2. 不能正确制作店内码，扣10分		
设备识别	1. 能说出条码识读设备的含义 2. 能说出条码识读设备的种类 3. 能说出教师提供的条码识读设备图片名称及类别	20	1. 不能说出条码识读设备的含义，扣3分 2. 不能说出条码识读设备的种类，每处扣3分 3. 不能说出教师提供的条码识读设备图片名称及类别，每处扣5分		
设备使用	1. 能正确使用条码识读设备 2. 能正确处理当条码识读设备无法读取信息时的情况	30	1. 不能正确使用条码识读设备，扣10分 2. 不能正确处理当条码识读设备无法读取信息时的情况，每次扣5分		
开始时间：		结束时间：		实际时间：	

项目二　走近 WMS

学习目标

1. 熟悉 WMS 的结构
2. 熟悉 WMS 初始化过程
3. 入库订单、出库订单的管理
4. 电子表格的制作
5. 能使用 WMS 软件处理仓储业务

项目概述

信息是物流的灵魂。随着企业仓储业务的增加，客户对仓储服务要求的提高，以手工记录信息的传统仓储管理越来越捉襟见肘，引进 WMS（仓储管理系统）迫在眉睫。

条码技术在全世界的推广使用，为 WMS 的数据采集提供了极大的便利，这也在一定程度上推动了信息系统的应用及推广。

任务一　初识 WMS

任务描述

2011 年 4 月 19 日联华公司与统一公司签订采购合同。根据合同，联华公司采购部将入库通知单发送给物流中心，告知货物将于 4 月 20 日由供应商送到物流中心。2011 年 4 月 20 日，统一公司安排人员携带送货单到达联华公司的物流中心，物流中心仓库保管员张四负责本次任务。学习任务一，完成下列问题。

（1）若借助仓储信息管理系统完成此次任务，信息会如何流转，传递信息的单据有哪些？

（2）借助仓储信息管理系统完成此次任务，与无系统下完成任务，会有什么不同？

知识准备

一、WMS 的含义

仓储管理系统简称 WMS，是用来管理仓库内货品信息的软件系统。

WMS 的功能如下。

（1）打印仓储作业中相关单据，如入库单、出库单、盘点单等。

（2）对货品信息数据进行管理，如货品的供应商数据、货品的出入库数据、在库数据等。

（3）为领导提供决策支持。

二、WMS 的结构

基于以上对 WMS 的功能要求，WMS 一般包括以下模块。

（1）以仓储业务中的出入库管理为主线的仓储业务管理功能模块。

（2）为客户设立的查询模块。

（3）为各级领导设立的查询统计分析模块和仓储数据挖掘模块。

（4）为提高管理水平的基础信息管理模块。

（5）系统设置模块。

有的 WMS 还包括车辆调度模块。本教材对 WMS 的介绍基于上海环众（物流）有限公司的环众现代物流实训中心集成软件 V3.9.0。

环众现代物流实训中心集成软件 V3.9.0 的系统框架见图 5-19，具体如下。

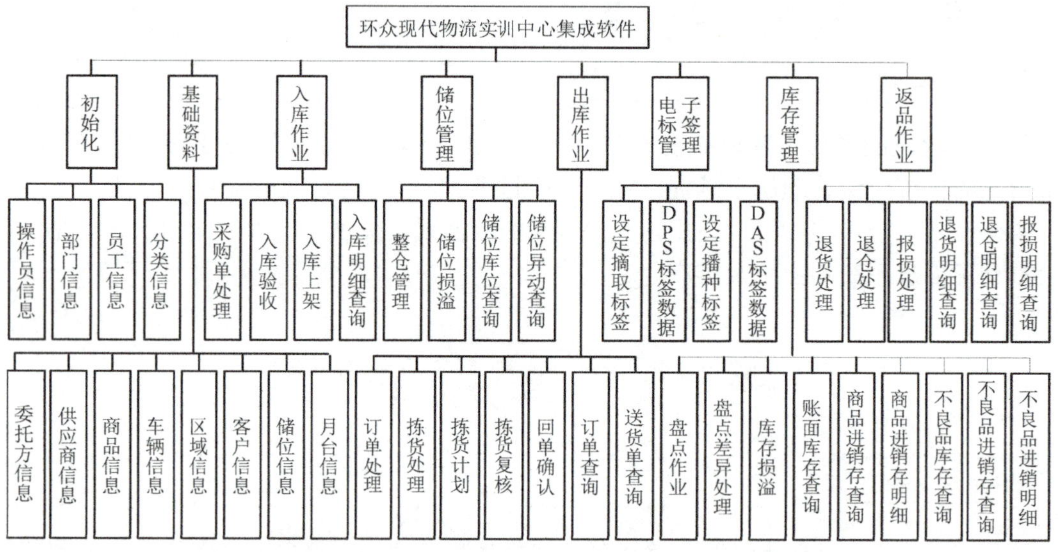

图 5-19　环众现代物流实训中心集成软件 V3.9.0 的系统框架

（1）基础资料模块，包含供应商信息、商品信息、委托方信息、客户信息、区域信息、储位信息、月台信息、车辆信息、物流箱信息等。这一模块是由系统管理员统一管理与维护。基础资料模块是 WMS 运行的基础，企业在运行 WMS 前需将基本资料的所有信息录入 WMS 中，才能保证 WMS 的顺利运行。

（2）入库作业模块，这是物流配送中心的首要模块。该模块包括采购单处理、入库验收、入库上架及入库明细查询四个子模块。通过入库管理模块，可以将实际收到的货物数量及储位编码录入到 WMS 中。

（3）出库作业模块，这也是物流配送中心最核心的模块之一。该模块包括订单处理、拣货处理、订单查询等。该模块的功能主要包括：依据订单生成拣货表，拣货人员依据拣货表完成拣货作业。

（4）库存管理模块。该模块包括货物盘点、盘点差异处理等。

（5）储位管理模块。该模块包括储位信息维护、整仓管理、储位信息查询等。通过这个模块，可以指导仓库作业人员完成移库、补货等库内作业。同时也可以通过该模块查询特定储位上的商品种类、商品数量等信息。

（6）返品作业模块。该模块包括退货处理、退仓处理、报损处理等子模块。通过该模块的应用，可以实现对退回货物的管理、查询等功能。

（7）电子标签管理模块，包括权限设置、操作员密码更改、操作日志维护及数据备份。

任务实施

分小组讨论，共同绘制信息流转图，并列出有无 WMS 系统完成任务的异同点。组织小组间讨论成果展示。

任务巩固

参观某物流中心或企业的物流部门。参观重点：

（1）WMS 的模块设置情况。

（2）WMS 的使用前与使用后对企业仓储作业效率、管理等方面工作的不同影响。

（3）仓储作业实务与仓储信息系统的对应情况。

任务二　启动 WMS 及录入基础数据

任务描述

在信息化浪潮下，ABC 公司委托一家软件企业开发了一套 WMS。同任何软件一样，WMS 也需要进行系统的初始化。学习任务二，完成下列问题。

（1）系统初始化一般是由谁来完成的？

（2）系统初始化内容有哪些？

（3）系统初始化完成后，在以后的系统运作中还需要修改吗？

知识准备

一、系统初始化的含义

系统初始化是使软件投入正常使用的前提。就 WMS 来说，最主要的是完成 WMS 软件涉及的人员及货物的相关信息的预录入工作。

二、系统初始化的内容

（1）管理员工信息，这里的员工仅指仓储管理中涉及的员工，如操作员、保管员、运货司机、信息员等。

（2）管理货物信息，具体包括与仓储有关货物的供应商信息、委托方信息、客户信息、车辆信息、月台信息、货物信息等。

三、系统初始化的操作步骤

1. 对员工信息的初始化步骤

（1）将仓储作业中涉及的相关部门信息录入。以系统管理员身份登录软件，点击“基础资料”“部门信息”（见图 5-20），再点击“增加”按钮即可增加部门信息。若在增加后出现录入错误，可点击“修改”按钮或“删除”按钮进行修改或删除。

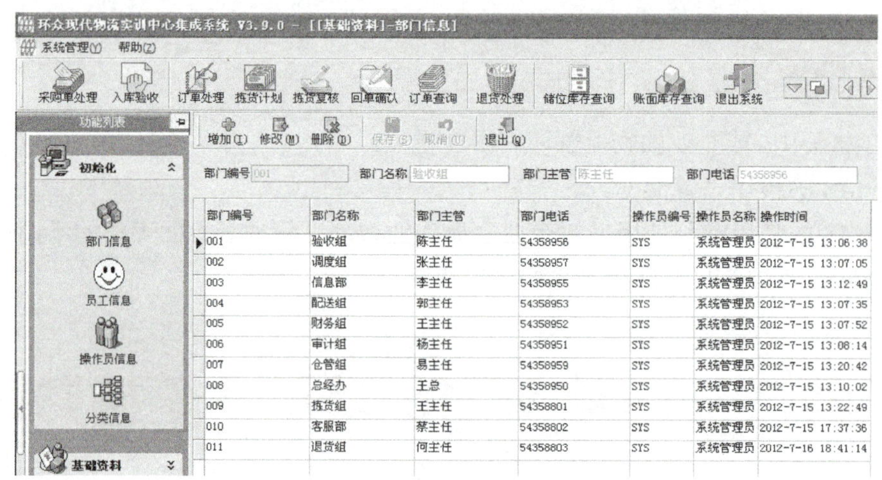

图 5-20　初始化界面

（2）录入员工信息。点击“基础资料”、“员工信息”、“增加”，即可增加员工信息。在员工信息中需要将员工所属部门一并录入（见图 5-21）。若在增加后出现录入错误，可点击“修改”按钮或“删除”按钮进行修改或删除。

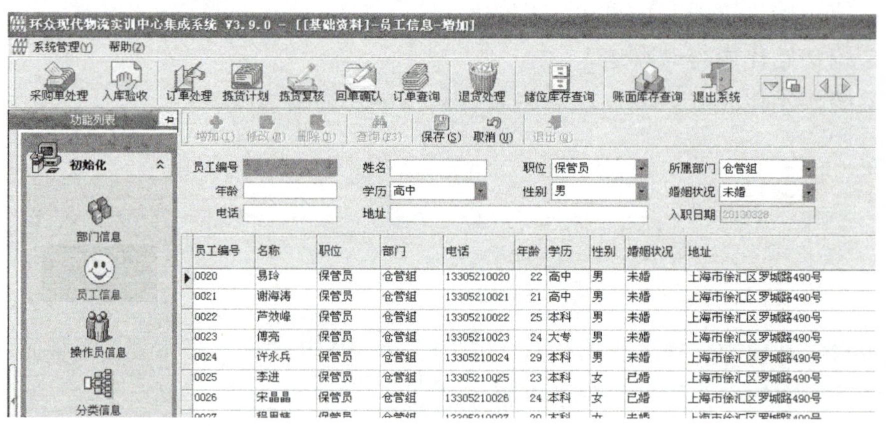

图 5-21　增加员工信息的界面

（3）录入操作员信息。操作员区别于一般的仓储作业员工，指的是进行 WMS 操作的员工，即信息员。当某位员工担任操作员时，为了增加工作的安全性，需要录入密码。若要增加或删除操作员信息时，只要点击“基础资料”、“操作员信息”，再相应点击“增加”或“删除”按钮（见图 5-22）。当然，要增加的某位操作员，必须先在员工信息中已经录入。操作员可以在登录 WMS 后，进入“基础资料”、“操作员信息”，选中相应的操作员姓名，再点击“修改”按钮进行登录密码的修改（见图 5-23），修改完毕后点击“保存”按钮即可完成。

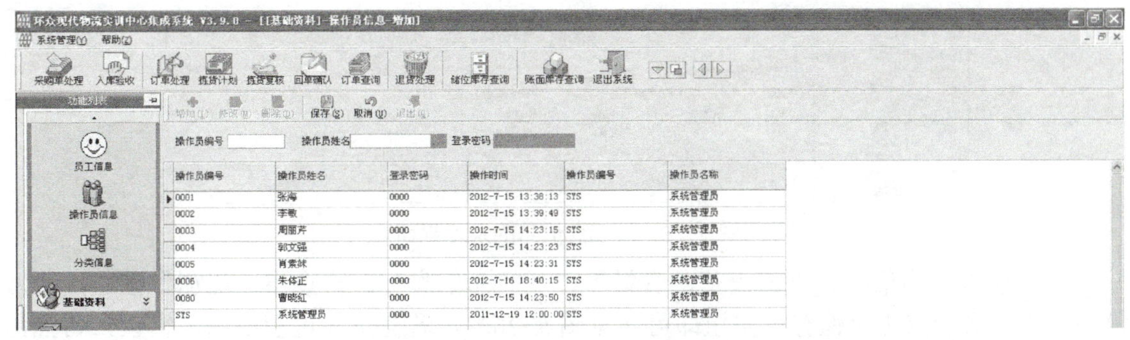

操作员编号	操作员姓名	登录密码	操作时间	操作员编号	操作员名称
0001	张海	0000	2012-7-15 13:38:13	STS	系统管理员
0002	李敏	0000	2012-7-15 13:39:49	STS	系统管理员
0003	周丽芹	0000	2012-7-15 14:23:15	STS	系统管理员
0004	郭文强	0000	2012-7-15 14:23:23	STS	系统管理员
0005	肖素妹	0000	2012-7-15 14:23:31	STS	系统管理员
0006	朱体正	0000	2012-7-16 18:40:15	STS	系统管理员
0080	曹晓红	0000	2012-7-15 14:23:50	STS	系统管理员
STS	系统管理员	0000	2011-12-19 12:00:00	STS	系统管理员

图 5-22　操作员信息的增删操作界面

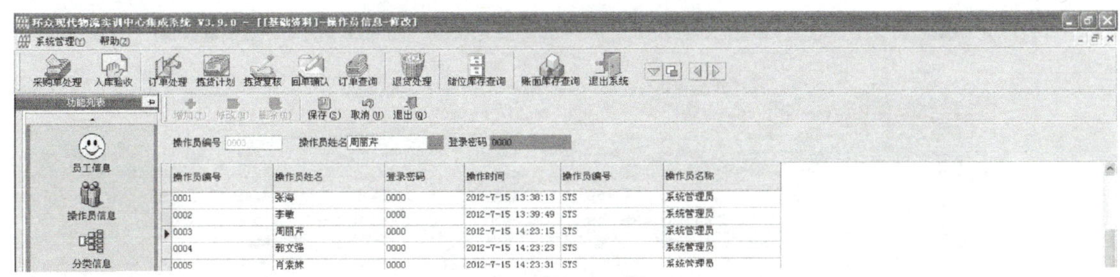

操作员编号	操作员姓名	登录密码	操作时间	操作员编号	操作员名称
0001	张海	0000	2012-7-15 13:38:13	STS	系统管理员
0002	李敏	0000	2012-7-15 13:39:49	STS	系统管理员
0003	周丽芹	0000	2012-7-15 14:23:15	STS	系统管理员
0004	郭文强	0000	2012-7-15 14:23:23	STS	系统管理员
0005	肖素妹	0000	2012-7-15 14:23:31	STS	系统管理员

图 5-23　操作员登录密码的修改界面

2．对货物信息的初始化步骤

（1）录入委托方信息。点击“基础资料”、“委托方信息”，再点击“增加”按钮，录入相关信息，最后点击“保存”按钮即可（见图 5-24）。若在录入过程中出现错误，可点击“修改”或“删除”按钮进行修改或删除操作。

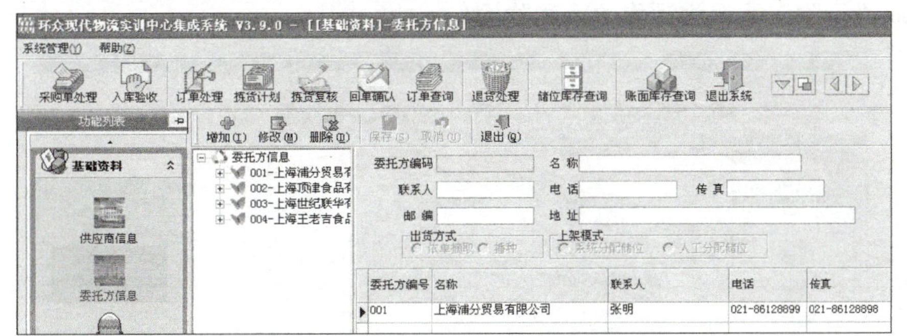

委托方编号	名称	联系人	电话	传真
001	上海浦分贸易有限公司	张明	021-86128899	021-86128898

图 5-24　委托方信息的录入界面

（2）录入供应商信息。点击“基础资料”、“供应商信息”，再点击“增加”按钮，录入相关信息，最后点击“保存”按钮即可（见图 5-25）。若在录入过程中出现错误，可点击“修改”或“删除”按钮进行修改或删除操作。

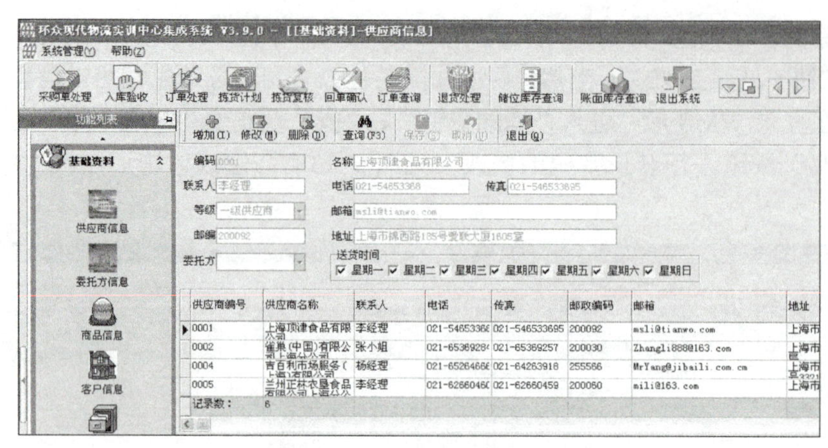

图 5-25　供应商信息的录入界面

（3）录入货物信息。点击“基础资料”、“商品信息”，再点击“增加”按钮，录入相关信息，最后点击“保存”按钮即可（见图 5-26）。若在录入过程中出现错误，可点击“修改”或“删除”按钮进行修改或删除操作。

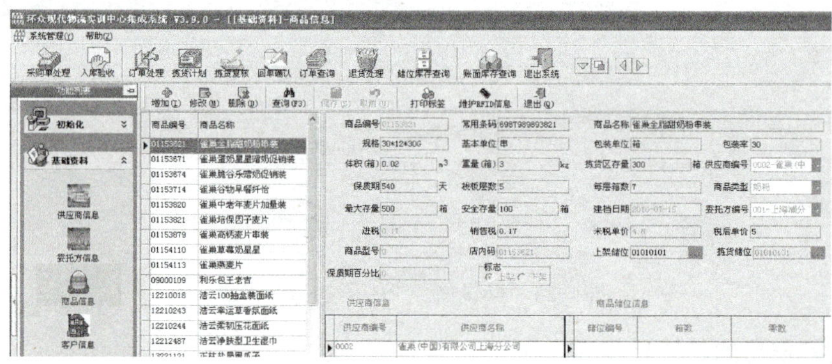

图 5-26　商品信息的录入界面

（4）录入客户信息。点击“基础资料”、“客户信息”，再点击“增加”按钮，录入相关信息，最后点击“保存”按钮即可（见图 5-27）。若在录入过程中出现错误，可点击“修改”或“删除”按钮进行修改或删除操作。

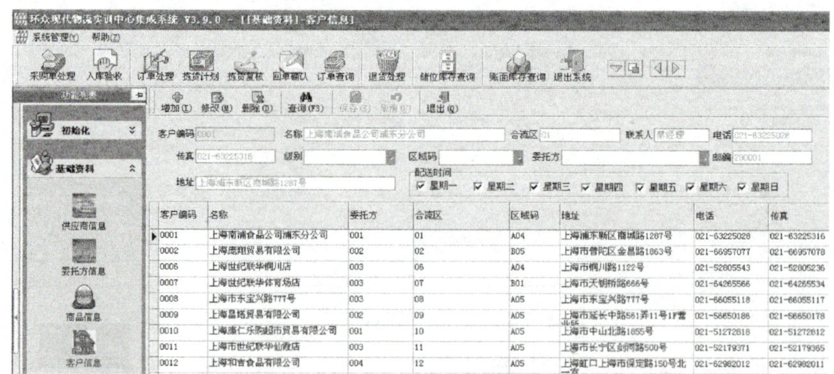

图 5-27　客户信息的录入界面

企业还可以根据实际需要录入储位信息、车辆信息、区域信息、月台信息、托盘信息等。

任务实施

（1）请根据以下信息完成对系统的初始化。（注：请以系统管理员身份登录，制作以下员工信息）

信息：ABC 公司的仓储业务共有三个部门，分别是作业部（包括验收员、保管员、操作员、返品处理员等）、信息部、调度部。其员工信息如下（见表 5-7）。

表 5-7　员工信息表

编号	职位	姓名	性别	年龄	学历	联系电话	地址	入职时间
1210	验收员	李军红	女	40	大专	13305210010	浙江省台州市玉环县城关镇广陵路	20100715
1221	保管员	易岭	男	22	高中	13305210020	浙江省台州市玉环县城关镇广陵路	20070209
1230	拣货员	王俊锋	男	25	高中	13305210030	浙江省台州市玉环县城关镇广陵路	20100714
1250	司机	杨权庆	男	28	大专	13305210050	浙江省台州市玉环县城关镇广陵路	20100715
1252	司机	林龙明	男	22	高中	13305210052	浙江省台州市玉环县城关镇广陵路	20100713
1267	送货员	刘星星	男	32	高中	13305210052	浙江省台州市玉环县城关镇广陵路	20100716

（2）仓储部门最近接到百得有限公司的仓储业务委托。表 5-8 是部分新业务的资料，请信息部工作人员做好相关信息的录入工作。

表 5-8　部分业务资料表

商品名称	商品条码	规格	基本单位	包装单位	体积 /m^3	重量 /（kg/ 箱）
统一冰红茶	6920974873722	12×250ml	箱	12	0.5	10
统一绿茶	6920974873721	24×250ml	箱	24	1	20

任务巩固

（1）建立信息员账号。

要求：学生以系统管理员身份登录系统，参照任务实施（1）中的资料格式，建立基于学生个人信息的信息员账号。

建议：①采用物流单证制作软件平台；②基于学生学号顺序对信息员进行编号。

（2）根据以下资料，在物流单证制作软件系统中完成相关资料的初始化。

资料：大宅配物流有限公司，为上海市十大物流企业之一，是一家结合现代物流技术为客户提供集物流规划、管理、服务为一体的，具备综合运输、储存、装卸、搬运、包装、流通加工、配送、分拣、信息处理等基本功能于一体的专业第三方物流企业，华联公司是一家连锁便利集团公司，在华东一带拥有数千家连锁便利商店，提供 7×24 的销售服务，主要销售如面点、日化用品、果汁饮料、碳酸饮料、速食面等超过 1 000 种商品，也销售蒙牛集团、娃哈哈集团生产的众多商品。

以下为相关业务信息。

1）华联公司，联系人：×××，电话：021-56578829，传真：021-56578809，邮编 206718，

地址：上海市罗城路 480 号。

2）蒙牛集团，联系人：×××，电话：13566447888，传真：021-74785612，邮箱：mengniu888@163.com，邮编：200423，地址：上海市南浦区康桥镇康桥路 56 号。华联公司一级供应商。

3）蒙牛纯牛奶，条码：6946934874731，规格：12 瓶 ×250ml，包装单位箱，每箱体积 $0.5m^3$，重量为 10kg。

任务三　实践 WMS 入库模块

任务描述

2011 年 12 月 15 日，华联公司下单给蒙牛集团，同时将商品采购信息传真给大宅配物流有限公司客服中心。学习任务三，完成下列问题。

（1）这笔业务中，需经信息员处理的单据有哪些？

（2）入库业务中，需信息员处理的单据有哪些？

（3）信息员如何在 WMS 中实现入库作业的信息处理？

知识准备

一、WMS 入库模块的具体功能

入库模块包括采购单处理、入库验收、入库上架、入库明细查询共四个小模块，可提供以下功能。

（1）对厂商供货进行验收入库，并维护准确的生产日期，采用托盘入库；或对自提货品进行验收入库。

（2）对当日验收入库的商品进行储位计划，可以通过人工指派或者根据系统指派，将货物储放到某个准确的储位。可以使用 RF 进行入库储位操作。

（3）对实物入库进行查询，包括厂商送货和配送中心自提的信息查询。

（4）对厂商的送货通知单中的商品进行详细查询。

二、WMS 入库模块操作步骤

1. 采购单处理

采购单处理是在入库模块中添加供应商的到货信息，即预收货信息（ASN）的录入。

（1）物流中心在得到供应商的到货通知后，根据到货通知单的内容，在 WMS 中录入采购单信息。其操作步骤为依次点击“入库作业”、“采购单处理”，进入“采购单”操作界面（见图 5-28）。

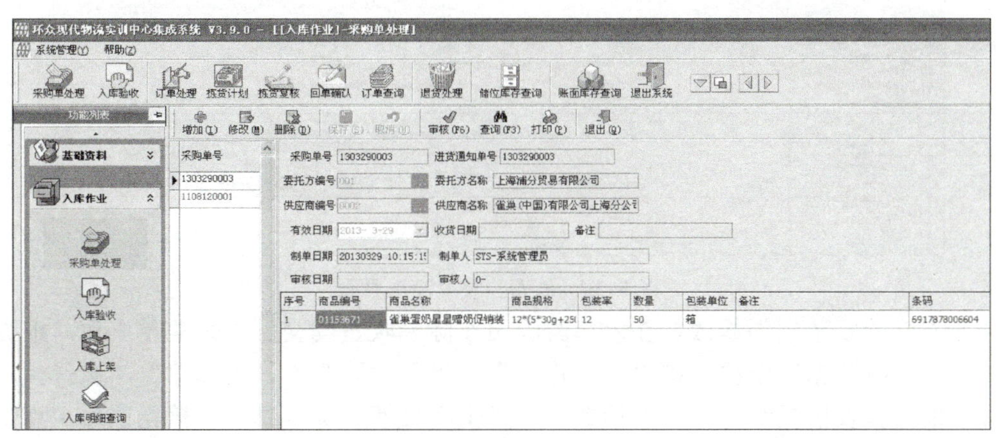

图 5-28　采购单操作界面

（2）采购单的生成。点击“增加”按钮，系统将自动生成采购单号。根据“入库通知单”在系统中录入相关信息，包括进货通知单号、委托方编号、供应商编号、有效日期、收货日期、商品编号、数量、备注等。制单日期由系统自动生成。单击“保存”按钮，提示“记录保存成功”，则该采购单信息添加完成。

（3）采购单的修改、删除、审核。点击相应的采购单号，信息员将录入的采购单信息与到货通知单核对一致后，再点击 “审核”按钮审核采购单。审核之前，该采购单内容可通过点击“修改”按钮进行修改，也可通过点击“删除”按钮删除该采购单。审核之后，采购单不可修改或删除，采购单号的颜色由黑色变为蓝色。审核日期会在进行完“审核”操作后自动填充当前日期。

（4）采购单的打印。点击相应的经审核的采购单号，再点击“打印”按钮，即可打印采购单（见图 5-29）。打印的采购单交验收员验收。

环众现代物流实训中心集成系统

采购单

采购单号：1303290003　　委托方：001-上海浦分贸易有限公司

供应商：0002-雀巢(中国)有限公司上海分公司　　打印日期：2013-03-29 10:53:51

序号	商品编号	商品条码	商品名称	规格	箱数	单位	备注
1	01153671	6917878006604	雀巢蛋奶星星赠奶促销装	12*(5*30g+25	50	箱	
合　　计					50		

制单日期:2013-03-29 10:15:15　　制单人签字:________　　验收人签字:________

图 5-29　采购单

2．入库验收

（1）入库验收单的生成。采购单审核完成后，系统会自动生成“入库验收单”。只需依次点击“入库作业”、“入库验收”，就可见到自动生成的入库验收单（见图 5-30）。

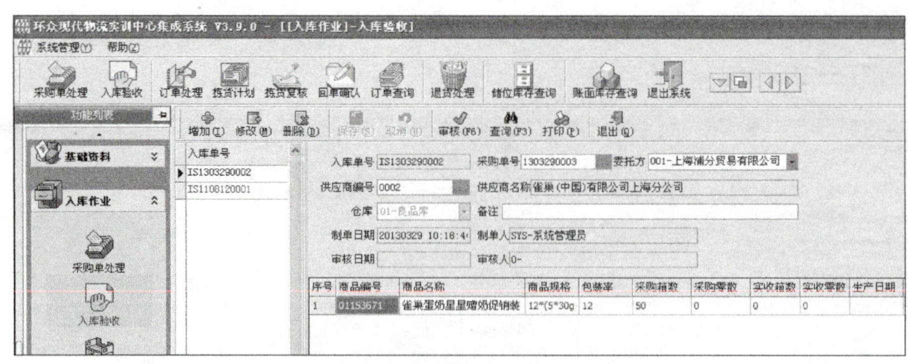

图 5-30　入库验收单操作界面

（2）入库验收数据的修改。在入库验收员实际验收货物交回“采购单”后，根据采购单上的实际验收数据，依次点击“入库作业”、“入库验收”、“修改”，选择相应的入库单号，根据验收情况修改“实收箱数”、“生产日期”等信息。审核无误后，点击“审核”完成验收作业。（注：RF 验收方式下，入库验收数据在 RF 验收完毕后自动生成，无须信息员手工录入。）

（3）入库验收单的打印。依次点击“入库作业”、“入库验收”、“打印”，即可打印选中的入库验收单（见图 5-31）。

环众现代物流实训中心集成系统

入库验收单

验收单号 IS1303290002　　采购单号：1303290003　　打印日期:2013-03-29 13:31:18

供应商：0002-雀巢(中国)有限公司上海分公司

序号	商品编号	商品条码	商品名称	规格	箱数	零散	未税总价	含税总价
1	01153671	6917878006604	雀巢蛋奶星星赠奶促销	12*(5*30g+2	4	0	230.40	240.00
合　计					4	0	230.40	240.00

制单日期:2013-03-29 00:00:00　　制单人：系统管理员　　验收人签字：

图 5-31　入库验收单

3．入库上架

（1）入库上架单的生成。在系统中依次点击“入库作业”、“入库上架”、“增加”，选择相应的“验收单号”，输入上架数量、上架储位，即可生成“入库上架单”（见图 5-32）。打印后交上架员进行上架作业。入库上架生成上架单的操作界面（见图 5-33）。

环众现代物流实训中心集成系统

入库上架单

进货单号 IL1303300003　　验收单号:IS1303290002　　打印日期:2013-03-30 10:00:47

序号	商品编号	商品条码	商品名称	规格	批号	箱数	零散	储位编号
1	01153671	6917878006604	雀巢蛋奶星星赠奶促销	12*(5*30g+2	000000	4	0	01010201
合　计						4	0	

制单日期:2013-03-30 10:00:37　　制单人：系统管理员　　入库上架人员签字：

图 5-32　入库上架单

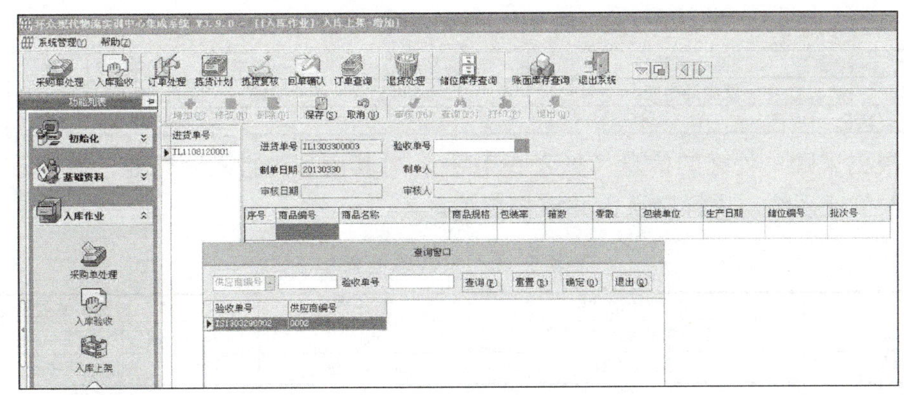

图 5-33　入库上架单生成界面

（2）入库上架单的修改及审核。上架人员进行入库上架作业，全部完成后在入库上架单上签字确认，并将该“入库上架单”交回信息中心，信息员根据最终上架的信息，依次点击“入库作业”、“入库上架”、“修改”按钮进行数据调整，点击“保存”按钮。确认无误后点击“审核”按钮进行审核。审核完成后，入库单号的颜色变为蓝色，系统则会自动增加相应储位上的商品信息。（注：RF 入库上架方式下，入库上架数据在 RF 扫描完毕后自动生成，无须信息员手工录入。）

4．入库明细查询

在本模块中，可以根据供应商、商品、日期等信息进行精确查询不同的入库明细记录。

依次点击“入库作业”、“入库明细查询”进入该模块。根据条件进行查询，点击“查询”按钮，可以查看入库数量、上架数量等信息。入库明细查询界面（见图 5-34）。

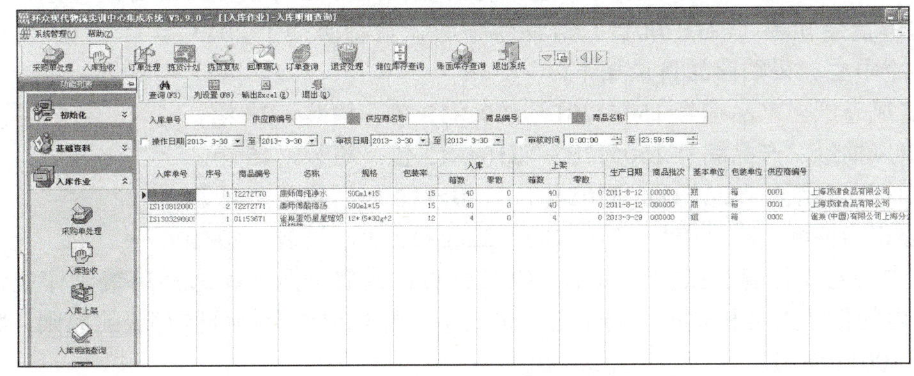

图 5-34　入库明细查询操作界面

在此模块进行入库验收数量与上架数量的比较，可以防范上架工作不及时等现象。

任务实施

（1）根据下列资料（见表 5-9）制作采购单据。

华联公司下单给蒙牛集团，同时将商品采购信息传真给大宅配物流有限公司客服中心，并告知进货通知单号：201303010009；有效日期：2013-12-18；备注：请做好收货准备。请扮演物流中心信息人员依据相关资料，在系统中完成采购单据的制作并审核。

表 5-9 采购货物资料

商品编号	商品名称	商品规格	包装率	箱数	零散	备注
130228027	蒙牛纯牛奶	12×250ml	12	30	0	
合　计				30		

（2）根据采购单处理的信息（见表 5-10），对其商品进行入库作业，请将该批验收商品信息录入单证系统，进行确认，并审核单据。

表 5-10 采购单信息

采购单号	201303010009	委托方	“上述资料的委托方”
供应商	“上述资料的供应商”	备注	请仔细核对商品信息
商品编号	130228027	商品名称	蒙牛纯牛奶
实收数量	29 箱	零散	0
生产日期	20130208		

建议：教师或学生以管理员身份登录物流单证制作系统，创建信息员（即学生）的登录账号及密码。

任务巩固

根据以下资料，完成入库业务中相关单据的制作。

资料：吉旺物流企业是一家第三方物流公司，承揽物流业务，为客户提供如仓储、保管、运输、配送、流通加工、信息处理的诸多服务，现与客户家得利超市签订物流服务合同，承担该超市所有分店的货品收货、货品储存、货品配送的物流服务，双方使用信息系统进行对接，通过软件和通信协议完成到货信息、收货信息、订货信息的在线传输。

（1）2012 年 10 月 20 日，家得利超市与家安日用品公司签订采购合同，家得利超市采购部发送进货通知单（CGJH0011）给物流中心，货物必须于 2013 年 11 月 15 日由供应商送货到物流中心。采购商品目录如下。

1）清风卷纸，产品编号 15051201，180g×12 包，箱装，28 箱。

2）清风抽纸，产品编号 15051202，210g×12 包，箱装，45 箱。

3）心相印卷纸，产品编号 23105401，190g×12 包，箱装，45 箱。

4）心相印抽纸，产品编号 23105402，220g×12 包，箱装，40 箱。

物流中心仓库保管员张衡负责本次收货任务，需要按照入库通知单编制作业计划，以安排公司内的作业人员和设备，编制出的采购单，并且根据货物分区存放的原则，将本批物品放置到 S0011 库房。

（2）2011 年 10 月 28 日，家安日用品公司携带采购单号为 JADJ1501 的全部货品，到达吉旺物流企业的物流中心，本次供货产品生产日期如下。

1）清风卷纸，产品编号 15051201，180g×12 卷，箱装，28 箱；生产日期 20110502；

2）清风抽纸，产品编号 15051202，210g×12 包，箱装，45 箱，生产日期 20110603；

3）心相印卷纸，产品编号 23105401，190g×12 卷，箱装，45 箱，生产日期 20110704；

4）心相印抽纸，产品编号 23105402，220g×12 包，箱装，40 箱，生产日期 20110805。

张衡根据入库单进行货品点收，本次供应商送货商品与入库单上的商品信息没有差异，签收送货单后，将到货商品放置到 S0011 库房的暂存区。

现在你是仓库保管员张衡，请按照上述作业描述进行入库单的编制。

任务四　实践储位管理模块

任务描述

物流企业中，库内物品的存放会遵守一定的规则，出货频率高的物品需要靠近出货口。某服务仓库，因季节变换，出货商品属性变化，仓库内存放的货物需要按照销售需求进行货位的调整。学习任务四，完成下列问题。

（1）借助 WMS 系统，如何查询不同储位的货物信息？

（2）如何在 WMS 系统中体现货物的移位？

知识准备

一、储位管理模块的功能

可以在系统中完成货物的移库移位，也可以按不同的检索条件查询储位上的货物信息，还可查询货物的出入库及期初、期末库存情况。

二、储位管理模块的操作

1．储位信息查询

依次点击“储位管理”、“储位库存查询”，进入“储位库存查询”操作界面（见图 5-35）。点击“查询”按钮，即出现查询窗口。设置不同的“查询字段”、“连接关系”和“查询值”来得到精确的储位信息。

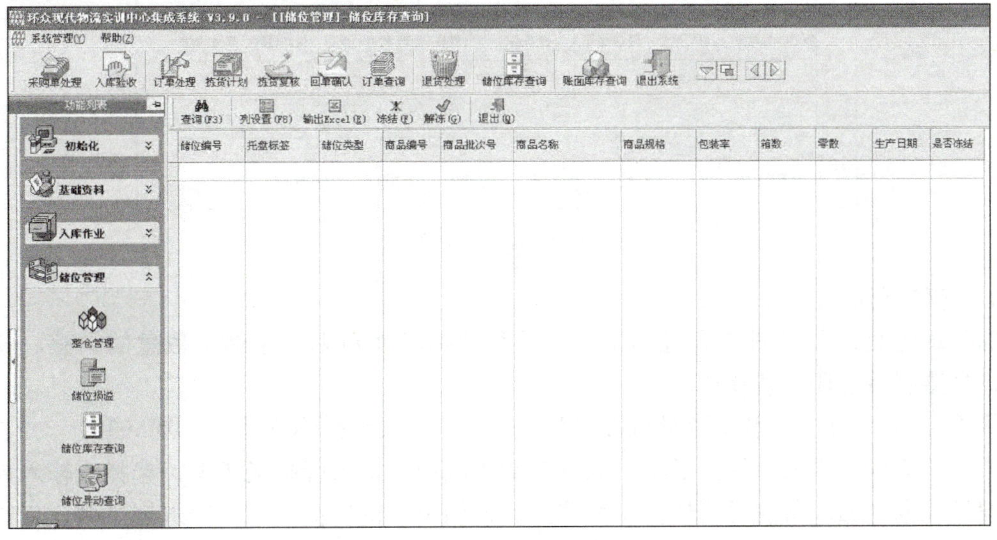

图 5-35　储位库存查询操作界面

设定好查询条件后，点击“添加”按钮，然后点击“查询”按钮，系统中即会显示该储位的详细信息。

2．移库移位等整仓作业

信息人员根据物流中心储位整理整顿的需求，在 WMS 系统中下达整仓指令，交予作业人员完成整仓作业后，进行系统确认，系统则自动调整货品位置及数量。

整仓单的生成。依次点击“储位管理”、“整仓管理”，进入“整仓管理”操作界面（见图 5-36）。点击“增加”按钮，新增加一条整仓单，整仓单号会自动生成。在“原储位号”一栏输入将商品取出的位置，输入完毕，系统会自动显示该储位上的商品以及数量、生产日期，在“目标储位”一栏中进行选择商品移入的储位，然后确认整仓的“箱数”、“零散”，点击“保存”按钮。确认无误后，点击“审核”。

信息员选中该整仓单（见图 5-37）进行打印，将该整仓单交于保管员进行整仓作业。

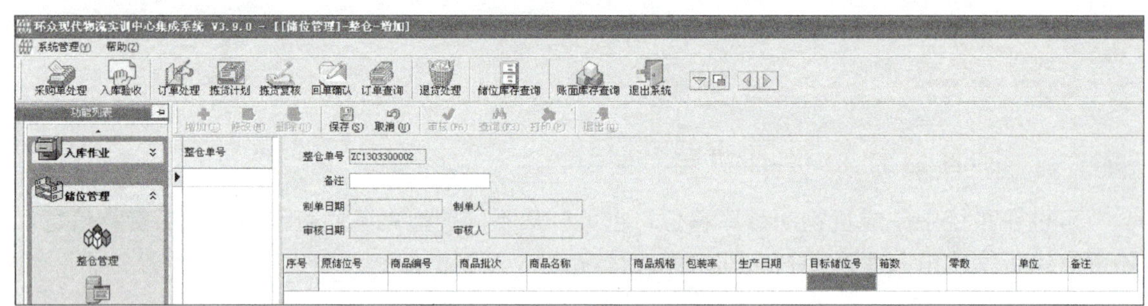

图 5-36　整仓管理操作界面

环众现代物流实训中心集成系统

整仓单

整仓单号：ZC1303300004　　　　打印日期：2013-03-30 10:47:06

序号	原储位	目标储位	商品编号	商品名称	规格	包装率	商品批次	生产日期	箱数	零散
1	02010102	01010302	01153714	雀巢谷物早餐纤怡	150g*12	12	000000	2012-12-12	40	0
合　计									40	0

仓管员：__________　　　　制单人：系统管理员　　　　制单日期 2013-03-30

图 5-37　整仓单

3．储位损溢

储位损溢处理是针对整仓过程中出现的货物损溢而对系统中储位数量的调整，其依据是仓管员签字后返还的整仓单。

依次点击“储位管理”、“储位损溢”，进入储位损溢操作界面（见图 5-38）。点击“增加”按钮，即可新增加储位损溢单。系统自动生成单号，选择损溢类型，选择或输入异常储位的编号，也可加入备注说明情况。系统显示该储位上的物品信息，输入损溢数量点击“保存”按钮。确认无误后，点击“审核”完成损溢单的处理，储位库存数据更新完毕。

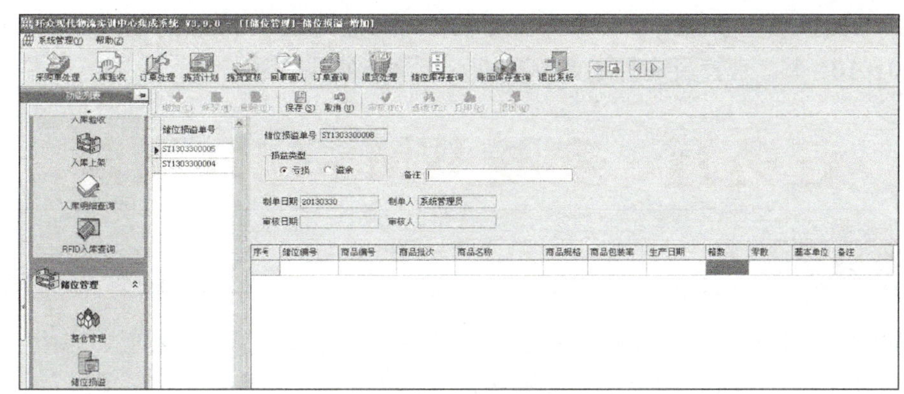

图 5-38　储位损溢操作界面

仓管员在完成整仓作业后签字确认，并将该整仓单交回信息中心。信息员依据签字的整仓单信息，点击“修改”按钮进行系统中的数据确认，并审核。系统自动调整储位数量。

4．储位异动查询

依次点击“储位管理”、“储位异动查询”，进入“储位库存异动查询”操作界面（见图 5-39）。

点击“查询”按钮，在弹出的窗口，可以选择限制条件进行查询，也可以直接点击“查询”按钮查询所有信息。

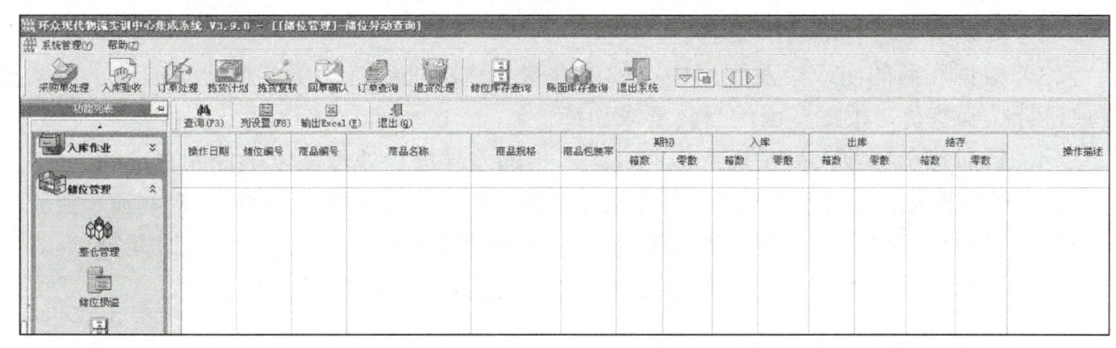

图 5-39　储位异动查询操作界面

任务实施

（1）登录 WMS 集成系统平台，查询储位号为 02010101 的货物信息。

（2）登录 WMS 集成系统平台，查询储位号为 02010101 的货物变动信息。

（3）登录物流单证制作软件平台，将储位号为 02010101 上的货物移至 02010103 储位。

任务巩固

登录 WMS 集成系统平台，根据资料完成整仓作业与储位损溢作业。在整仓作业之前，查询 02010101 储位及 04010101 储位上的货物数量；在储位损溢作业之后，再次查询 02010101 储位及 04010101 储位上的货物数量，感受储位管理模块的功能。

资料：仓储经理王刚提出了移库作业要求，将储位为 02010101 的全部货物（18 箱）移至储位 04010101 上。仓管员进行了整仓作业，发现货物少 2 箱。

任务五　实践 WMS 出库作业

任务描述

大宅配物流接到华联龙川北路店的订单，准备货物出库。学习任务五，完成下列问题。

（1）货物出库在 WMS 中需借助哪些模块完成？

（2）货物出库后若出现异常情况，如何在 WMS 中体现？

知识准备

一、出库作业模块的功能

出库作业模块包括订单处理、拣货计划、拣货复核、回单确认、订单查询、送货单查询等子模块，其功能如下。

（1）根据厂商查询厂商的出库单的详细内容及打印功能。

（2）对调拨单进行准确的处理。

（3）根据厂商的出库单及配送中心的库存量生成准确的拣货单，拣货作业人员根据拣货单进行准确拣货，根据厂商的具体要求出库。

（4）针对拣货作业人员在拣货作业过程产生的差异进行处理，以确保库存准确。

（5）对拆零商品根据不同配送点分别装箱处理，打印装箱明细单，并进行对物流箱控管。

（6）对司机配送全过程信息进行管理（如到达配送点时间、离开配送点时间等）。

（7）回单确认功能，并通过计费设定来计算配送费、收退费等费用。

二、出库作业模块的操作

1．订单处理

订单是物流中心根据委托方客户的要货信息而产生的单据。依次点击“出库作业”、“订单处理”，进入“订单处理”操作界面（见图 5-40）。

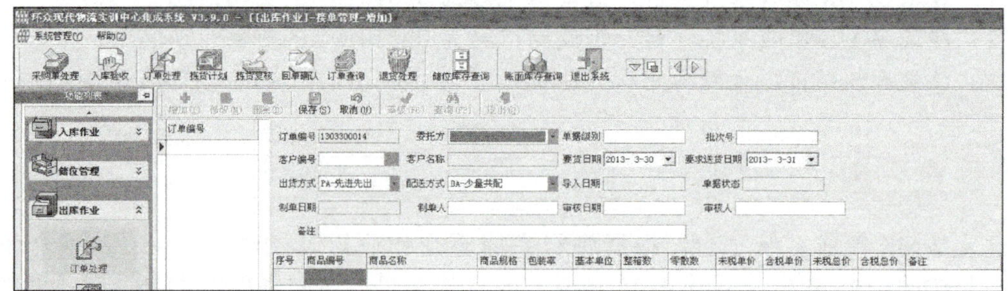

图 5-40　订单处理操作界面

点击“增加”按钮，新增一条订单记录，订单编号由系统自动生成，根据客户要求及客户订购商品信息，录入委托方编号、客户编号、单据级别、批次号，选择要货日期、要求到货日期、拣选方式、送货方式和配送方式及商品明细等，然后点击“保存”按钮。确认无误后点击“审核”确定订单（在审核前可修改订单内容）。

2．生成拣货计划

当确认需要执行某订单时，需生成“拣货计划”。

（1）拣货单的生成。依次点击“出库作业”、“拣货计划”，进入“拣货计划”操作界面（见图 5-41）。点击“调订单”按钮，系统弹出选择订单界面，点击“委托方”的下拉箭头选择委托方（即出库订单的委托方），再点击“生成拣货单”按钮，拣货单生成完毕（见图 5-42）。

（2）拣货单的打印。在“拣货计划”操作界面点击“查询”按钮，选中拣货单将其添加到打印列队，点击“拣货单打印”按钮打印拣货单（见图 5-43），完成后交拣货员。

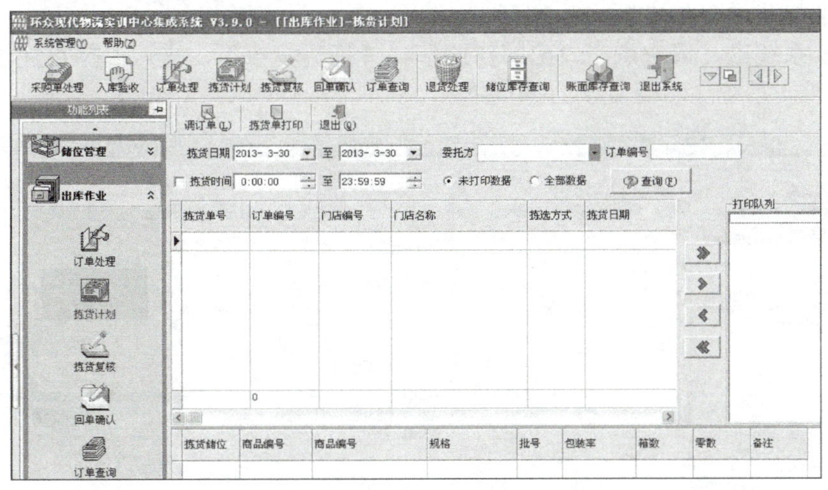

图 5-41　拣货作业操作界面

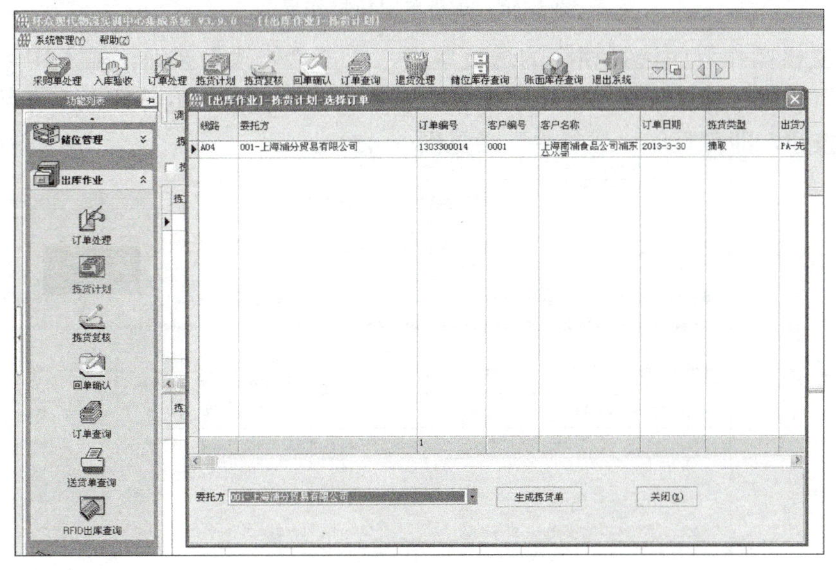

图 5-42　拣货单生成操作界面

环众现代物流实训中心集成系统

拣货单

拣货单号：1303300007　订单编号：1303300014　合流区：01　打印日期：2013-3-30 11:51:51

门店编号：0001　门店名称：上海南浦食品公司浦东分公司

序号	拣货储位	商品编号	商品名称	商品规格	商品批号	箱数	零数	备注
1	01010102	72272771	康师傅酸梅汤	500ml*15	000000	2	6	
2	02010102	01153714	雀巢谷物早餐纤怡	150g*12	000000	3	0	
合　计						5	6	

制单人签字：＿＿＿＿　拣货人员签字：＿＿＿＿　复核人员签字：＿＿＿＿

图 5-43　拣货单

3. 拣货复核

拣货员根据打印的拣货单进行拣货作业后，交回拣货单。信息员根据经拣货员及复核人员签字后的拣货单复核实际出库数量。

在 WMS 系统里，依次点击“出库作业”、“拣货复核”，进入“拣货复核”操作界面（见图 5-44），系统显示待复核的拣货单号。

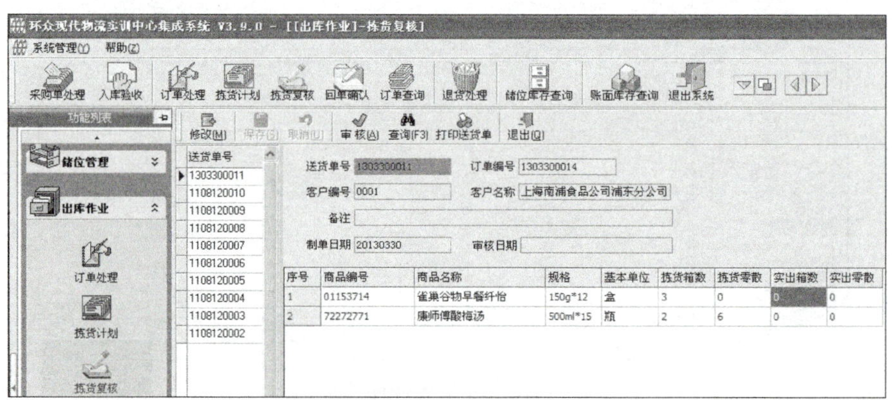

图 5-44　拣货单复核操作界面

在拣货复核操作界面选择相应的送货单号，点击“修改”按钮，输入实际出库数量并点击“保存”按钮，确认无误后点击“审核”按钮。审核完成后仓库账面库存数量减少。点击“打印”按钮，即可打印“送货单”（见图 5-45）。

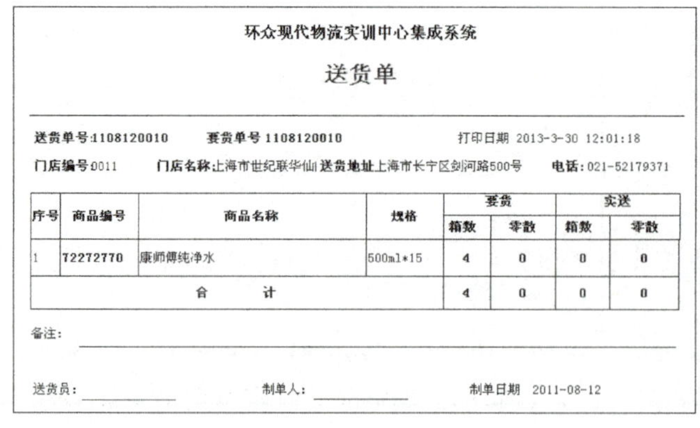

环众现代物流实训中心集成系统

送货单

送货单号:1108120010　要货单号 1108120010　打印日期 2013-3-30 12:01:18

门店编号:0011　门店名称:上海市世纪联华仙 送货地址:上海市长宁区剑河路500号　电话:021-52179371

序号	商品编号	商品名称	规格	要货		实送	
				箱数	零数	箱数	零数
1	72272770	康师傅纯净水	500ml*15	4	0	0	0
合　计				4	0	0	0

备注：

送货员：＿＿＿＿　制单人：＿＿＿＿　制单日期 2011-08-12

图 5-45　送货单

4. 回单确认

信息员根据经客户签收的送货单，在系统中对客户实收数量进行确认。

在 WMS 系统中依次点击“出库作业”、“回单确认”，进入“回单确认”操作界面（见图 5-46）。

点击“回单确认”按钮，对当前的出库回单进行确认，输入“收货箱数”、“收货零散”、“差异原因”后单击“保存”按钮，完成回单确认作业。

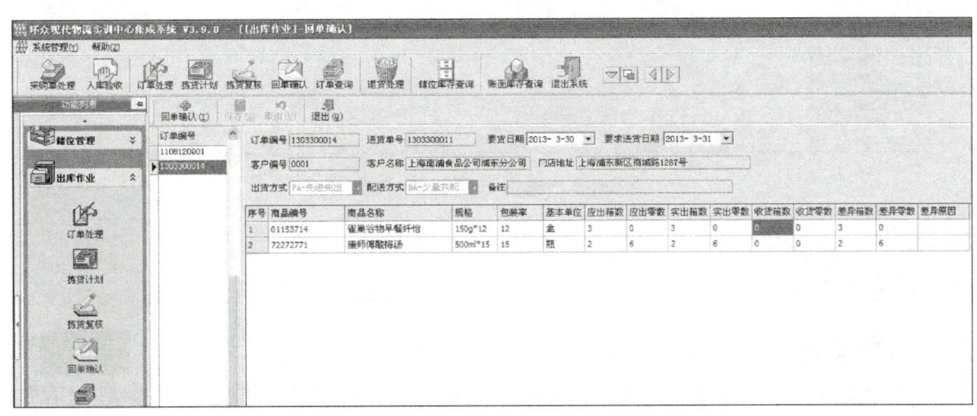

图 5-46　回单确认操作界面

5. 订单查询

可查询所有的已接收订单，可依据指定条件查询，也可以直接查询全部已接收的订单。在系统中，依次点击“出库作业”、“订单查询”，进入“订单查询”操作界面（见图 5-47）。直接点击“查询”按钮，即可查询所有订单信息。也可指定条件后点击“查询”按钮进行查询。

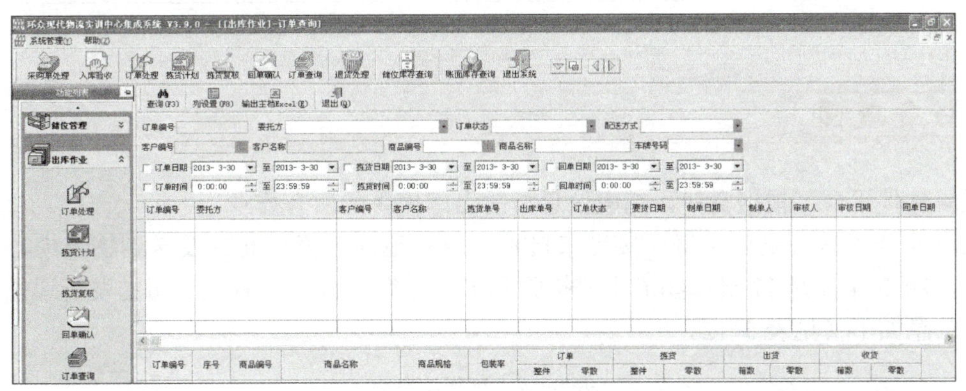

图 5-47　订单查询操作界面

6. 送货单查询

可依据指定条件查询送货单，也可直接查询全部送货单。在系统中，依次点击“出库作业”、“送货单查询”，进入“送货单查询”操作界面（见图 5-48）。点击“查询”按钮，可以指定查询条件，也可以直接点击“查询”按钮。

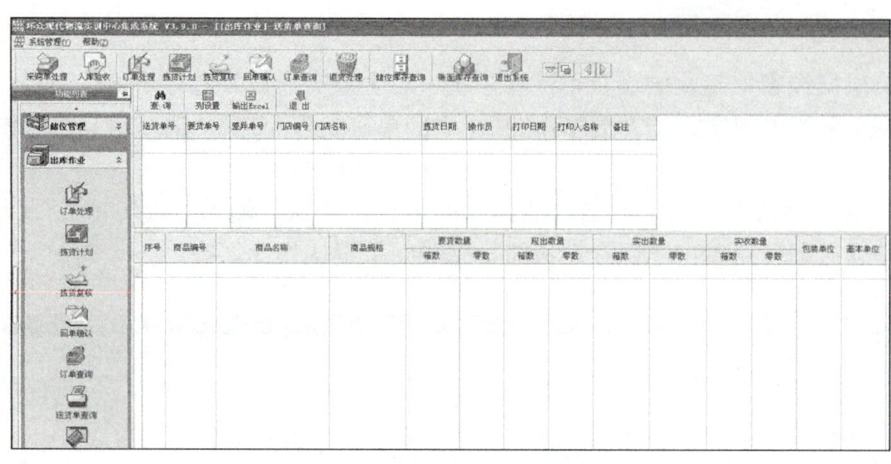

图 5-48　送货单查询操作界面

任务实施

根据资料登录物流单证制作软件平台，完成出库单的制作。

资料：大宅配物流中心接到华联龙川北路店的订单并进行订单处理，资料内容如下（见表 5-11），请根据这些资料在单证系统中完成订单操作，并审核产生拣货单据进行拣货。

表 5-11　资料表

委托方	华联集团	单据级别	19
批次号	1901	客户编号	0021
要货日期	20131222	要求送货日期	20131223
出货方式	发当月产品	配送方式	少量共配
商品编号	130228028	数量（整箱）	15 箱
商品编号	130228029	数量（整箱）	10 箱
零散	0		

任务巩固

登录软件平台，根据资料，完成信息员的出库模块的所有作业。

上海浦分贸易有限公司每天接受来自本地及外地的订货信息并发送到物流中心进行备货作业，2013 年 8 月 11 日，物流中心接收到来自上海浦分贸易有限公司的发货通知单，具体订货信息如下（见表 5-12）：

表 5-12　订货信息表

序号	订货商品	商品编号	规格	订货数量	备注
1	康师傅纯净水	72272770	500ml×12 瓶	20 箱	

要求于 2013 年 8 月 12 日对上海南浦食品公司浦东分公司进行商品配送。物流中心开始处理该批订单，采用先进先出的出货方式及少量共配的配送方式进行作业，单据级别为 5，批次为 1002。拣货过程中，发现可以完全满足该批订单的要求，拣货完毕后，将拣货单交予

信息中心，信息员进行对应的出库单的制作，并将出库单提交给配送部门。配送部门送货完成后将经上海南浦食品公司浦东分公司回签的出库单交回信息员。

任务六　实践库存管理模块

任务描述

仓库的日常运作，因货品地不停地出货，需要不定时地进行核查工作，即盘点。其中出货频率高、商品价值高的物品需要重点盘点。2013 年 3 月 23 日，仓库经理张明提出了对库房的部分商品进行盘点。学习任务六，完成下列问题。

（1）如何借助 WMS 进行货物盘点？

（2）若盘点的结果与盘点单不一致，如何在系统中调整？

知识准备

一、库存管理模块的功能

库存管理模块包括盘点作业、盘点差异处理、库存损溢、账面库存查询、商品库存查询、商品进销存查询、不良品库存查询、不良品进销存查询、不良品进销明细等子模块，具体功能如下。

（1）根据条件生成盘点表、打印盘点表、输入盘点数据等。

（2）对盘点的数据进行处理、生成盘盈盘亏表。

（3）提供详细的库存信息、储位信息、盘点差异信息查询等。

（4）对商品进行损溢处理及详细的查询等。

二、库存管理模块的操作

1．盘点作业

（1）生成盘点单。盘点单是物流中心内部对商品库存数量进行检查的单据。在 WMS 系统中，依次点击“库存管理”、“盘点作业”，进入盘点作业操作界面（见图 5-49）。

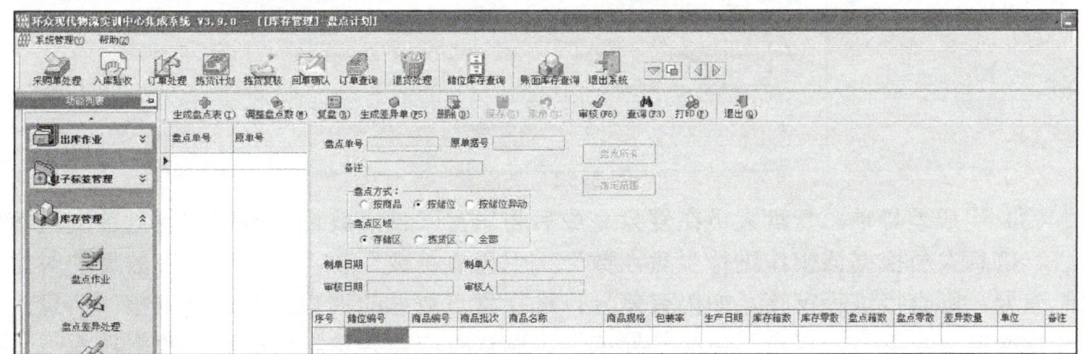

图 5-49　盘点作业操作界面

点击“生成盘点表”按钮，新增加一条盘点单。选择“盘点方式”、“盘点区域”、“备注”等单据明细及各信息，单击“保存”按钮后，点击“打印”按钮，将打印的盘点单（见图 5-50）交工作人员进行盘点作业。

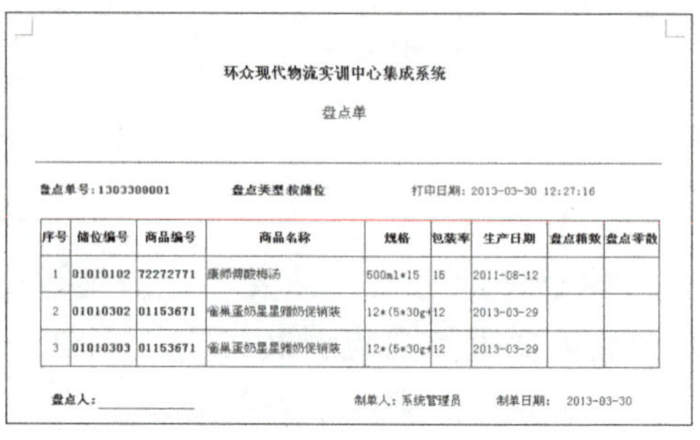

环众现代物流实训中心集成系统

盘点单

盘点单号：1303300001　　盘点类型：按储位　　打印日期：2013-03-30 12:27:16

序号	储位编号	商品编号	商品名称	规格	包装率	生产日期	盘点箱数	盘点零散
1	01010102	72272771	康师傅酸梅汤	500ml*15	15	2011-08-12		
2	01010302	01153671	雀巢蛋奶星星赠奶促销装	12*(5*30g+	12	2013-03-29		
3	01010303	01153671	雀巢蛋奶星星赠奶促销装	12*(5*30g+	12	2013-03-29		

盘点人：________　　制单人：系统管理员　　制单日期：2013-03-30

图 5-50　盘点单

（2）生成复盘表。盘点人员在盘点单上盘点数量签字后，将盘点单交回信息中心，信息员找到对应的盘点单号，在系统中核对“盘点箱数”与盘点单上盘点数是否一致。若数据一致则代表本次盘点无误。信息员点击“审核”结束此次盘点。若数据有异，信息员需点击“调整盘点数”在系统中修改“盘点箱数”“盘点零散”，并点击“复盘”按钮（见图 5-51），生成复盘表（见图 5-52）。复盘的盘点单上只有差异项目的信息。信息员点击“打印”按钮打印复盘表，交复盘人员。

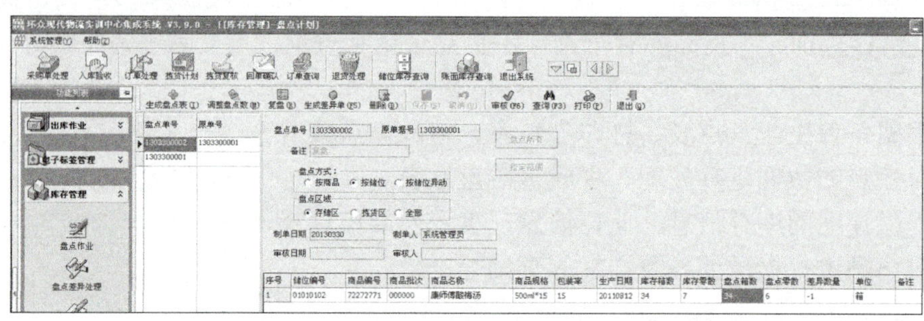

图 5-51　复盘操作界面

环众现代物流实训中心集成系统

复盘表

盘点单号：1303300002　　盘点类型：按储位　　打印日期：2013-03-30 12:32:54

序号	储位编号	商品编号	商品名称	规格	包装率	生产日期	盘点箱数	盘点零散
1	01010102	72272771	康师傅酸梅汤	500ml*15	15	2011-08-12		

盘点人：________　　制单人：系统管理员　　制单日期：2013-03-30

图 5-52　复盘表

（3）生成差异单。复盘人员在复盘完成后将填写了盘点数量并签字的复盘单交还信息中心。信息人员根据该操作进行“盘点数”、“盘点箱数”和“盘点零散”数量的对比。如无差异，则直接进行审核。如仍有差异，进行盘点数量的调整，并进行审核。信息人员选择相应的复盘单号，点击“生成差异单”，确认生成差异单。生成后，数据转入下一操作模块“差异单处理”。

2．盘点差异处理

盘点中产生的差异在此模块进行处理。信息中心根据物流中心对盘点差异的处理，调整账面数据，使账实一致。信息员依次点击“库存管理”、“盘点差异处理”，进入盘点差异处理操作界面（见图 5-53）。

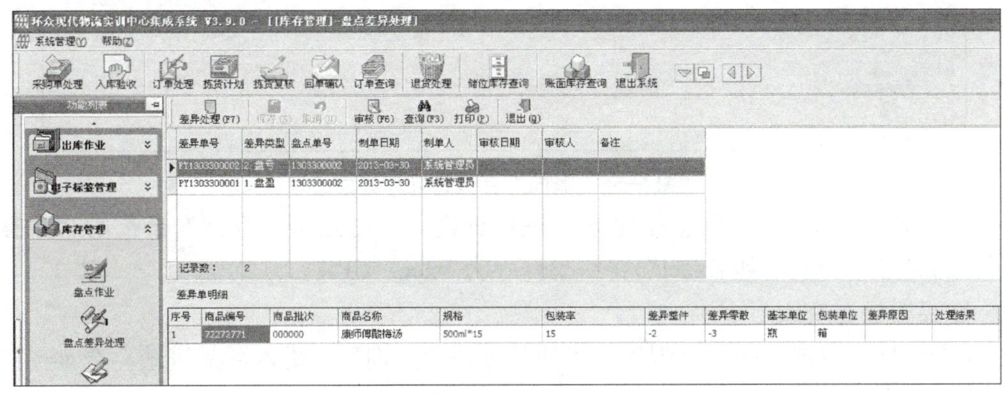

图 5-53　盘点差异处理操作界面

点击“差异处理”按钮，对相应的差异单进行处理，录入差异原因及处理结果，点击“保存”按钮。点击“审核”后账面库存随之变动（见图 5-54）。

a）

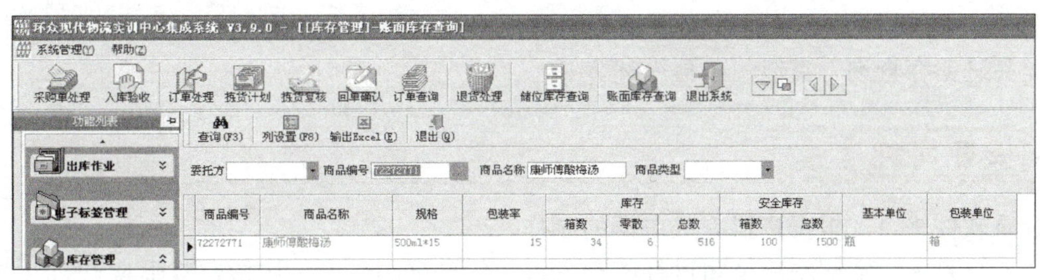

b）

图 5-54　差异处理前后库存数据比较图

a）差异处理前的康师傅酸梅汤库存数据　b）差异处理后的康师傅酸梅汤库存数据

3．账面库存查询

在系统中，依次点击“库存管理”、“账面库存查询”，进入账面库存查询界面（见图 5-55）。

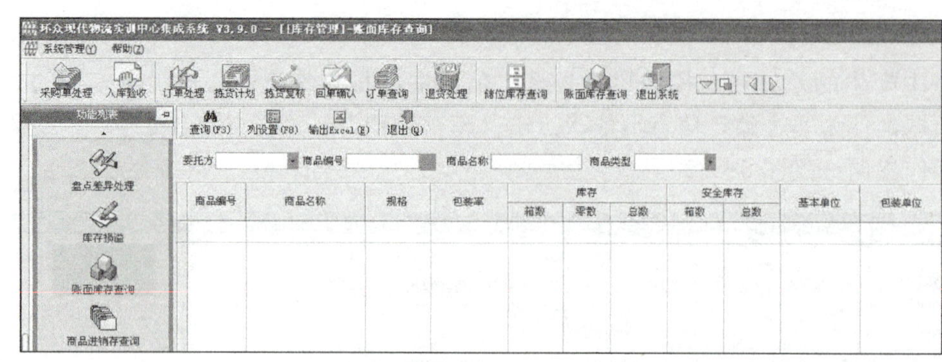

图 5-55　账面库存查询操作界面

点击“查询”按钮，可依据指定条件进行查询，也可点击“查询”查询所有库存。查询结果可通过点击“输出到 Excel”将结果保存为 Excel 文档。

4．商品进销存查询

在系统中依次点击“库存管理”、“商品进销存查询”，进入商品进销存查询操作界面（见图 5-56）。

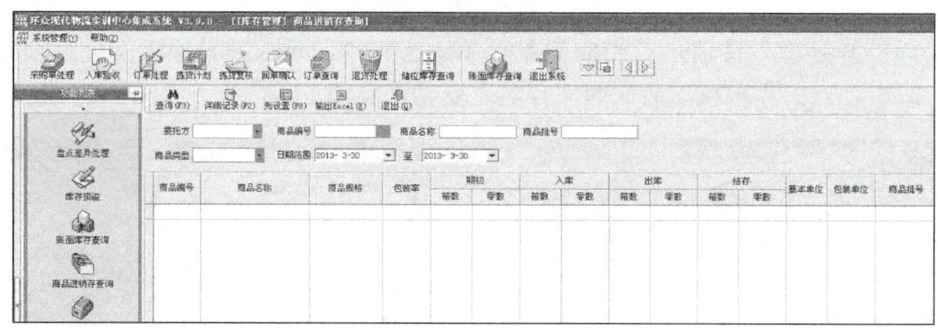

图 5-56　商品进销存查询操作界面

点击“查询”按钮，可以看到所有货物的进销存记录，也可选中某一货物，再点击“详细记录”查看包含单据号码、操作人员、操作日期等的详细记录。查询结果也可输出到 Excel。

另外，WMS 系统还可对商品进销存明细、不良品的库存及进销存进行查询。查询方法与“商品进销存查询”类似，不再赘述。

任务实施

登录软件平台，根据资料完成单据的制作。

资料：月末大宅配物流公司进行库存盘点，信息员制作一张按指定范围盘点的盘点表，盘点储位范围 04010101 ～ 05090909。备注：请仔细盘点所有商品。保存生成盘点单号对新生成的盘点表调整盘点数，盘点结果商品：每个储位各少 1 箱（盘亏），并对盘点单号进行保存及审核。

任务巩固

根据资料，登录软件平台，完成盘点单、复盘单、差异单的制作，并对差异进行处理。

资料：根据公司要求，对储位编号为 02020202 ～ 02020203 的商品进行盘点作业。信息员生成盘点单交盘点人员。盘点人员盘点后，发现储位 02020202 的商品少 2 瓶。信息员据此生成复盘单，复盘结果同初盘。遂生成差异单。经调查，是遗失所造成的。报经公司领导批准，对账面进行调整。

任务七　实践返品处理模块

任务描述

仓库在日常运作过程中，可能会接收到来自客户的退换货。这些退换货可能是良品，也可能是不良品。学习任务七，完成下列问题。

（1）如何借助 WMS 进行货物退换货处理？

（2）若退换的是不良品，又如何在 WMS 中处理？

知识准备

一、返品处理模块的功能

返品处理模块包括退货处理、退仓处理、报损处理、退货明细查询、退仓明细查询、报损明细查询等子模块，具体功能如下。

（1）从配送点退回仓库的商品信息的管理、查询、打印等。

（2）对要退回厂商的残次品信息的管理、查询、打印等。

（3）对退货商品及各厂商计费设定参数，审核时自动计算其厂商退货费等。

（4）对退仓商品及各厂商计费设定参数，审核时自动计算厂商退仓费等。

（5）对从客户退回仓库的已损坏商品进行管理、查询、打印等。

二、返回处理模块的操作

1. 退货处理

仓库在接收到退换货信息后，需要在系统中录入相应信息，并打印退货单交送货人员随车送货时进行收退。

依次点击“返回作业”、“退货处理”，进入“退货处理”操作界面（见图 5-57）。

点击“增加”按钮，新增加一条退货单记录，系统会自动生成“退货单号”，并进行“客户编号”、“门店名称”、“商品编号”、“箱数”的填充。点击“保存”即可。点击“打印”按钮打印“退货单”（见图 5-58）交送货人员。

退货单随车前往客户处进行收退作业后，送货人员将返品带回仓库，将退货单与实物交给返品验收员，验收员核对信息，并将实际收退数据在系统中进行确认并审核。

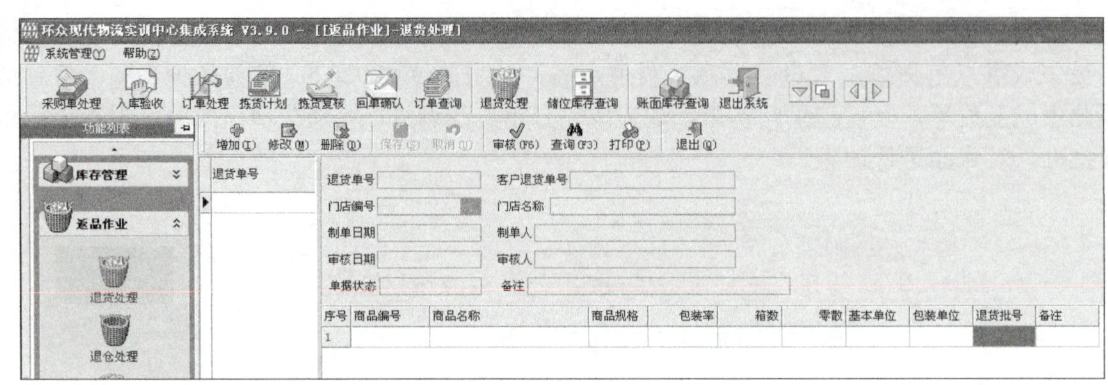

图 5-57　退货处理操作界面

环众现代物流实训中心集成系统

退货单

退货单号：TH1303300002　　打印日期：2013-03-30 13:14:53

门店编号：0001　　门店名称：上海南浦食品公司浦东分公司　　门店地址：上海浦东新区商城路1287号

序号	商品编号	商品名称	商品条码	规格	包装率	箱数	零散
1	01153671	雀巢蛋奶星星赠奶促销装	6917878006604	12*(5*30g+250m	12	1	0
合　计						1	0

门店店长：______　　验收人：______　　制单人：系统管理员　　制单日期 2013-03-30

图 5-58　退货单

2．退仓处理

经返品验收员验收后的良品，可以重新进入仓库作以后发货用。对于退仓的良品，需要依次点击“返品作业”、“退仓处理”，进入退仓处理界面（见图 5-59）。

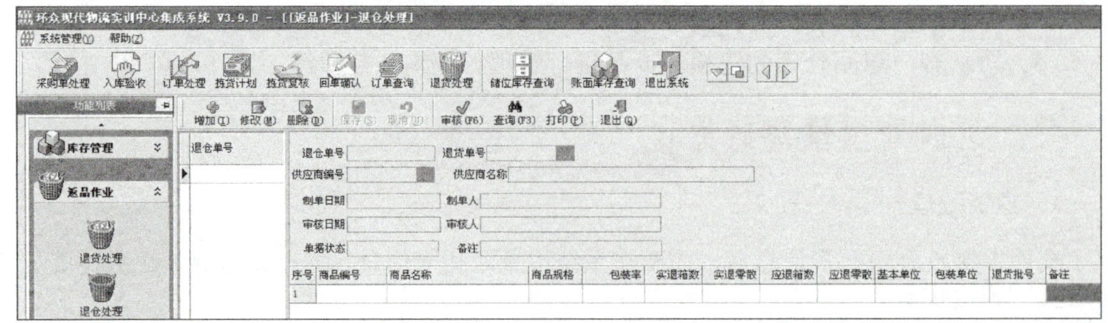

图 5-59　退仓处理操作界面

点击“增加”按钮，新增加一条退仓单记录，系统会自动生成“退仓单号”。选择退货单号、供应商编号，录入实际退仓数量，点击“保存”即可。点击“打印”按钮打印退仓单（见图 5-60）交给上架人员。上架人员完成上架、在退仓单上签字后交信息员。信息员核对信息，并将数据在系统中进行确认并审核。

环众现代物流实训中心集成系统

退仓单

退仓单号：TC1303300003　　打印日期：2013-03-30 13:31:43

供应商编号：0002　　供应商名称：雀巢（中国）有限公司上海分公司

序号	商品编号	商品名称	商品条码	规格	包装率	箱数	零散
1	01153671	雀巢蛋奶星星赠奶促销装	6917878006604	12*(5*30g+250r	12	1	
合　计						1	

供应商：＿＿＿＿＿　验收人：＿＿＿＿＿　制单人：系统管理员　制单日期：2013-03-30

图 5-60　退仓单

3．报损处理

经返品验收员验收后、确定为损坏品的，应在系统中作报损处理。依次点击“返品作业”、“报损处理”，进入报损处理界面（见图 5-61）。

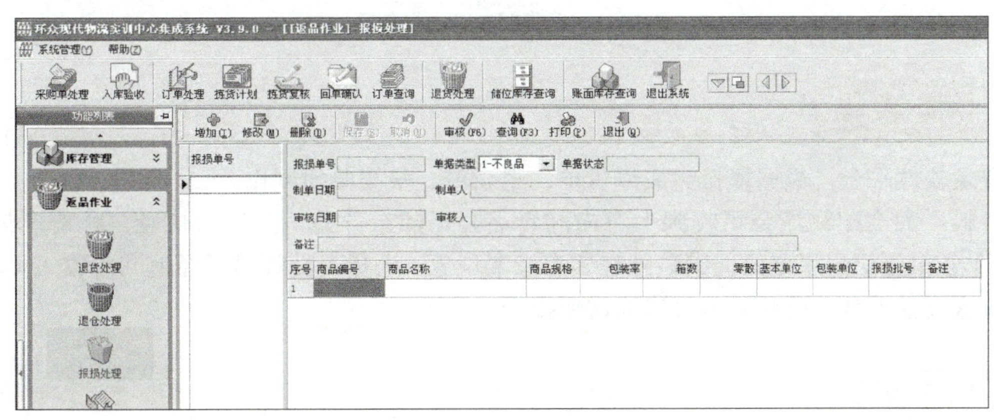

图 5-61　报损处理操作界面

点击“增加”按钮，选择报损的商品，输入数量，点击“保存”即可。确认商品无误以后，打印出报损单（见图 5-62）。报损单经主管审核签字后，信息员再在系统中点击“审核”完成报损。

环众现代物流实训中心集成系统

报损单

报损单号：BS1303300003　　单据类型：1-不良品　　打印日期：2013-03-30 13:38:56

备注：＿＿＿＿＿＿＿＿＿＿＿＿＿＿＿＿

序号	商品编号	商品名称	商品条码	规格	包装率	箱数	零散
1	01153671	雀巢蛋奶星星赠奶促销装	6917878006604	12*(5*30g+250m	12	0	6
合　计						0	6

主管：＿＿＿＿＿　报损人：＿＿＿＿＿　制单人：系统管理员　制单日期:2013-03-30

图 5-62　报损单

4. 退货明细查询、退仓明细查询、报损明细查询

依次点击“返品作业”、“退货明细查询”，就进入“退货明细查询”的界面（见图 5-63）。设置查询条件后，可以查到详细的退货信息。

退仓明细查询、报损明细查询的操作也类似于退货明细查询，不再赘述。

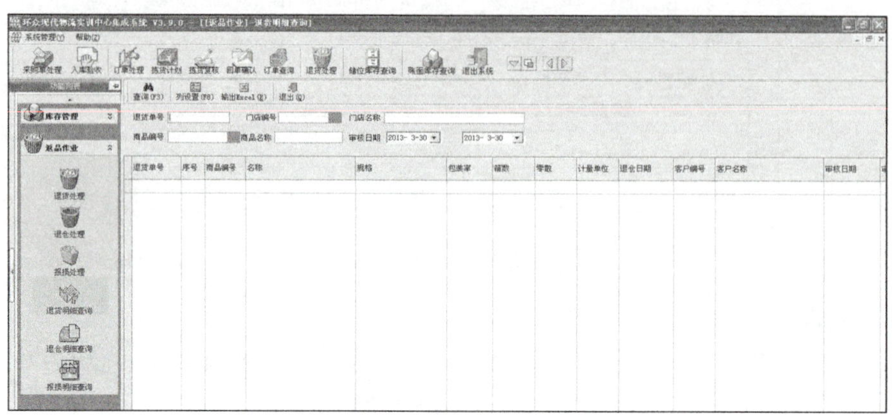

图 5-63　退货明细查询操作界面

任务实施

登录软件平台，根据资料完成退货单、退仓单、报损单的制作。

资料：大宅配物流公司收到上海南浦食品公司浦东分公司的退货信息，称有 1 箱（12 盒 / 箱）雀巢蛋奶星星赠奶促销装外包装有渗漏现象。送货人员收退后经返回验收人员验收，其中 6 盒质量正常，还有 6 盒有渗漏需要报损。

任务巩固

根据资料，登录软件平台，完成返品作业。

资料：大宅配物流公司收到上海南浦食品公司浦东分公司的退货信息，称有 2 箱（12 盒 / 箱）雀巢蛋奶星星赠奶促销装需要退货。送货人员收退后经返回验收人员验收，其中 1 箱已过保质期（属客户销售不及时造成）、1 箱属于配送过程中挤压导致外包装损坏严重已无法销售。

考核与评价

项目实施评价表

考核项目	考核要求	配分 / 分	评分标准	得分 / 分	备注
定义解释	1. 能说出 WMS 的含义 2. 能指出 WMS 的功能 3. 能解释 WMS 的结构	10	1. 不能说出 WMS 的含义，扣 2 分 2. 不能指出 WMS 的功能，每处扣 2 分 3. 不能解释 WMS 的结构，每处扣 2 分		
系统初始化	能根据教师预设情景初始化 WMS	10	不能正确初始化 WMS，每处扣 2 分		

（续）

考核项目	考核要求	配分/分	评分标准	得分/分	备注
基础数据录入	能根据教师预设情景录入基础数据	10	不能正确录入基础数据，每处扣2分		
入库模块实践	能根据教师预设情景完成采购单处理、入库验收、入库上架、入库明细查询	20	不能正确完成采购单处理、入库验收、入库上架、入库明细查询，每处扣5分		
储位管理模块实践	能根据教师预设情景完成储位查询、移位作业	10	不能正确完成储位查询、移位作业，每处扣5分		
出库模块实践	能根据教师预设情景完成出库订单处理	20	不能正确完成出库订单处理，每处扣5分		
库存管理模块实践	能根据教师预设情景完成盘点作业	20	不能正确完成盘点作业，每处扣5分		
开始时间：		结束时间：		实际时间：	

模块六

RFID 操作

项目一　认识 RFID

学习目标

1. 理解 RFID 的含义
2. RFID 系统和 WMS 的关系
3. 认识 RFID 系统中的设备
4. 能够绘制 RFID 系统架构图
5. 掌握 RFID 库位标签的制作与安装，会利用 RFID 设置库位标签

项目概述

2006 年世界杯主办方采用了嵌入 RFID 芯片的门票，起到了防伪的作用，从而引起了国际大型会展主办方的关注。在 2008 年的北京奥运会及 2010 年上海世博会上，RFID 技术得到了广泛应用。RFID 已走入人们的日常生活。

任务一　走近 RFID

任务描述

荷兰在鲜花订货中的 1 万个托盘上应用了 RFID 技术，使得鲜花的订购准确率达到 99%。GAP 公司应用 RFID 技术对服装进行跟踪管理，使该公司的销售额提高了 20%。RFID 有一种魔力，吸引我们去认识它。学习任务一，完成下列问题。

（1）什么是 RFID？

（2）RFID 系统是由什么构成的？

知识准备

一、RFID 的概述

1. RFID 含义

RFID（Radio Frequency Identification，无线射频）技术，又称电子标签，这种通信技术可通过无线电讯号识别特定目标并读写相关数据，而无需识别系统与 RFID 射频识别，是一

种非接触式的自动识别技术。通过射频信号自动识别目标对象并获取相关数据，识别工作无需人工干预，可工作于各种恶劣环境。RFID 技术还可识别高速运动物体并可同时识别多个标签，操作快捷方便。

2．RFID 的系统架构

RFID 系统由读写器、天线、标签三部分组成。

（1）标签（见图 6-1）。由耦合元件及芯片组成，每个标签具有唯一的电子编码，附着在物体上标识目标对象；电子标签能够贮存有关物体的数据信息（约 1k bits）。在自动识别管理系统中，每一个电子标签中保存着一个物体的属性、状态、编号等信息。电子标签通常安装在物体表面，具有一定的无金属遮挡的视角。

（2）读写器（见图 6-2）。读取（有时还可以写入）标签信息的设备，可设计为手持式或固定式。其主要功能如下：

①查阅电子标签中当前贮存的数据信息；②向空白电子标签中写入欲贮存的数据信息；③修改（重新写入）电子标签中的数据信息。

图 6-1　标签

图 6-2　读写器

（3）天线（见图 6-3）。在标签和读取器间传递射频信号。

电子标签中一般保存有约定格式的电子数据，在实际应用中，电子标签附着在待识别物体的表面。阅读器可无接触地读取并识别电子标签中所保存的电子数据，从而达到自动识别物体的目的。通常阅读器与计算机相连，所读取的标签信息被传送到计算机上进行下一步处理。RFID 系统的基本工作原理（见图 6-4）。

图 6-3　天线

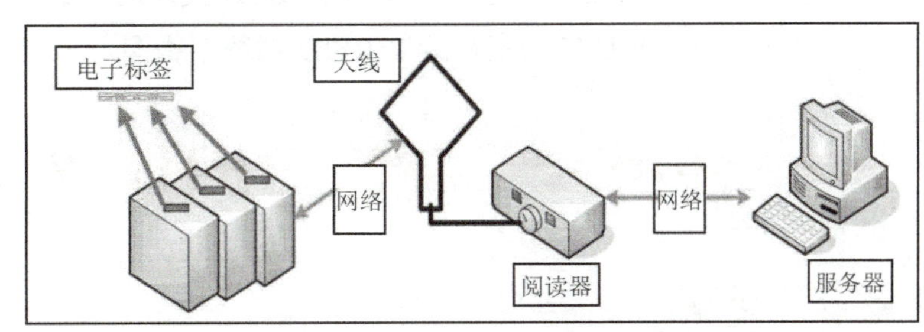

图 6-4　RFID 系统的基本工作原理

二、RFID 系统和 WMS 系统的关系

RFID 的应用是在现有仓储管理的到货、验收、入库、移动、拣货、出库等作业环节中进行货品、数量、位置、载体等信息的实时自动采集，并通过与 WMS 的信息交互在操作现

场提供下一步的操作指示和执行情况校验，从而提高运行效率和准确性，实现物流仓储业务的智能化、自动化管理。

RFID 技术必须与 WMS 系统相结合，才能实现智能仓储管理。虽然大多数企业已经开始使用计算机进行仓储管理，但多停留在先纸张记录、再手工输入计算机的阶段，WMS 系统只起到一个电子记账的功能，并没有发挥计算机强大的安排、调度、优化功能。先进的 WMS 系统，其仓库内的每一个动作，都是由系统指示的。如上架时通过各种策略的设置能计算出最佳的上架位置，有效减少货物在仓库内移动的距离，提高了工作效率。WMS 的智能与 RFID 的自动识别技术结合后，可在物流过程中的每一个操作现场、每一个作业时点自动获得货品、储位等信息。这些信息或者利用车载系统进行处理，提供操作人员操作指令；或者反馈给 WMS 系统，并由 WMS 系统给出下一步操作的指令，现场操作的结果再自动返回 WMS 系统校验并记录下来。现场的运作与 WMS 系统实时交互，在利用先进 WMS 系统优势的同时，满足了仓库操作快速、准确的要求。

三、RFID 系统和物联网的关系

物联网指的是将各种信息传感设备，如 RFID 系统、二维码、全球定位系统等与互联网结合起来而形成的一个巨大网络，方便识别和管理。RFID 电子标签是物联网的核心技术。

任务实施

（1）观看视频“RFID 展示美好生活”，进一步感知 RFID，并上网搜集更多的资料，加深对 RFID 的了解。

（2）观看视频“RFID 是什么”，系统了解 RFID 的结构。

任务巩固

（1）查阅资料，搜集日常生活中运用了 RFID 技术的产品。

（2）观看学校 RFID 实训室，绘制 RFID 系统架构图。

任务二　制作 RFID 库位标签

任务描述

RFID 系统的基本元件是标签。电子标签用来存储需要识别传输的信息，具有智能读写和加密通信的功能。学习任务二，完成下列问题。

（1）RFID 标签的制作需要借助哪些软件或设备？

（2）RFID 标签里可以写入哪些信息？

知识准备

一、RFID 标签的含义

RFID 标签相当于条形码技术中的条形码符号，用来存储需要识别传输的信息。与条形码不同，电子标签必须能够自动或在外力的作用下，把存储的信息主动发射出去。电子标签由耦合元件及芯片组成，其中包含带加密逻辑、串行 EEPROM（可擦除及可编程式只读存储器）、微处理器 CPU 以及射频收发及相关电路。电子标签具有智能读写和加密通信的功能，通过无线电波与读写设备进行数据交换，一般保存有约定格式的电子数据，在实际应用中电子标签附着在识别物体的表面。

二、RFID 标签的制作设备

制作 RFID 标签需要专业的 RFID 标签打印机（见图 6-5），这是既能将信息写入 RFID 标签并能打印出来的设备。RFID 标签需要打印在专门的 RFID 标签纸上（见图 6-6），不能打印在普通的条码纸上。

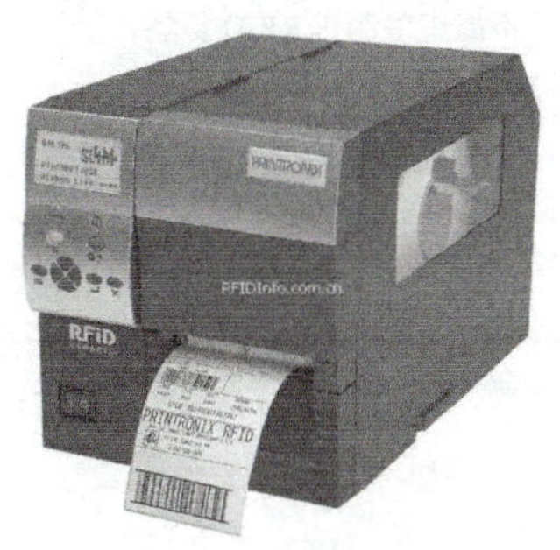

图 6-5　RFID 标签打印机

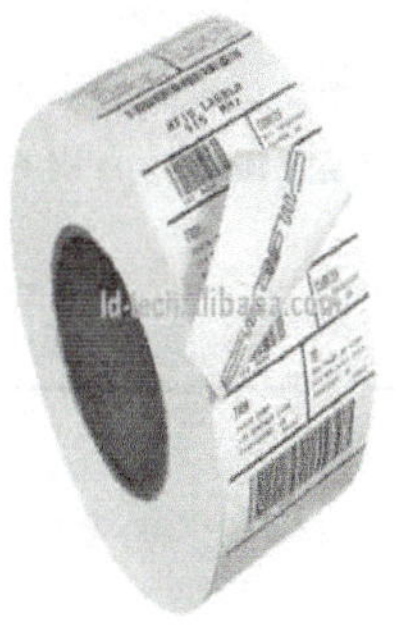

图 6-6　RFID 标签纸

三、RFID 标签的制作

运行 RFID 标签制作软件，输入标签信息，点击“打印”即可。若需修改标签信息，只需在制作软件中打开需修改的标签，直接在标签上修改即可完成。

任务实施

观看视频“RFID 标签的制作”，并回答制作过程中借助了哪些软件或设备？ RFID 标签中写入了哪些信息？

任务巩固

（1）使用 RFID 标签制作软件，将商品信息写入 RFID 标签，并将其张贴到相应的储位上。

（2）使用 RFID 标签制作软件，修改商品信息，并重新制作 RFID 标签。

考核与评价

项目实施评价表

考核项目	考核要求	配分/分	评分标准	得分/分	备注
定义解析	1. 能说出 RFID 的含义 2. 能说出 RFID 标签的含义 3. 能举例说明 RFID 在生活中的应用	30	1. 不能说出 RFID 的含义，扣 10 分 2. 不能说出 RFID 标签的含义，扣 10 分 3. 不能举例说明 RFID 在生活中的应用，扣 10 分		
结构架构	1. 能说出 RFID 的系统构成 2. 能根据教师提供的图片说出其名称及其作用	30	1. 不能说出 RFID 的系统构成，每处扣 5 分 2. 不能根据教师提供的图片说出其名称及其作用，每处扣 5 分		
标签制作	1. 能根据要求制作 RFID 标签 2. 能根据要求修改 RFID 标签	40	1. 不能正确制作 RFID 标签，每错扣 5 分 2. 不能正确修改 RFID 标签，每错扣 5 分		
开始时间：		结束时间：		实际时间：	

项目二　操作 RFID

学习目标

1. 掌握 RFID 仓库管理的操作流程
2. 学会 RFID 入库作业操作
3. 学会 RFID 移库作业操作
4. 学会 RFID 盘点作业操作
5. 学会 RFID 出库作业操作

任务描述

在前面的一系列视频观看中，我们已经意识到了 RFID 的魅力。接下来，我们一起看看 RFID 如何在仓库管理中发挥作用。学习下列内容，完成问题。

（1）RFID 在仓库作业中如何结合 WMS 完成作业？

（2）RFID 与条形码运用于仓库管理有什么不同？

知识准备

一、RFID 仓库管理的操作流程

RFID 技术必须与 WMS 系统相结合使用。RFID 技术的应用，可在物流过程中的每一个操作现场、每一个作业时点自动地获得货物、储位等信息，而无须信息员手工录入。

图 6-7 展示的是借助 RFID 标签、RFID 手持终端（见图 6-8）及仓库管理系统实现入库、出库货物信息的自动传递过程。仓库作业人员登录 RFID 手持终端，选择相应的功能模块（图 6-9 是环众 WMS 系统的 RFID 功能模块）完成相应的作业。仓库的出入库、移库、盘点的作业具体流程如下。

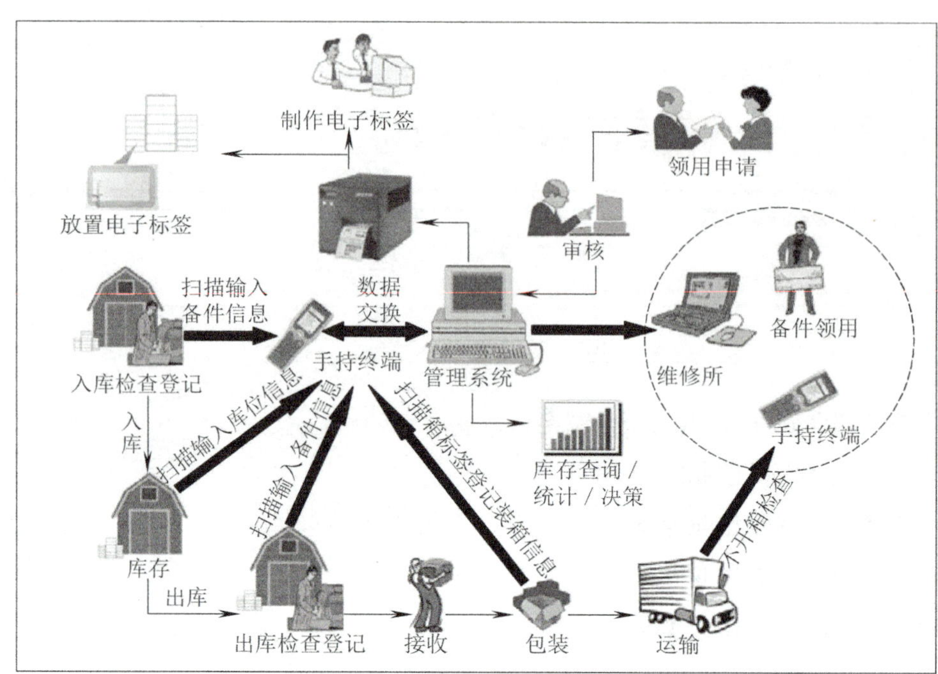

图 6-7　基于 RFID 的仓库管理

图 6-8　RFID 手持终端

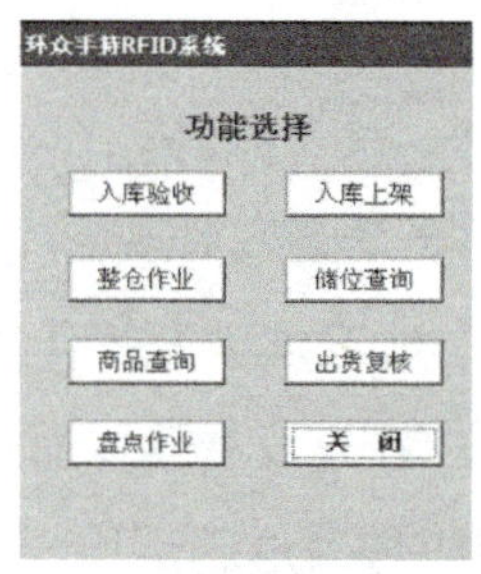

图 6-9　环众手持 RFID 系统

1. 基于 RFID 的入库作业流程（见图 6-10）

（1）入库验收员登录 RFID 手持终端，选择“入库验收”按钮，输入已审核采购单的单号，然后读取需要验收商品的 RFID 标签信息。

（2）手动录入生产日期、商品数量。

（3）读取托盘的 RFID 标签信息，将托盘信息和货品信息绑定，点击“保存”。

（4）信息员在 WMS 中点击“入库验收”、“审核”，完成验收作业。

（5）上架员登录 RFID 手持终端，选择“入库上架”按钮，进入“入库上架”操作界面。

（6）上架员用手持终端扫描相应的托盘电子标签，手持终端上将显示货品信息及分配给该货品的储位。

（7）上架完成后，上架员扫描上架储位。当上架储位与分配储位不一致时系统会提示是否继续上架。选择“是”则上架作业完成，选择“否”则重新选择上架储位。

（8）信息员在 WMS 系统中点击“入库作业”、“入库上架”，选择相应的入库单，点击“审核”，则入库上架作业完成。

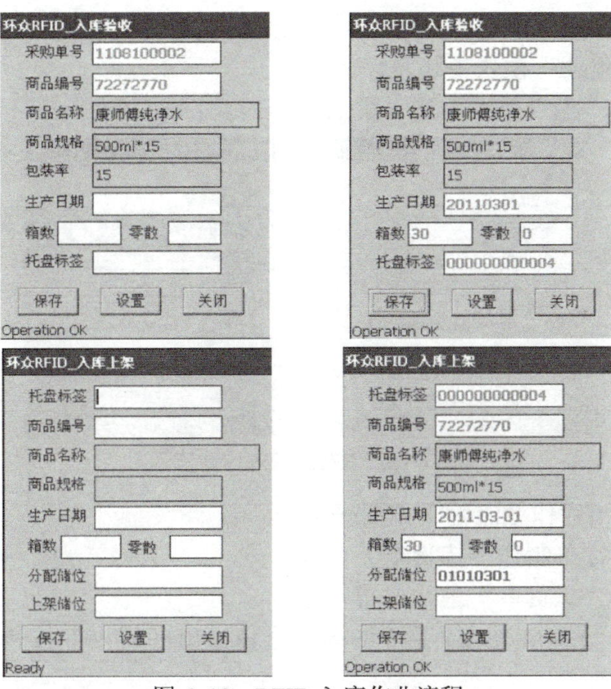

图 6-10　RFID 入库作业流程

2．基于 RFID 的移库作业流程（见图 6-11）

（1）信息员在 WMS 系统中打印“整仓单”交移库作业人员。

（2）移库作业人员登录 RFID 手持终端，在系统主界面选择“整仓作业”按钮，进入“整仓作业”操作界面。

（3）移库作业人员根据“整仓单”，用手持终端读取需移出货物的储位编号，手持终端上将显示该储位上货物名称、规格、数量和托盘编号等信息。

（4）根据“整仓单”，移库作业人员录入需整仓的箱数，并将货物移动到目标储位，使用 RFID 手持终端读取目标储位信息。点击“保存”按钮。

（5）信息员在 WMS 系统中点击“储位管理”、“整仓管理”，点击“审核”，整仓作业完成。

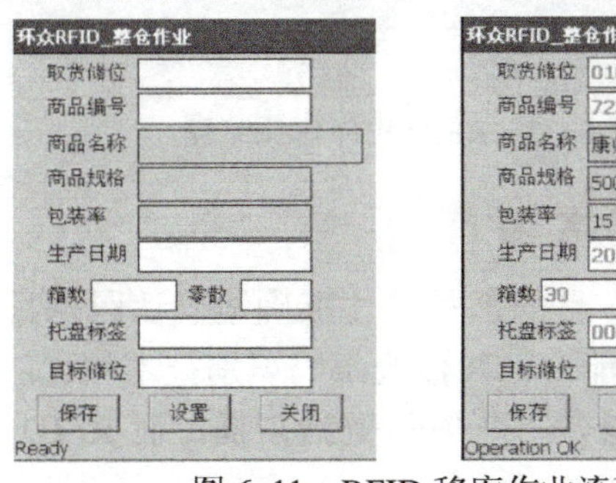

图 6-11　RFID 移库作业流程

3．基于 RFID 的盘点作业流程（见图 6-12）

（1）信息员根据要求，在 WMS 系统上制作并打印盘点单，交盘点人员。

（2）盘点人员登录 RFID 手持终端，选择“盘点作业”按钮，进入盘点作业操作界面。

（3）盘点人员输入盘点单号，逐一读取需要盘点的储位上的标签信息，然后点击“保存”即可保存盘点信息。

（4）当所有需要盘点的储位信息都读取完成后，盘点结束。盘点数量及差异数量都将在 WMS 系统“盘点作业”模块中显示。

（5）信息员点击“盘点作业”进入盘点差异的操作。

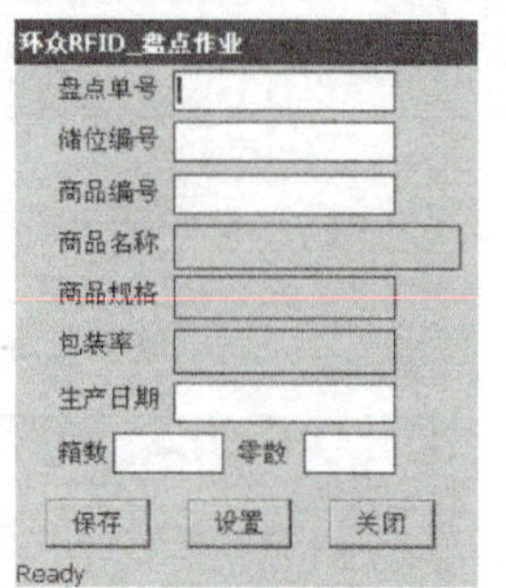

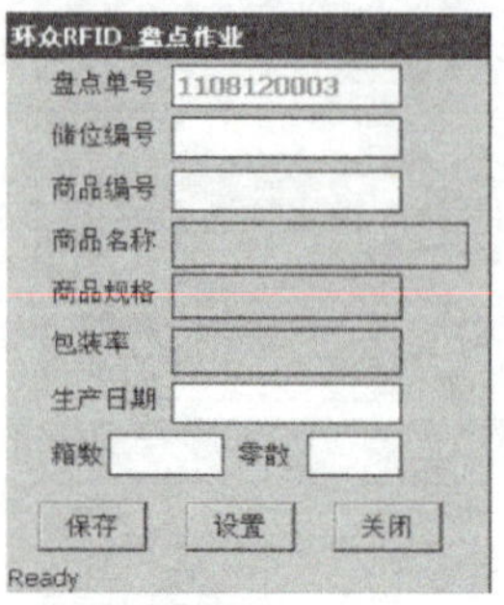

图 6-12　RFID 盘点作业流程

4．基于 RFID 的出库作业流程（见图 6-13）

（1）信息员根据订单制作“拣货单”。

（2）拣货员根据“拣货单”进行拣货作业。

（3）拣货复核人员登录 RFID 手持终端，选择“出库复核”按钮，进入“出库复核”操作界面。

（4）拣货复核人员输入出库单号，并读取出库货物标签，并根据复核情况录入“实出箱数”、“实出零散”，并点击“保存”按钮。

（5）信息员点击“出库作业”、“拣货复核”，点击“审核”，账面库存减少，出库作业完成。

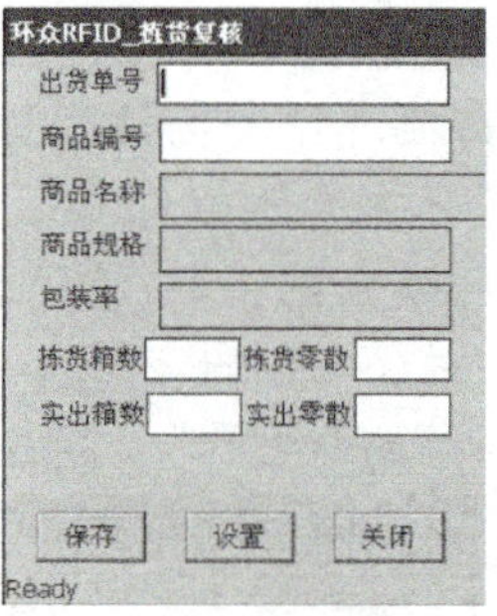

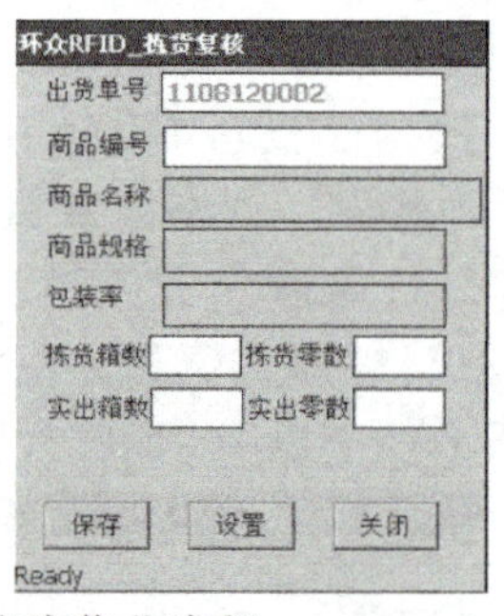

图 6-13　RFID 出库作业流程

二、RFID 技术与条码技术的区别

RFID 技术与条码技术很相似，目的都是快速准确地确认跟踪目标物体。两者的主要区别在于有无写入信息或更新内存的能力。和传统条码识别技术相比，RFID 技术有以下特点。

（1）快速扫描。条码一次只能有一个条码受到扫描，而 RFID 辨识器可同时辨识数个 RFID 标签。

（2）体积小型化、形状多样化。RFID 技术在读取上并不受尺寸大小与形状限制，不需为了读取精确度而配合纸张的固定尺寸和印刷品质。

（3）抗污染能力和耐久性。传统条码的载体是纸张，因此容易受到污染，而 RFID 技术对水、油和化学药品等物质具有很强抵抗性。此外，由于条码是附于塑料袋或外包装纸箱上，所以特别容易受到折损。RFID 标签是将数据存于芯片中，因此可以免受污损。

（4）穿透性和无屏障阅读。在被覆盖的情况下，RFID 能够穿透纸张、木材和塑料等非金属或非透明的材质，并能够进行穿透性通信。而条码扫描机必须在近距离而且没有物体阻挡的情况下，才可以辨读。

（5）可重复使用和数据记忆容量大。RFID 标签可以重复地新增、修改、删除 RFID 卷标内储存的数据，方便信息的更新。

任务实施

（1）登录 WMS 操作平台，分别运用条形码技术与 RFID 技术对储位 02020202-02020301 的货物进行盘点。

（2）登录 WMS 操作平台，分别运用条形码技术与 RFID 技术将 01020101 储位上的 3 箱货物移至 01020302 储位。

（3）结合以上两个任务的完成过程，小组间交流条形码技术与 RFID 技术的区别。

任务巩固

（1）根据资料 1，运用 WMS 操作平台与 RFID 技术完成该批货物的入库作业。

资料 1：2012 年 8 月 5 日，物流中心收到上海顶津食品有限公司的入库通知单（CGJH0011），称将有 18 箱（18 箱 / 托盘）康师傅纯净水于 2012 年 8 月 10 日由该公司送货到物流中心。

2012 年 8 月 10 日，货到物流中心。物流中心安排验收员进行验收，与入库通知单一致，生产日期为 2012 年 7 月 25 日，遂安排上架。

（2）根据资料 2，运用 WMS 操作平台与 RFID 技术完成该批货物出库作业。

资料 2：2012 年 8 月 8 日上午，物流中心接到上海浦分贸易有限公司的订单，要求将 18 箱康师傅纯净水于 8 月 11 日前送到上海南浦食品有限公司浦东分公司。物流中心于 10 日下午按照“先进先出”原则进行拣货，经复核后以少量共配方式配送。

考核与评价

项目实施评价表

<table>
<tr><th>考核项目</th><th colspan="2">考核要求</th><th>配分/分</th><th colspan="2">评分标准</th><th>得分/分</th><th>备注</th></tr>
<tr><td>流程识别</td><td colspan="2">能说出 RFID 仓库管理操作的流程</td><td>10</td><td colspan="2">不能完整说出 RFID 仓库管理操作的流程，每处扣 2 分</td><td></td><td></td></tr>
<tr><td>仓储实践</td><td colspan="2">1. 能正确使用 RFID 手持终端
2. 能使用 RFID 手持终端完成入库作业
3. 能使用 RFID 手持终端完成移库作业
4. 能使用 RFID 手持终端完成盘点作业
5. 能使用 RFID 手持终端完成出库作业</td><td>80</td><td colspan="2">1. 不能正确使用 RFID 手持终端，扣 10 分
2. 不能使用 RFID 手持终端完成入库作业，每错扣 5 分
3. 不能使用 RFID 手持终端完成移库作业，每错扣 5 分
4. 不能使用 RFID 手持终端完成盘点作业，每错扣 5 分
5. 不能使用 RFID 手持终端完成出库作业，每错扣 5 分</td><td></td><td></td></tr>
<tr><td>区别感受</td><td colspan="2">能说出 RFID 技术与条码技术的区别</td><td>10</td><td colspan="2">不能说出 RFID 技术与条码技术的区别，每处扣 2 分</td><td></td><td></td></tr>
<tr><td>开始时间：</td><td></td><td>结束时间：</td><td colspan="2"></td><td>实际时间：</td><td colspan="2"></td></tr>
</table>

仓库消防安全管理

项目一　走近仓库安全管理

学习目标

1. 了解仓库安全基本常识
2. 理解仓库安全工作的重要性
3. 掌握仓库安全保卫管理工作的措施
4. 学会排除仓库安全隐患
5. 了解仓库安全技术
6. 了解库区的安全生产制度
7. 掌握仓库安全管理的内容
8. 学会根据安全管理要求进行仓库安全灾情的预防

项目概述

随着物流业的不断发展，人们对物流安全越来越重视。在整个厂房规划中，储存区所占面积最大，储存区也就是仓库所堆货品的价值和使用价值均很高，如果发生仓库灾难，则损失远远超过一般厂房。

任务一　掌握仓库安全基本知识

任务描述

2012 年 12 月 17 日清晨 6 时 10 分许，位于黄岩区南城街道印山路 538 号一厂房发生火灾，火灾烧损建筑面积约 $8000m^2$，烧毁钢结构厂房以及机器设备、模具厂房和物流仓库等，起火建筑为地上一层钢结构厂房。学习任务一，完成下列问题。

（1）仓库的安全隐患除了火灾外，还有哪些？

（2）仓库的安全工作要求有哪些？

知识准备

一、现代仓库安全管理的概述

仓库是货品重要的集散地，也是储藏和保管货品的场所。仓库的安全工作应该位于一切管理工作的首位，必须警钟长鸣，做好一切防范工作。仓库的安全工作主要包括防火、防盗、防破坏、防潮湿以及特殊材料的特殊要求等。

安全作业管理要从作业设备、场所和作业人员两方面进行管理，一方面消除安全隐患、减少不安全的系统风险；另一方面提高作业人员的安全责任心和安全防范意识。

现代仓库作业过程中存在不安全因素主要有两大类。

（1）由管理人员认识上的局限性造成的，如对某些化学货品、危险品、易燃品、腐蚀品的性质不了解，对某些货品储存的规律没有完全掌握，以致酿成事故。

（2）管理人员素质不高引起的，如有的仓库管理人员失职，也有的管理人员贪图小利而出卖仓库利益，还有个别仓库领导官僚主义严重等。

对于第一类因素克服的方法是加强对仓库保管人员的培训，让上岗的每一位保管人员都能较全面地掌握各类货品的特性及储存、保管的方法。对于第二类因素克服的方法是努力提高仓库管理人员及仓库领导的道德素养，增强仓库管理人员的工作责任感；对于腐败成风、不学无术的个别管理人员及仓库领导，则应该采取必要的措施，如下岗、开除，直至追究刑事责任。总之，只有采取有效的控制和防范措施，加强作业人员和管理者的安全意识，杜绝一切不安全的因素，才能确保现代仓库的安全生产活动得以正常进行。

二、现代仓库安全的要求

（1）为了确保仓库人、财、物的安全，必须建立和健全消防、保卫、保密、安全操作等规章制度，并设专人负责。

（2）应建立和健全各项安全制度相应的执行、监督机制，组织日常检查、定期检查、节假日重点检查等，真正把各项安全制度落实到实处。

（3）必须培养一支消防队伍，设立专职或兼职消防人员，仓库领导中应有人分管消防工作；配备相关的消防设备，并确定专人负责。

（4）应严格管理各类火种、火源、电源、水源等，严禁各类火种及易燃品进入仓库。储货区与生活区应该严格隔离，储货区内不允许人员居住。

（5）建立警卫值班和干部值班值宿制度，重要的仓库、危险品仓库还需配备武装警卫人员。仓库应组织巡逻和夜间值班，严防偷窃和破坏。门卫要加强对进出仓库的车辆、人员及货品的检查，凭进出仓库的有效证件放行，并做好登记工作。

（6）现代仓库中装卸、搬运、堆垛及各种机械设备操作使用时，必须严格遵守操作程序和规则，防止各类工伤事故的发生。

（7）仓储货品的品名、数量、规格、种类等，仓库管理人员必须严格保密。

三、现代仓库安全管理的内容

仓库的安全管理应始终贯穿于整个仓库管理的全过程，并尽全力抓好。从货品入库验收、堆垛，到货品保管、养护，直至货品出库点交，都离不开安全工作。现代仓库安全管理工作的基本内容归纳起来有以下几个方面。

（1）仓库的警卫和保卫工作，主要负责仓库的治安、保卫、警卫工作。

（2）仓库的消防工作，主要承担仓库的防火、灭火工作。

（3）仓库的安全作业，主要包括仓库保管员在进出仓库及储存、保管货品作业过程中的安全技术操作工作。

任务实施

分小组讨论制定仓库安全教育的内容，制作 PPT 进行展示，并邀请小组代表进行安全教育展示。

任务巩固

调查你所在城镇去年发生仓库灾情的企业，完成表 7-1。

表 7-1　仓库灾情调查表

企业名称	发生灾情时间及种类	库内主要材料	涉及面积	人员伤亡情况及财产损失情况	你的建议

任务二　熟悉仓库安全保卫

任务描述

陈新刚调任该企业的仓库领导，所谓新官上任三把火，陈新决定重整仓库保卫工作。学习任务二，完成下列问题。

（1）仓库安全保卫工作的内容及措施包括哪些方面？

（2）若从人员安排及检查内容方面考虑，如何设计仓库安全隐患排查的方案。

知识准备

一、库区安全保卫的组织

专职保卫机构既是仓库安全保卫的执行机构，也是仓库安全保卫管理的职能机构。专职保卫机构根据仓库规模的大小、人员的多少、任务的繁重程度和仓库所在地的社会环境而确定机构的设置和人员配备。仓储企业或部门除了要明确一位主要领导负责仓库安全保卫工作外，还应该建立各级安全保卫组织机构。此外，还可以建立维护内部安全管理秩序的群众性组织。

二、仓库安全保卫工作的内容

仓库安全保卫工作制度需要依据国家法律和法规，并结合仓库安全保卫工作的实际需要，以保证仓库生产效率、实现安全仓储、防止安全事故的发生为目的。仓库安全保卫的规章制度既有独立的规章制度。例如，安全防火责任制度，安全设施设备保管使用制度，门卫值班制度，车辆、人员进出库管理制度，保卫人员值班巡查制度等。同时也有合并在其他制度之中的制度，如仓库管理员职责、办公室管理制度、车间作业制度、设备管理制度等规定的安全保卫事项。

仓库安全保卫工作的具体内容是执行国家安全保卫工作规章制度，做到防盗、防抢、防骗、防破坏、防火，防止财产侵害，以及防止交通意外事故等仓库治安灾难事故，协调与外部的安全保卫关系，维持仓库内部安定局面，保证员工人身安全。仓库主要的安全保卫工作内容及要求如下（见图 7-1）。

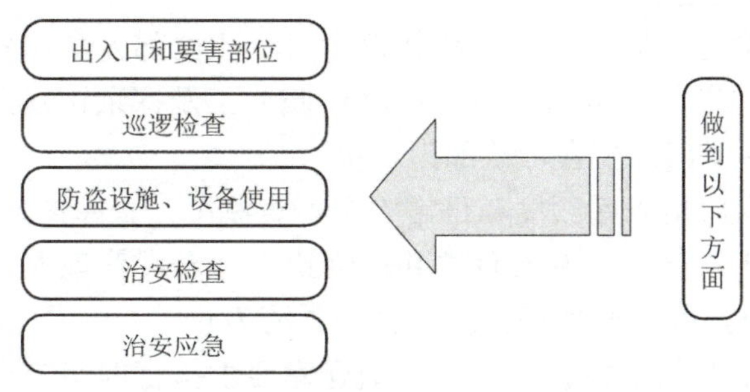

图 7-1　仓库安全保卫工作内容及要求

（1）守卫出入口和要害部位。仓库需要通过围墙或其他物理设施隔离、设置一至两个大门。仓库大门是仓库与外界的连接点，是仓库地域范围的象征，也是仓储承担货品保管责任的分界线。大门守卫是维持仓库安全的第一道防线，大门守卫负责开关大门，限制无关人员、车辆进入，接待入库办事人员并实施身份核实和登记，禁止入库人员携带火源、易燃易爆货品入库，检查入库车辆的防火条件，指挥车辆安全行驶、停放，登记入库车辆，检查出库车辆，核对出库货品放行单据和实物并收留放行单据，查问和登记出库人员携带的货品，特殊情况下查扣货品、封闭大门。

对于危险品仓、贵重货品仓、特殊货品储存仓等要害部位，需要安排专职守卫看守，限制人员接近、防止危害、防止破坏和失窃。

（2）巡逻检查。由专职保安员不定时、不定线、经常地巡视整个仓库区每一个位置的安全保卫工作。巡逻检查一般安排两名保安员同时进行，携带保安器械和强力手电筒，查问可疑人员，检查各部门的防卫工作，关闭确实无人的办公室、仓库门窗、电源，制止消防器材挪作他用，检查仓库内有无异常现象发生，停留在仓库的车辆是否符合规定等。巡逻检查中发现不符合安全保卫工作制度要求的情况，采取措施处理或者通知相关部门处理。

（3）防盗设施、设备使用。仓库的防盗设施大至围墙、大门，小到门锁、防盗门、窗，仓库根据法规规定和安全保管工作的需要设置和安装。仓库具有的防盗设施如果不加以有效使用，都不能实现防盗的目的。承担安全设施操作的仓库员工应该按照制度要求，有效使用配置的防盗设施。

仓库使用的防盗设备除了有专职保安员的警械外，主要有视频监控设备、自动报警设备，仓库应该按照规定使用所配置的设备，专人负责操作和管理，确保设备的有效运作。

（4）治安检查。治安责任人应经常检查治安保卫工作，督促照章办事。治安检查实行定期检查与不定期检查相结合的制度，班组每日检查、部门每周检查、仓库每月检查，及时发现治安保卫漏洞、安全隐患，并采取有效措施及时消除。

（5）治安应急。治安应急是仓库发生治安事件时，采取紧急措施，防止和减少事件所造成损失的制度。治安应急需要通过制定应急方案，明确应急人员的职责，熟悉发生事件时的信息（信号）发布和传递规定。

三、仓库安全保卫管理工作的措施

安全保卫管理是仓库长期性的工作任务，在防范的基础上，需要采取制度性的管理，具体防范措施包括以下内容。

（1）经常性、制度化开展法制宣传和教育，对单位内部人员和外部人员（如驻库员、押运员、火车调度员、提送货人员、联系业务人员、临时工及探亲访友人员等）实行严格管理。一旦出现问题，则由保卫部门配合行政部门解决。

（2）建立、完善仓库出入库制度和日常安全检查制度，仓库内部重要部位和存放易燃、易爆、剧毒货品的场所，要指定专人负责并加强检查。仓库管理人员一旦发现货品有任何异状应当立即组织检查，并作好现场记录，直到弄清为止。

（3）加强库区的安全保卫检查，一般大型仓库要求执行四级安全检查制度，而中小型仓库也应该执行三级检查制度。凡是安全检查都要作好记录，发现问题和隐患要及时向上级报告，并要认真研究，积极采取措施解决，预防事态扩大或事故发生。

（4）根据单位安全工作的需要，各级部门和人员都应建立安全防范责任制，并进行相应的考核。各级安全防范责任制的内容大致包括以下几个方面：安全工作范围、职责任务、工作标准、规范要求、工作程序、考核办法、奖惩规定等。具体奖惩标准和办法应视具体情况，并结合本单位的实际而定，但要贯彻精神鼓励与物质奖励相结合，批评教育和经济惩罚相结合的原则。

（5）重要库房应配备电子报警装置，应用现代科技手段确保仓库安全。

资料卡

仓库安全管理员

一、职责范围

主要负责仓库的安全工作。

（1）负责制定仓库安全管理规定，拟订各岗位安全生产管理制度。

（2）负责购置和配备安全生产所需的各种设施和设备，如消防器材、安全指示标牌、警示标牌等。

（3）制定消防安全计划和防范措施。

（4）定期进行安全生产检查、消防检查、安全生产责任制落实情况的检查。

（5）定期进行安全生产、安全知识培训教育，加强安全意识。

（6）在仓库主管的领导下，对各部门、各工作岗位和各作业环节进行安全检查和监督，确保仓库生产和储存货品的安全。

二、操作流程

（1）明确库房安全管理规章制度体系，掌握其主要内容，对下属进行安全知识的全面教育。

（2）对进出库房的收发装卸货品作业人员和执行劳务、修理勤务作业人员进行系统地宣传安全教育。

（3）掌握所管库房安全防护措施、设备布局以及各类安全设施、设备的使用、维护。

（4）掌握库房火灾成因，分别采取针对性措施，预防火灾发生，并能利用消防设施器材扑灭火灾。

（5）掌握库房内采用的各种防盗措施的工作程序，组织库房内各种防盗措施的综合运用，预防盗窃的发生。

任务实施

（1）分小组讨论制定仓库安全保卫制度，制度要求包括保卫工作的内容及措施。制作PPT进行展示，并邀请小组代表进行安全教育展示。

（2）以小组形式设计仓库隐患排查方案，并邀请小组代表进行展示。

任务巩固

（1）分组巡查实训仓库或其他场所，检查门、窗是否符合要求，防盗设施设备是否正常运行，要求填制仓库巡查表。

（2）若仓库发生失窃事件，请提出发生失窃后的处理意见。

（3）参观学校的安全保卫监控室，邀请学校保卫科工作人员介绍监控设备的操作方法。

任务三　熟悉仓库安全生产的措施与内容

任务描述

仓库的安全不仅涉及仓库管理检查，还关系到企业的运营。学习任务三，完成下列问题。

（1）仓库的安全生产措施有哪些？

（2）安全生产包括哪些内容？

知识准备

一、仓库的安全生产措施

仓库的安全生产措施包括安全作业管理制度化、加强劳动安全保护、重视从业教育与培训、仓库安全监控电子化。具体内容如下。

1．安全作业管理制度化

仓储安全作业管理应成为仓库日常管理的重要内容，仓库应制定科学合理的各种作业安全制度、操作规程和安全责任制度，并通过严格的监督确保管理制度得以有效和充分的运行。

2．加强劳动安全保护

劳动安全保护包括直接和间接施行于员工人身的保护措施。仓库要遵守《中华人民共和国劳动法》的劳动时间和休息规定，每日 8 小时、每周不超过 40 小时的工时制，依法安排加班，保证员工有足够的休息时间，包括合适的工间休息。提供合适和足够的劳动防护用品，如高强度工作鞋、安全帽、手套、工作服等，并督促作业人员使用和穿戴。采用具有较高安全系数的作业设备、作业机械，作业工具应适合作业要求，作业场地必须具有合适的通风、照明、防滑、保暖等适合作业的条件。不进行冒险的仓储作业和不安全环境的作业，在大风、雨雪等恶劣气候条件下要暂缓作业。避免人员带伤病作业。

3．重视作业人员资质管理、业务培训和安全教育

新参加仓库工作和转岗的员工，应进行仓储安全教育，对所从事的作业进行安全作业和操作培训，确保熟练掌握岗位的安全作业技能和规范。从事特种作业的员工必须经过专门培训并取得特种作业资质，方可进行作业，且仅能从事其资格证书限定的作业项目操作，不能混岗作业。安全作业宣传和教育是仓库的长期性工作，作业安全检查是仓库安全作业管理的日常工作。通过不断的宣传、严格的检查，对违章和无视安全的行为给予严厉的惩罚，强化作业人员的安全责任心。

4．仓库安全监控电子化

计算机技术和电子技术的发展促进了仓储安全管理的科学化和现代化，仓储安全管理必将突破传统的经验管理模式，增加安全管理的科技含量，依靠科技手段，推广应用仓储安全监控技术，提高仓储安全水平。

二、仓库安全生产的内容

1．人力安全操作基本要求

（1）人力操作仅限于轻负荷的作业。

（2）尽可能采用人力机械作业。

（3）只在适合作业的安全环境进行作业。

（4）作业人员按要求穿戴相应的安全防护用具、使用合适的作业工具进行作业。

（5）合理安排工间休息。

（6）必须有专人在现场指挥和安全指导，严格按照安全规范进行作业指挥。

2．机械安全作业要求

（1）使用合适的机械设备进行作业。

（2）所使用的设备状况良好。

（3）设备作业要有专人进行指挥。

（4）汽车装卸时，注意保持安全间距。

（5）载货移动设备不得载人运行。

（6）移动吊车必须停放稳定后方可作业。

3．安全技术

（1）装卸搬运机械的作业安全。

1）要定期地对职工进行安全技术教育，从思想认识上提高其对安全技术的认识。

2）组织职工不断学习普及仓储作业技术知识。

3）各项安全操作规程是防止事故发生的有效方法。

（2）仓库储备物资保管保养作业的安全。

1）作业前要做好准备工作，检查所用工具是否完好。

2）作业人员应根据危险特性的不同，穿戴相应的防护服装。

3）作业时要轻吊稳放，防止撞击、摩擦和震动，不得饮食和吸烟。

4）工作完毕后要根据危险品的性质和工作情况，及时洗手、洗脸、漱口或淋浴。

（3）仓库电器设备的安全。

1）电器设备在使用过程中应有可熔保险器和自动开关。

2）电动工具必须有良好的绝缘装置，使用前必须使用保护性接地。

3）高压线经过的地方，必须有安全措施和警告标志。

4）电工操作时，必须严格遵守安全操作规程。

5）高大建筑物和危险品库房，要有避雷装置。

（4）仓库建筑物和其他设施的安全。对于装有起重行车的大型库房、储备化工材料和危险物品的库房，要经常检查维护，各种建筑物都得有防火的安全设施，并按国家规定的建筑安全标准和防火间距严格执行。

4．劳动保护制度

劳动保护是为了改善劳动条件，提高生产的安全性，保护劳动者的身心健康，减轻劳动强度所采取的相应措施和有关规定。劳动安全保护包括直接和间接施行于员工人身的保护措施。仓库要遵守《中华人民共和国劳动法》的劳动时间和休息规定，依法安排加班，保证员工有足够的休息时间。提供合适和足够的劳动防护用品，如安全帽、手套、工作服、高强度工作鞋等，并督促作业人员使用和穿戴。具体措施如下。

（1）要批判“事故难免论”的错误思想。重要的是要提高各级领导干部的安全思想认识，掌握安全技术知识，增强班组安全员的责任心，使其认识到只要思想重视，不安全因素是可以防范的，事故是可以控制的，实现安全作业是完全可能的。

（2）建立和健全劳动保护机构和规章制度。专业管理与群众管理相结合，把安全工作贯穿到仓库作业的各个环节，对有害、有毒货品仓储区要建立保障制度，实行专人、专事、专责管理，推行安全生产责任制。并要建立群众性的安全生产网，使劳动保护收到良好效果。

（3）结合仓库业务和中心工作，开展劳保活动。要根据上级指示和仓库具体情况，制订有效的预防措施。做到年度有规划，季度有安排，每月有纲要，使长计划与短安排结合。

要经常开展安全检查，清查潜在的不安全因素，及时消除事故隐患，防患于未然。

（4）要经常组织仓库员工开展文体活动，丰富职工精神生活，增强体质，改善居住条件等，这些都将对劳动保护起着重要的作用。

除此之外，采用具有较高安全系数的作业设备、作业机械，作业工具应适合作业要求，作业场地必须具备合适的通风、照明、防滑、保暖等作业的条件。不进行冒险作业和不安全环境的作业，避免人员带伤病作业。

资料卡

仓库的安全预防原理与原则

一、预防原理

预防原理的含义

安全管理工作应当以预防为主，即通过有效的管理和技术手段，防止人的不安全行为和物的不安全状态出现，将事故发生的概率降到最低，这就是预防原理。

安全管理以预防为主，其基本出发点源于事故是能够预防的观点。除了自然灾害以外，凡是由于人类自身的活动所造成的危害，总有其产生的因果关系，探索事故的原因，采取有效的对策，原则上讲就能够预防事故的发生。

实际上，要预防全部的事故发生是十分困难的，也就是说不可能让事故发生的概率降为零。因此，为防备万一，采取充分的善后处理对策也是必要的。安全管理应该坚持“预防为主，善后为辅”的科学管理方法。

二、预防原理的原则

1. 偶然损失原则

事故所产生的后果（人员伤亡、健康损害、物质损失等），以及后果的大小如何，都是随机的，是难以预测的。反复发生的同类事故，并不一定产生相同的后果，这就是事故损失的偶然性。

关于人身事故，美国学者海因里希调查指出：“对于跌倒这样的事故，如果反复发生，则存在这样的后果：在330次跌倒中，无伤害300次，轻伤29次，重伤1次。”这就是著名的海因里希法则，或者称为1:29:300法则。

实际上，这些比率随事故种类、工作环境和调查方法等的不同而不同，它们的重要意义在于指出事故与伤害后果之间存在着偶然性的概率原则。

以爆炸事故为例，爆炸时伤亡人数，伤亡部位与程度，被破坏的设备种类、程度，爆炸后有无并发火灾等，都是由偶然性决定的，一概无法预测。

也有的事故发生没有造成任何损失，这种事故被称为险肇事故。但若再次发生完全类似的事故，会造成多大的损失，只能由偶然性决定而无法预测。

根据事故损失的偶然性，可得到安全管理上的偶然损失原则：无论事故是否造成了损失，为了防止事故损失的发生，唯一的办法是防止事故再次发生。这个原则强调，在安全管理实践中，一定要重视各类事故，包括险肇事故，只有连险肇事故都控制住，才能真正防止事故损失的发生。

2．因果关系原则

事故的必然性中包含着规律性。必然性来自于因果关系，深入调查、了解事故因素的因果关系，就可以发现事故发生的客观规律，从而为防止事故发生提供依据。应用数理统计方法，收集尽可能多的事故案例进行统计分析，就可以从总体上找出带有规律性的问题，为宏观安全决策奠定基础，为改进安全工作指明方向，从而做到"预防为主"，实现安全作业。

从事故的因果关系中认识必然性，发现事故发生的规律性，变不安全条件为安全条件，把事故消灭在早期起因阶段，这就是因果关系原则。

3．3E 原则

造成人的不安全行为和物的不安全状态的主要原因可归结为四个方面：

第一，技术的原因。其中包括：作业环境不良（照明、温度、湿度、通风、噪声、振动等），物料堆放杂乱，作业空间狭小，设备、工具有缺陷并缺乏保养，防护与报警装置的配备和维护存在技术缺陷。

第二，教育的原因。其中包括：缺乏安全知识和经验，作业技术、技能不熟练等。

第三，身体和态度的原因。其中包括：生理状态或健康状态不佳，如听力、视力不良，反应迟钝，疾病、醉酒、疲劳等生理机能障碍；怠慢、反抗、不满等不良情绪，消极或亢奋的工作态度等。

第四，管理的原因。其中包括：主要领导人对安全不重视，人事配备不完善，操作规程不合适，安全规程缺乏或执行不力等。

针对这四个方面的原因，可以采取三种防范对策，即工程技术（Engineering）对策、教育（Education）对策和法制（Enforcement）对策。这三种对策就是所谓的 3E 原则。

技术对策是运用工程技术手段消除生产设施设备的不安全因素，改善作业环境和条件，完善防护与报警装置，实现生产条件的安全和卫生。

教育对策是提供各种层次的、各种形式和内容的教育和训练，牢固树立"安全第一"的思想，掌握安全生产所必需的知识和技能。

法制对策是利用法律、规程、标准以及规章制度等必要的强制性手段约束人们的行为，从而达到消除不重视安全、违章作业等现象的目的。

在应用 3E 原则时，应该针对人的不安全行为和物的不安全状态的四种原因，综合且灵活地运用这三种对策，不要片面强调其中某一个对策。具体改进的顺序是：首先是工程技术措施，然后是教育训练，最后才是法制。

任务实施

模拟仓库安全生产。4 人一组其中 1 人为政府检查人员，另外 3 人分别为仓库负责人、仓库作业人员、巡逻保安。要求每人都站在各自的安全生产的角度对加强安全生产的措施及内容提出自己的想法。请检查人员将问题写到小组讨论本上，4 人可以互换角色。

任务巩固

请给企业领导写一份仓库安全生产建议书。要求：条理清晰，内容相符。

任务四 熟悉仓库安全管理的内容

任务描述

某职业学校张三同学毕业后应聘为浙江省台州市山鹰集团的仓库安全管理员，现在他遇到一些困难，你能帮他解决吗？

（1）张三应该从哪几方面着手管理仓库？

（2）台州是台风高发地区，为做好防台风工作，张三应该做些什么？

知识准备

一、库区的主要安全管理

库区的安全管理可以划分成几个环节，即仓储技术区、库房、货物保管、货物收发、货物装卸与搬运、货物运输、技术检查、修理和废弃物的处理等。其中，着重讨论以下几个环节。

1. 仓储技术区的安全管理

仓储技术区是库区重地，应严格安全管理。技术区周围设置高度大于 2m 的围墙，上置钢丝网，高 1.7m 以上，并设置电网或其他屏障。技术区内道路、桥梁、隧道等通道应畅通、平整。技术区出入口设置日夜值班的门卫，对进出人员和车辆进行检查和登记，严禁易燃易爆物品和火源带入。技术区内严禁危及货物安全的活动（如吸烟、鸣枪、烧荒、爆破等），未经上级部门批准，不准在技术区内进行参观、摄影、录像或测绘。

2. 库房的安全管理

经常检查库房结构情况，对于地面裂缝、地基沉降、结构损坏，以及周围山体滑坡、塌方，或防水防潮层和排水沟堵塞等情况应及时维修和排除。此外，库房钥匙应妥善保管，实行多方控制，严格遵守钥匙领取手续。对于存放易燃易爆、贵重货物的库房要严格执行两人分别掌管钥匙和两人同时进库的规定。有条件的库房，应安装安全监控装置，并认真使用和管理。

3. 货物装卸与搬运中的安全管理

仓库机械应实行专人专机，建立岗位责任制，防止丢失和损坏，操作人员应做到“会操作、会保养、会检查、会排除一般故障”。根据货物尺寸、重量、形状来选用合理的装卸、搬运设备，严禁超高、超宽、超重、超速以及其他不规范操作。不能在库房内检修机械设备。在狭小通道、出入库房或接近货物时应减速鸣号。

二、仓库的其他安全管理

1. 防台风

我国所濒临的西北太平洋是热带气旋生成最多的地区，年平均约有 30 个，其中 7 ～ 10 月份最多，其他月份较少，因而我国将此段时间称为台风季节。台风有一部分在我国登陆，在我国登陆的地点主要集中在华南、华东地区，华北、东北极少。西北路径的台风经常在华东登陆后又回到东海，成为转向路径，这种台风的危害较大。一般台风在登陆后会迅速地转为热带低气压或者温带低气压，风力减弱，但是仍然会随气流向内陆移动。

在华南、华东沿海地区仓库，都会受到台风的危害。处在这些地区的仓库要高度重视防台工作，避免这种灾难性天气对仓储造成严重的危害。仓库应设置专门的防台办公室或专门人员，负责研究仓库的防台工作，制订防范工作计划，接受天气预报和台风警报，与当地气象部门保持联系，组织防台检查，管理相关文件，承担台汛期间防台联络组织工作。在台汛期间，建立通讯联络、物资供应、紧急抢救、机修、排水、堵漏、消防等临时专业小组。

对于台风，应做好以下几方面的预防措施。

（1）积极防范。台风并不是年年都在一个地区登陆，防台工作是一项防患未然、有备无患的工作。企业要对员工，特别是对领导干部进行防台宣传和教育，促使其保持警惕。

（2）全员参与。台风可以造成仓库的损害不仅是仓储的货物，还包括仓库建筑、设备、设施、场地、树木，以及物料备料、办公设施、人员等一切财产和生命安全，还会造成环境污染危害。防台抗台是全体员工的工作，需要全员参与。

（3）不断改善仓库条件。为了使防台抗台取得胜利，需要有较好的硬件设施和条件，提高仓库设施设备的抗风、防雨、排水防水的能力；减少使用简易建筑，及时拆除危房危建和及时维修加固老旧建筑、围墙；提高仓库、货场的排水能力，注意协调仓库外围避免对排水的阻碍；购置和妥善维修水泵等排水设备，备置堵水物料；牢固设置仓库、场地的绑扎固定绳桩。

2. 防汛

洪水和雨水虽然是一种自然现象，但时常会对货物的安全仓储带来不利影响。所以应认真做好仓库防汛工作。

（1）建立组织。汛期到来之前，要成立临时性的短期工作机构，在仓库领导者的领导下，具体组织防汛工作。

（2）积极防范。平时要加强宣传教育，提高职工对自然灾害的认识；在汛期职工轮流守库，职能机构定员驻库值班，领导现场坐镇，以便在必要时统一指挥，积极组织抢救。

（3）加强联系。仓库防汛组织要主动争取上级主管部门的领导，并与气象台联系了解汛情动态，预见汛情发展，克服盲目性，增强主动性。

除此之外，还要注意对陈旧的仓库改造排水设施，提高货位，新建仓库应考虑历年汛情的影响，使库场设施能抵御雨汛的影响。

3. 防雷

仓储企业应在每年雷雨季节来临之前，对防雷设施进行全面检查。主要应检查以下几个方面。

（1）建筑物维修或改造后是否改变了防雷装置保护的情况。

（2）有无因挖土方、铺设管线或种植树木而挖断接地装置。

（3）各处明装导体有无开焊、锈蚀后截面过小而导致损坏折断等情况。

（4）接闪器有无因接受雷击而熔化或折断。

（5）避雷器磁套有无裂缝、碰伤、污染、烧伤等。

（6）引下线距地 2m 一段的绝缘保护处理有无破损。

（7）支持物是否牢固，有无歪斜、松动。

（8）引下线与支持物的固定是否牢靠。

（9）断接卡子有无接触不良。

（10）木结构接闪器支柱或支架有无腐蚀。

（11）接地装置周围土壤有无塌陷。

（12）测量全部接地装置的流散电流。

4．防震

为搞好仓库防震，首先在仓库建筑上，要以储存物资的价值大小为依据。审视其建筑物的结构、质量状况，从保存物资的实际需要出发，合理使用物力财力，进行相应的加固。新建的仓库，特别是多层建筑，现代化立体仓库，更要结合当地地质结构类型，预见地震的可能性，在投资上予以考虑，做到有所准备。其次，在情报信息上，要密切注视毗邻地区及地震部门预测和预报资料。再次，在组织抢救上，要作充分准备。当接到有关部门地震预报时，要建立必要的值班制度和相应的组织机构，当进入临震时，仓库领导要通盘考虑，全面安排，合理分工，各负其责，做好宣传教育工作，动员职工全力以赴，做好防震工作。

5．防静电

爆炸物和油品应采取防静电措施。静电的安全应设专人管理，并配备必要的检测仪器，发现问题及时采取措施。

所有防静电设施都应保持干净，防止化学腐蚀、油垢玷污和机械碰撞损坏。每年应对防静电设施进行 1 ～ 2 次的全面检查，测试应当在干燥的气候条件下进行。

任务实施

请以前一任仓库安全管理员的身份，对张三提出建议。

任务巩固

请选择一家企业对其仓库进行安全管理方面的检查，并制作相应表格登记检查结果。

考核与评价

项目实施评价表

考核项目	考核要求	配分/分	评分标准	得分/分	备注
常识解析	1．能说出仓库不安全因素的种类 2．能说出仓库安全的要求 3．能说出仓库安全管理的内容	30	1．不能说出仓库不安全因素的种类，每错扣 5 分 2．不能说出仓库安全的要求，每错扣 5 分 3．不能说出仓库安全管理的内容，每错扣 5 分		

（续）

考核项目	考核要求	配分/分	评分标准	得分/分	备注
仓库安全保卫	1. 能说出仓库安全保卫工作的内容 2. 能说出仓库安全保卫管理工作的措施	20	1. 不能说出仓库安全保卫工作的内容，每错扣5分 2. 不能说出仓库安全保卫管理工作的措施，每错扣5分		
仓库安全生产	1. 能说出仓库的安全生产措施 2. 能说出仓库安全生产的内容	20	1. 不能说出仓库的安全生产措施有哪些，每错扣5分 2. 不能说出仓库安全生产的内容，每错扣5分		
仓库安全管理	1. 能说出仓库安全管理的内容 2. 能说出防雷检查的主要方面 3. 能说出防静电的主要内容	30	1. 不能说出仓库安全管理的内容，每错扣5分 2. 不能说出防雷检查的主要方面，每错扣5分 3. 不能说出防静电的主要内容，每错扣5分		
开始时间：		结束时间：		实际时间：	

项目二　走近仓库的消防管理

学习目标

1. 了解燃烧的基本原理
2. 了解仓库火灾的种类与成因
3. 掌握防火灭火的方法
4. 学会根据火灾情况选择灭火方法
5. 了解基本的消防设施
6. 了解消防管理的基本措施
7. 掌握灭火器的选择与使用方法
8. 学会使用灭火器进行灭火

项目概述

仓库在物流系统中承担着货物的保管功能，对物资的储存带有防护性、保护性。近年来，仓库火灾频发，其带来的损害也是前所未有的。

任务一　掌握仓库火灾的基本知识

任务描述

回顾项目一中案例。在火灾发生后，台州市消防支队、黄岩区消防大队会同黄岩区公安分局立即组织开展火灾事故调查，经过大量细致的调查工作，综合分析确定起火原因为空气压缩机电源线短路引燃周边可燃物。学习任务一，完成下列问题。

（1）导致仓库火灾的原因有哪些？

（2）经过这起火灾，对该企业你有什么建议？

知识准备

一、燃烧的基础知识

1．燃烧的基本原理

燃烧是指可燃物分解或挥发出的可燃气体，与空气中的氧剧烈化合发生的一种放热反应，通常伴有火焰、发光和冒烟现象。燃烧的三要素为可燃物、助燃物、着火源。可燃物是指在常温下能燃烧的物质。助燃物是指支持燃烧的物质，包括空气中的氧气、释放氧离子的氧化剂。着火源是物质燃烧的热能源，无论是明火源还是其他火源实质上就是引起易燃物燃烧的热能，该热能引起易燃物质的气化，形成易燃气体，易燃气体在火源的高温中燃烧。燃烧的充分条件为：①一定的可燃物浓度；②一定的氧气含量；③一定的点火能量；④未受抑制的链式反应。对于无焰燃烧，前三个条件同时存在，相互作用，燃烧过程中存在未受抑制的游离基（自由基），形成链式反应，使燃烧能够持续下去。

2. 燃烧的类型

燃烧按其形成的条件和瞬间发生的特点一般分为闪燃、着火、自燃和爆炸四种类型。

闪燃是物质遇火能产生一闪即灭的燃烧现象。着火是可燃物质在空气中与火源接触，达到某一温度时，开始产生有火焰的燃烧，并在火源移去后仍能继续燃烧的现象。自燃是可燃物质在没有外部火花、火焰等火源的作用下，因受热或自身发热积热不散引起的燃烧。爆炸是由于物质急剧氧化或分解反应产生温度、压力增加或两者同时增加的现象。爆炸可分为物理爆炸、化学爆炸和核爆炸。物理爆炸是由于液体变成蒸气或者气体迅速膨胀，压力急速增加，并大大超过容器的极限压力而发生的爆炸。如蒸气锅炉、液化气钢瓶等的爆炸。化学爆炸是因物质本身起化学反应，产生大量气体和高温而发生的爆炸。如炸药的爆炸，可燃气体、液体蒸气和粉尘与空气混合物的爆炸等。化学爆炸是消防工作中防止爆炸的重点。

3. 防止火灾事故爆炸的基本原则

（1）控制可燃物和助燃物的浓度、温度、压力及混触条件，避免物料处于燃爆的危险状态。

（2）消除点火源。能引发事故的火源有明火、高温表面、冲击、摩擦、自燃、发热、电气、静电火花、化学反应热、光线照射等，具体做法有：控制明火和高温表面；防止摩擦和撞击产生火花；火灾爆炸危险场所采用防爆电气设备避免电气火花。

（3）限制火灾、爆炸蔓延扩散的措施。包括阻火装置、阻火设施、防爆泄压装置及防火防爆分隔等。

二、仓库火灾的成因

仓库火灾的主要原因如下。

（1）火种控制不严。主要有违章动火、玩火、纵火、燃放烟花爆竹、吸烟、装卸作业中引发的火种。

（2）仓库照明管理不善。主要有仓库照明灯具选用不当、堆垛超高未保持灯距、照明施工质量差导致灯脱落、临时照明设置不当等；使用高温照明、灯位设置不当、用后未切断电源，辐射热积聚而引发堆垛火灾；临时照明设置不妥，受风或电线拉动而倾倒，无人看管而引起火灾。

（3）危险化学品通风散热条件不良，防潮防火、防暑降温措施不力，堆放不规范，缺乏专业知识致使库存物品发生生物、物理或化学反应引起自燃、燃烧或爆炸。

（4）防雷设计有盲区或防雷设施保养不善。设计有盲区、避雷设施保养不善、对球雷、感应雷、带状雷研究与防护不够。

（5）危险物品仓库没有分类分项存放、装卸作业无有效防静电措施、擅自改变仓库储存物品性质。

（6）乱搭、乱建、乱堆，甚至有人员吃住在库区，人员和物品进出极度混乱；擅自改变防火分区、防火间距，消防设施缺损等。

资料卡

火灾逃生十二诀

第一诀：熟悉环境，暗记出口。
第二诀：通道出口，畅通无阻。
第三诀：扑灭小火，惠及他人。
第四诀：保持镇静，明辨方向，迅速撤离。
第五诀：不入险地，不贪财物。
第六诀：简易防护，蒙鼻匍匐。
第七诀：善用通道，莫入电梯。
第八诀：缓降逃生，滑绳自救。
第九诀：避难场所，固守待援。
第十诀：缓晃轻抛，寻求救援。
第十一诀：火已及身，切勿惊跑。
第十二诀：跳楼有术，虽损求生。

任务实施

结合案例，小组讨论引起仓库火灾的原因有哪些以及案例中的火灾属于哪一种燃烧类型。

任务巩固

通过网络查找或书籍翻阅，试着找出以下所列原料仓库最有可能发生的火灾事故相关内容并填写表 7-2。

表 7-2　仓库及火灾类型分析表

仓库主要材料	易发生燃烧类型	危 险 性	火灾可能成因	预 防 建 议
医药制品				
化工原料				
化学试剂				
塑料制品				
金　属				

任务二　掌握仓库火灾的种类和防火灭火方法

任务描述

浙江某公司仓库二楼冷库贮存的头孢他啶侧链酯产品发生分解燃烧，引发仓库火灾。经过一个半小时的扑救，火势得到控制并扑灭。学习任务二，完成下列问题。

（1）仓库火灾有哪些类型？

（2）不同类型的火灾可以采用哪些不同方法灭火？

知识准备

一、仓库火灾的种类

对火灾的分类大同小异，通常是以可燃物质的种类来划分的，共分为五类。

（1）A 类火灾，指普通固体可燃物质，如木料、棉花、化纤、纸等燃烧所引起的火灾。

（2）B 类火灾，指各种易燃液体或液化固体，如油类、溶剂、石油制品、油料等燃烧所引起火灾。

（3）C 类火灾，指可燃烧气体，如煤气、天然气、甲烷等燃烧引起的火灾。

（4）D 类火灾，指可燃的活泼金属，如钾、钠、镁和磷等金属燃烧引起的火灾。

（5）E 类火灾，指由带电物体燃烧引起的火灾。

二、仓库基本的灭火方法

1．灭火的基本原理

由燃烧所必须具备的几个基本条件可以得知，灭火就是破坏燃烧条件使燃烧反应终止的过程。其基本原理归纳为以下四个方面：冷却、窒息、隔离和化学抑制。

（1）冷却灭火。对一般可燃物来说，能够持续燃烧的条件之一就是它们在火焰或热的作用下达到了各自的着火温度。因此，对一般可燃物火灾，将可燃物冷却到其燃点以下，燃烧反应就会中止。水的灭火机理主要是冷却作用。

（2）窒息灭火。各种可燃物的燃烧都必须在其最低氧气浓度以上进行，否则燃烧不能持续进行。因此，通过降低燃烧物周围的氧气浓度可以起到灭火的作用。通常使用的二氧化碳、氮气、水蒸气等的灭火机理主要是窒息作用。

（3）隔离灭火。把可燃物与引火源或氧气隔离开来，燃烧反应就会自动中止。火灾中，关闭有关阀门，切断流向着火区的可燃气体和液体的通道；打开有关阀门，使已经发生燃烧的容器或受到火势威胁的容器中的液体可燃物通过管道导至安全区域，都是隔离灭火的措施。

（4）化学抑制灭火。使用灭火剂与链式反应的中间体自由基反应，从而使燃烧的链式反应中断使燃烧不能持续进行。常用的干粉灭火剂、卤代烷灭火剂的灭火机理主要是化学抑制作用。

2．灭火的基本措施

（1）扑救A类火灾。一般可采用水冷却法，但对于忌水的物质，如布、纸等应尽量减少水渍所造成的损失。对珍贵图书、档案应使用二氧化碳、卤代烷、干粉灭火剂灭火。

（2）扑救B类火灾。首先应切断可燃液体的来源，同时将燃烧区容器内可燃液体排至安全地区，并用水冷却燃烧区可燃液体的容器壁，减慢蒸发速度；及时使用大剂量泡沫灭火剂、干粉灭火剂将液体火灾扑灭。

（3）扑救C类火灾。首先应关闭可燃气阀门，防止可燃气发生爆炸，然后选用干粉、卤代烷、二氧化碳灭火器灭火。

（4）扑救D类火灾。例如镁、铝燃烧时温度非常高，水及其他普通灭火剂无效。水与钠、钾起反应放出大量热和氢，反而会促进火灾迅猛发展。应使用特殊的灭火剂，如干砂等。

（5）扑救E类带电火灾。禁止用水，可用1211灭火器、干粉灭火器或二氧化碳灭火器，因为这三种灭火器的灭火药剂绝缘性能好，不会发生触电伤人的事故。

三、仓库火灾的扑救对策

物流仓库集中了大量物资，一旦发生火灾经济损失价值巨大。发生火灾时，仓库管理人员须立即报警，在消防人员到来之前要做好相应的准备工作，在消防人员到来之后要积极配合灭火。具体对策如下。

1．火情侦察

物资仓库一旦发生火灾，必须了解火场的基本情况，制定行之有效的灭火预案，合理安排灭火参战人员。通过询问知情人、图上侦察和实地察看等方法，利用尽可能用到的专用勘查器材，了解仓库内储存物的种类及火灾危险性；了解着火部位及过火面积，火势蔓延的方向及范围；了解有没有被困人员及所在位置；了解有没有好的进攻路线和可利用的地形和物资条件；了解仓库内有没有消防设施及其完好情况，有无储水池及其他灭火剂等。

2．控制与消灭火区

在火情侦察的基础上，根据火场当时的情况和到场人员的多少，按照“先控制、后消灭”的原则，应先控制火势的开始，在控制的基础上再将火势逐步消灭。①堵截蔓延。物资仓库一旦发生火灾，会以不同的形式迅速向四周发展蔓延，很容易形成多点火灾，要求火场指挥员根据到场人员情况，将主要力量部署在火势蔓延的主要方向上，以便有效地堵截火势，控制其发展和蔓延。②上层控制。地上多层仓库发生火灾，火势发展蔓延的主要方向是上部楼层，首先到场的消防队要想方设法控制住火势向上发展。并根据现场仓库结构的条件，通过楼梯、云梯车等装备器材，登至最上部燃烧层的上层，必要时甚至宁可放弃燃烧层上部一、二个层面，设置水枪阵地，控制火势向上层发展。③下层保护。地上多层仓库发生火灾，火势向下层蔓延的速度相对慢一些，尤其在火灾初期阶段。当火势一旦进入发展阶段，纵向和横向的火势遭到堵截后，浓烟、热气流因受阻以及产生的火星会通过各种竖井、孔洞、缝隙返向下层。因此，扑救地上多层仓库火灾，在着火层的下层也要部署一定力量进行防御，阻止火势通过各种孔洞和缝隙向下一层蔓延，以便更好地保护着火层的下层。

3．疏散与保护物资

由于仓库属物资大量集中单位，为尽量减少火灾损失，在整个灭火救援的过程中，边组织扑救火灾，边疏散保护物资。根据火场的不同情况及火灾燃烧的不同程度，组织好人力、车辆和其他运输工具，确定疏散的顺序、路线和方法，划出物资堆放点，并指定专人看守和保护。对于范围比较大的火场，可分割成若干个区域，在各区域同时组织物资疏散工作，有利于加快灭火救援的进程。

4．积极抢救被困人员

在整个灭火救援过程中，要坚持“救人第一”的战术原则，在扑救火灾中一旦遇有被困人员，应首先把灭火力量用于救人方面，通过破拆、排烟、灭火等技术手段，尽最大努力把被困人员抢救出来。假若火场被困人员不是很多，施救难度不是很大，在满足抢救被困人员需要的前提下，可同时控制火势蔓延的主要方向，兼顾抢救人员和保护各种物资。

任务实施

以小组合作形式填制表 7-3。

表 7-3　火灾种类及相应的灭火措施

火灾种类	灭火原理	灭火措施

任务巩固

检查企业仓库或学校仓库，分析该仓库最有可能发生的火灾种类，建议采取的灭火措施并设计扑救对策。

任务三　认识仓库的消防设施

任务描述

安骑公司由于物流业务发展的需要，打算新增一个占地面积为 1 200m^2 的仓库。学习任务三，完成下列问题。

（1）该仓库需要配备哪些消防设施？

（2）不同的消防设施如何使用？

知识准备

一、仓库消防设施的配置要求

1. 室内外消火栓

《建筑设计防火规范》（GB 50016—2012）规定，在城市、居住区、工厂、仓库等的规划和建筑设计时，必须同时设计消防给水系统。城市、居住区应设市政消火栓。《建筑设计防火规范》（GB 50016—2012）规定，民用建筑、厂房、仓库、储罐（区）、堆场周围应设室外消火栓。民用建筑、厂房（仓库）应设室内消火栓。还规定，建筑占地面积大于300m^2 的厂房和仓库应设置室内消火栓系统。

2. 自动灭火系统

《建筑设计防火规范》（GB 50016—2012）规定，每座占地面积大于1 000m^2 的棉、毛、丝、麻、化纤、毛皮及其制品的仓库；每座占地面积大于600m^2 的火柴仓库；邮政楼中建筑面积大于500m^2 的空邮袋库；建筑面积大于500m^2 的可燃物品地下仓库；可燃、难燃物品的高架仓库和高层仓库（冷库除外）应设置自动灭火系统，除不宜用水保护或灭火者以及本规范另有规定者外，应设置自动灭火系统。

3. 火灾自动报警系统

《建筑设计防火规范》（GB 50016—2012）规定，“每座占地面积大于1 000m^2 的棉、毛、丝、麻、化纤及其织物的库房，占地面积超过500m^2 或总建筑面积超过1 000m^2 的卷烟库房应设置火灾自动报警系统。”

4. 消防应急照明和消防疏散指示标志

《建筑设计防火规范》（GB 50016—2012）规定，占地面积大于1000m^2 的丙类仓库应设置排烟设施。

5. 消防应急照明和消防疏散指示标志

《建筑设计防火规范》（GB 50016—2012）对仓库配置应急照明和疏散指示标志作了明确要求，规定厂房和丙类仓库的封闭楼梯间、防烟楼梯间及其前室、消防电梯间的前室或合用前室和避难层（间）应设置疏散照明，还规定，高层厂（库）房，甲、乙、丙类厂房应沿疏散走道和在安全出口、人员密集的场所的疏散门正上方设置灯光疏散指示标志。

6. 灭火器

按照规范要求配置灭火器。

二、常用消防设施、器材的使用

1. 灭火器

（1）灭火器的种类。

灭火器轻便灵活机动，易于掌握使用，是扑救初起火灾时最常用的灭火器材，在仓库中广泛使用手提式（见图7-2）和推车式（见图7-3）灭火器。目前，我国生产灭火器的厂家已达数百家，生产 23 大类灭火器，年产量达几百万具。灭火器的种类很多，按其移动方式可分为手提式和推车式；按驱动灭火剂的动力来源可分为储气瓶式、储压式和化学反应式；按加压方式可分为蓄压式和加压式；按所充装的灭火剂则又可分为泡沫、干粉、卤代烷、二氧化碳、酸碱、清水等。

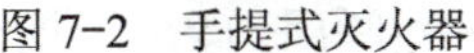

图 7-2　手提式灭火器

图 7-3　推车式灭火器

国家标准规定，灭火器型号应以汉语拼音大写字母和阿拉伯数字标于筒体。例如，“MF4”等。其中第一个字母 M 表示灭火器，第二个字母代表灭火器类型（水—S，泡沫—P，干粉—F，CO_2—T，卤代烷—Y，洁净气体—J），而后面的阿拉伯数字表示灭火剂充装量，用公称量的数值，计量单位用“kg”或“L”表示。

（2）灭火器的选择。

灭火器是扑救初期火灾的重要消防器材，轻便灵活，经过简单训练就可掌握其操作方法。但是，如果不了解灭火器的局限性，不合理设置或选用灭火器，不仅无法扑灭火灾，而且可能引起灭火剂对燃烧的逆反应，甚至可能发生爆炸伤亡事故。灭火器的选择应主要考虑以下因素。

1）灭火器的局限性。灭火器的装药量受到限制，最大的推车式化学泡沫灭火器灭火药剂和最大的推车式干粉灭火器灭火药剂充装量均为 100kg；灭火器喷射使用的范围有限，最大的推车式化学泡沫灭火器的有效喷射距离大于等于 16m，最大的手提式干粉灭火器的有效喷射击距离大于等于 5m；灭火器的有效喷射时间受到限制，灭火器的喷射时间极其有限，约为 30s 到 90s，较小的二氧化碳和干粉灭火器的喷射时间短至 8s；ABC 干粉灭火器是通用灭火器，其余各种灭火器主要对特定火灾有效。灭火器的药剂应定期更换，并使用专用的换药设备，灭火器长期不使用，灭火药剂会失效；使用灭火器和换装药剂存在安全问题，如果灭火器产品不合格，腐蚀或缺乏维修，就可能在使用或换装药剂时，造成灭火器爆炸，引发人身伤亡事故。

2）灭火器配置场所的火灾类别。根据灭火器配置场所的使用性质及其可燃物的种类，可判断该场所可能发生的火灾类别，并据此配备合适的灭火器。如对碱金属（如钾、钠）火灾，不能选择水型灭火器。因为水与碱金属化合反应后，会生成大量氢气，容易引起爆炸。

3）灭火有效程度。在灭火机理相同的情况下，有几种类型的灭火器均适用于扑救同一种类的火灾。但值得注意的是，它们在灭火有效程度上有明显的差别，也就是说适用于扑救同一类火灾的不同类型灭火器，在灭火剂用量和灭火速度上有极大差异。例如，对同一个 4B 标准油盘（$0.8m^2$）火灾，需用 7kg 的二氧化碳灭火器（MT7）才能灭火，而且速度较慢；如果换用 2kg 干粉灭火器（MF2），能灭 5B 油盘火。因此在选择灭火器时应充分考虑各种因素。

4）对保护对象的污损程度。为了保护贵重物资与设备免受不必要的污渍损失，灭火器的选择应考虑其对保护物品的污损程度。例如，在计算机机房内，干粉灭火器和卤代烷灭火器都能灭火。但是用干粉灭火器灭火后，残留的粉状覆盖物对计算机设备有一定的腐蚀作用和粉尘污染，而且难以做好清洁工作；而用卤代烷灭火器灭火，不仅没有任何残迹，而且对设备没有污损和腐蚀作用，因此，计算机机房选用卤代烷灭火剂比较适宜。

5）使用灭火器人员的素质。选择灭火器时还应先对使用人员的年龄、性别和身手敏捷程度等素质进行大概的分析估计，然后作出正确选择。例如机械加工厂大部分是男工，从体力方面讲比较强，可选择规格大的灭火器；而商场及宾馆，大部分是女员工，体力较弱，可以优先选用小规格的灭火器，以适应工作人员的体质，有利于迅速扑灭初起火灾。

6）选择灭火剂相容的灭火器。在选择灭火器时，应考虑不同灭火剂之间可能产生的相互反应、污染及其对灭火的影响。干粉和干粉、干粉和泡沫之间联用都存在一个相容性的问题。不相容的灭火剂之间可能发生相互作用，产生泡沫消失等不利因素，致使灭火效力明显降低，磷酸铵盐干粉同碳酸氢钠干粉、碳酸氢钾干粉不能联用，碳酸氢钠（钾）干粉同蛋白（化学）泡沫也不能联用。

7）设置点的环境温度。若环境温度过低，则灭火器的喷射灭火性能显著降低；若环境温度过高，则灭火器的内压剧增，灭火器会有爆炸伤人的危险。因此，灭火器应设置在适宜温度范围之内的环境中。

8）在同一场所选用同一操作方法的灭火器。这样选择灭火器有几个优点：①为培训灭火器使用人员提供方便；②在灭火中操作人员可方便地采用同一种方法连续操作，同时使用多具灭火器灭火；③便于灭火器的维修和保养。

9）根据不同类别的火灾选择不同类型的灭火器。

灭火器的选择必须与火灾种类相适应（见表 7-4）。

表 7-4 火灾类型与灭火器的选择

火 灾 类 型	灭火器的选择
A 类	水型、泡沫、磷酸铵盐干粉、卤代烷型
B 类	干粉、泡沫、卤代烷、二氧化碳型；当燃烧物是极性溶物时，不得选用化学泡沫灭火器
C 类	干粉、卤代烷、二氧化碳型
D 类	由设计单位和当地消防部门协商解决
E 类	干粉、卤代烷、二氧化碳型
ABCE 类	磷酸铵盐干粉、卤代烷型

（3）灭火器的管理与检查。

1）管理要领。为防止干粉粉末凝结，至少应一月一次将灭火器倒置并摇晃（加压式），灭火器的压力表指针在红色区域，说明瓶体内压力不足应进行重装，存放避免潮湿场所。

2）检查要领。外观检查，至少一月一次对灭火器的清洁、腐蚀状态、安全销是否脱落以及铅封破损与否、喷嘴有无堵塞及连接状态、压力表是否正常等项目进行检查；药剂更换，生产之日起超过 5 年的灭火器应进行检查或更换；精密检查，灭火器的精密检查周期不得超过两年。

（4）常用灭火器的使用。

1）干粉灭火器。干粉灭火器内充装的磷酸铵盐干粉灭火剂，呈干燥且易于流动的微细固体粉末状，由具有灭火效能的无机盐和少量的添加剂经干燥、粉碎、混合而成。它是一种在消防中得到广泛应用的灭火剂。干粉灭火器的使用方法如下。

①右手握着压把，左手托着灭火器底部，轻轻取下灭火器。

②把灭火器摇动数次，使瓶内干粉松散。

③除掉铅封，拔下保险销。

④左手握着喷管，右手提着压把。

⑤在距火焰2m的地方，对准火焰根部，右手用力压几下压把，左手拿着喷管左右摆动，喷射粉剂覆盖整个燃烧区。

⑥在灭火过程中，应始终保持直立状态，不得横卧或颠倒使用。

2）泡沫灭火器。泡沫灭火器内将硫酸铝和碳酸氢钠两种溶液，分别放置在内筒和外筒中，内筒内为$Al_2(SO_4)_3$，外筒内为$NaHCO_3$，两种溶液互不接触，不发生任何化学反应（平时千万不能碰倒泡沫灭火器）。当需要泡沫灭火器时，把灭火器倒立，两种溶液混合在一起，就会产生大量的二氧化碳气体。除了两种反应物外，灭火器中还加入了一些发泡剂。打开开关，泡沫从灭火器中喷出，覆盖在燃烧物上，使燃着的物体与空气隔离并降低温度，达到灭火的目的。常用的泡沫灭火器的使用方法如下。

①右手握着压把，左手托灭火器底部，轻轻取下灭火器。

②右手提着灭火器来到现场。

③右手捂着喷嘴，左手执筒底边缘。

④把灭火器颠倒过来呈垂直状态，用力上下晃动几下，然后放开喷嘴。

⑤右手抓筒耳，左手抓筒底边缘，把喷嘴朝向燃烧区，站在离火源3m的地方喷射，并围绕火焰喷射，直到把火扑灭。

⑥灭火后，把灭火器卧放地上，喷嘴朝下。

3）二氧化碳灭火器。该灭火器瓶体内贮存液态二氧化碳，灭火时压下瓶阀的压把，内部的二氧化碳灭火剂便由虹吸管经过瓶阀由喷筒喷出，使燃烧区氧的浓度迅速下降，当二氧化碳达到足够浓度时火焰会窒息熄灭。由于液态二氧化碳会迅速气化，在很短的时间内吸收大量的热量，因此对燃烧物起到一定的冷却作用，有助于灭火。适用于扑灭油类、易燃液体、可燃气体、电气设备、文物资料的初起火灾，是车辆、船舶、工厂、科研单位、博物馆等必备的消防器材。二氧化碳灭火器的使用方法如下。

①用右手握着压把。

②用右手提着灭火器来到现场。

③除掉铅封。

④拔掉保险销。

⑤站在距火源2m的地方，左手拿着喇叭筒，右手用力压几下压把。

⑥对着火焰根部喷射，并不断推前，直到把火焰扑灭。

2. 消火栓

室内消火栓系统由水枪、水龙带、消火栓、消防管道等组成。主要作用是控制可燃物、隔绝助燃物、消除着火源。仓库内应设室内消防给水，同一库房内应采用统一规格的消防栓、水枪和水带，水带长度不应超过25m，超过四层的库房应设置消防水泵接合器。对于面积超过1 000m^2的纤维及其制品的仓库，应设置闭式自动喷水灭火系统。

当发生火灾需要使用消火栓时，一般由两人配合，一人拉开消火栓门，取出水带、水枪，将水带抛开（水带不可打折），将水带一端接在水枪上，手持水枪对准燃烧物。另一人将水带另一端连接在消火栓出水口上，并逆时针方向旋转手轮打开阀门，即可有水喷出进行灭火。消火栓的水压大，一般人员难以把握方向，握水枪者应将水带夹于腋下，双手紧握水枪控制方向，可使用消防卷盘。消防栓的使用方法见图 7-4。

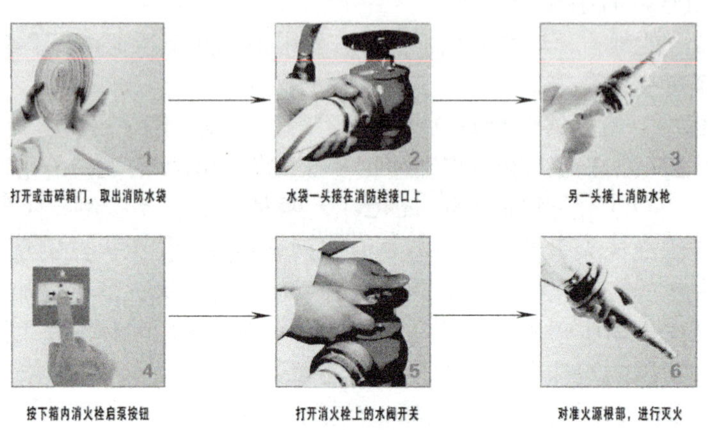

图 7-4　消防栓的使用方法

三、消防管理的基本措施

（1）仓库应严格执行《中华人民共和国消防条例》、《仓库防火安全管理规则》和《化学危险货品安全管理条例》。新建、扩建、改建仓库，应按《建筑设计防火规范》有关规定办理，面积过大的库房要设防火墙。仓库的防火工作要实行分区管理、分级负责制度。按区、按级指定防火负责人对本责任区的消防安全负全部责任。

（2）仓库的存货区要和办公室、生活区、汽车库、油库等严格分开。不得紧靠车房、货场收购和销售货品，规模很小的基层仓库也要根据具体条件尽量分开，以保安全。

（3）根据建筑规模和储存货品的性质，库区建有符合规定要求的消防设备、安全设施和系统，并做到数量充足、合理摆布、专人管理、经常有效、严禁挪作他用。保障消防通道、安全门和走道畅通无阻；同时大中型仓库和雷区仓库要安装避雷设备。

（4）仓库必须严格管理火种、火源、电源、水源。严禁携带火种、危险品进入存货区；存货区禁止吸烟、用火；任何形式的明火或明火操作，必须经消防部门或安全部门审查批准，并配置防火安全措施，备好消防器材，派人现场监护方能实施；机动车辆进入存货区要加戴防火安全帽。

仓库的生产、生活用电线路必须分开。电线、电器设备要按照设计规范由正式电工安装、维修。禁止乱拉临时线路，不得超负荷用电和使用不合格的保险装置。仓库电器设备必须符合安全用电要求，老旧电线要及时更新，库房照明线和路灯线必须分别设置。保护电器设备的完整性，对避雷和静电装置要经常检查，每次作业完毕要将库房、货场的所有电源切断。

仓库的消防用水要经常备足，冬季要有防冻措施。严格加强仓库火源管理，库区内严禁吸烟。储存仓库生活区安装、使用固定火源，必须符合安全规定，指定专人管理、检查。加强火种管理，严禁任何形式的火种进入库区。

（5）发生任何火警和爆炸事故，必须立即通知消防部门，认真调查事故原因，严肃处理事故责任人，事故严重需追究刑事责任。

资料卡

自动灭火系统简介

自动灭火系统（见图 7–5）在火灾发生中发挥着重要的作用。这里简单介绍一下常见的自动喷淋系统，其主要由喷淋头、管网、喷淋泵、湿式报警阀等组成。当火灾发生时，温度达到 68℃，喷淋头的玻璃管破掉，水洒下来灭火，管网中的水从喷头喷出，压力下降，自动启动水泵维持压力。

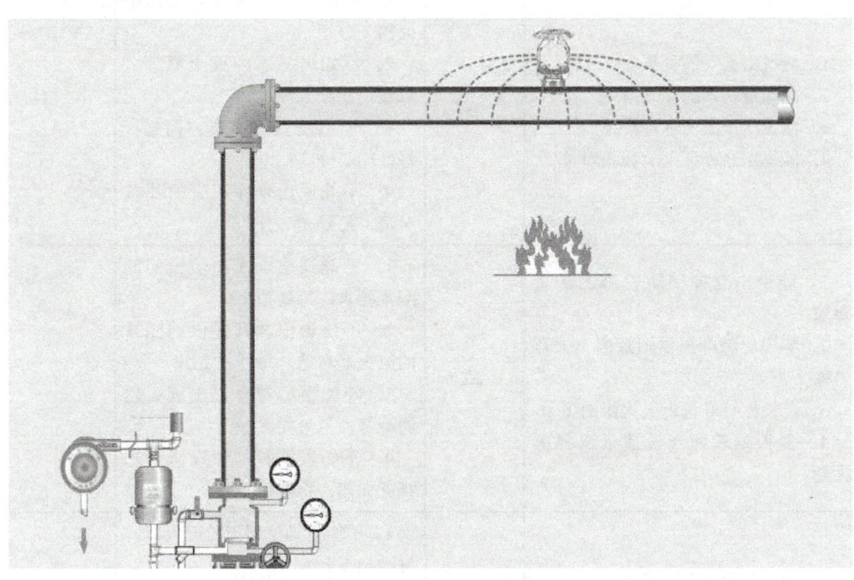

图 7–5　自动灭火系统

任务实施

（1）分小组合作，四人一组，根据消防设施配置要求，帮助该仓库列出需要添置的消防设施清单。

（2）分小组合作，演示灭火器、消火栓的使用方法。

任务巩固

组织库区消防演习，并选择合适的消防器材进行灭火。

考核与评价

项目实施评价表

考核项目	考核要求	配分/分	评分标准	得分/分	备注
常识解析	1. 能说出燃烧的三要素 2. 能说出燃烧的充分条件 3. 能说出燃烧的类型 4. 能说出防止火灾的基本原则 5. 能说出仓库火灾的主要原因	25	1. 不能说出燃烧的三要素，每处扣2分 2. 不能说出燃烧的充分条件，每处扣2分 3. 不能说出燃烧的类型，每处扣2分 4. 不能说出防止火灾的基本原则，每处扣2分 5. 不能说出仓库火灾的主要原因，每处扣2分		
防火灭火	1. 能说出火灾的种类 2. 能知道基本的灭火原理 3. 能说出灭火的基本措施 4. 能说出仓库灭火的扑救对策	25	1. 不能说出火灾的种类，每处扣2分 2. 不知道基本的灭火原理，每处扣2分 3. 不能说出灭火的基本措施，每处扣2分 4. 不能说出仓库灭火的扑救对策，每处扣2分		
消防设施	1. 能说出仓库消防设施的配置要求 2. 能说出教师提供图片的灭火器名称 3. 能根据符号说出灭火器的型号 4. 能根据教师预设情景选择灭火器	20	1. 不能说出仓库消防设施的配置要求，每处扣2分 2. 不能说出教师提供的图片的灭火器名称，每处扣2分 3. 不能根据符号说出灭火器的型号，每处扣2分 4. 不能根据教师预设情景选择灭火器，每处扣2分		
设备使用	1. 能正确使用干粉灭火器 2. 能正确使用泡沫灭火器 3. 能正确使用二氧化碳灭火器	30	1. 不能正确使用干粉灭火器，每错扣5分 2. 不能正确使用泡沫灭火器，每错扣5分 3. 不能正确使用二氧化碳灭火器，每错扣5分		
开始时间：		结束时间：		实际时间：	

自动化立体仓库

项目一　走进自动化立体仓库

学习目标

1. 了解自动化立体仓库的发展历史
2. 认识各种类别的自动化立体仓库
3. 掌握自动化立体仓库的优缺点
4. 能识别自动化立体仓库的结构

项目概述

作为现代化物流最基本的功能之一，仓储作业一直受到人们的关注。为了提高仓库的空间利用率和仓储作业效率，美国于1959年开发了世界上第一个自动化立体仓库，发展至今，世界上已有近5 000座，其中数量最多的是日本。随着现代化生产系统对物流现代化的要求越来越高，而自动化立体仓库作为现代物流系统的重要组成部分，其应用也将越来越广泛。

任务一　初识自动化立体仓库

任务描述

暑假的短学期，学校安排的学习内容是自动化立体仓库。小宇对此非常感兴趣，早就耳闻过这个“高级的仓库”，现在终于有机会目睹，并能到企业里参观实际运作，于是他带着下面几个问题先自学起来。

（1）自动化立体仓库的“出生地”在哪里？

（2）自动化立体库主要应用在哪些行业？

（3）按照实际需要，自动化立体仓库可以分为哪些种类？

知识准备

一、自动化立体仓库的简介

自动化立体仓库（Automated Storage and Retrieval System，AS/RS）又称立库、高层货架仓库。自动化仓库，是指不用人工直接处理，由计算机进行管理和控制，实现自动存取物料的系统，是物流的重要组成部分。作为一种先进的仓储系统，自动化立体仓库使用高层货架存储物料，利用自动控制堆垛机进行存取作业和计算机管理，使仓库的功能从单纯的物料储存保管，发展到担负物料的接收、分类、计量、包装、分拣配送、存档等多种功能，实现了物流的大容量储存，适应了现代生产和商品流通的需要。

自动化立体仓库是在第二次世界大战之后产生和发展起来的。1959 年，美国开发了世界上第一个自动化立体仓库，并在 1963 年率先使用计算机进行自动化立体仓库的控制管理，紧接着日本和德国也相继开发了自动化立体仓库。到了 20 世纪 80 年代，世界各国都迅速发展自动化立体仓库，其应用范围遍布于机械、冶金、化工、航空航天、电子、医药、食品加工、烟草、印刷、配送中心、机场、港口等各行各业。

我国的自动化立体仓库起步于 20 世纪 70 年代，1974 年郑州纺织机械厂建成了国内第一个自动化立体仓库。20 世纪 80 年代到 90 年代，自动化立体仓库产品的设计与制造有了很大的发展，全国有几十家科研单位和生产单位在进行自动化立体仓库的开发、设计、制造。近年来，仓储物流行业的学术组织定期在国内交流学术经验，针对目前我国自动化立体仓库的设计制造水平，参照国外标准制定了一系列行业标准、规范，使立体仓库的设计制造进入了规范化发展阶段。

二、自动化立体仓库的分类

在自动化立体仓库发展过程中，企业的个性化发展也驱动了其形式的多样化发展。自动化立体仓库的种类很多，根据不同的分类依据，自动化立体仓库可以有以下几种不同的分类方法。

1．按照建筑物形式分类

（1）整体式立库（见图 8-1）。货架除了存储货物以外，还作为建筑物的支撑结构，并且成为建筑物的一部分，即库房货架一体化结构，一般整体式高度在 12m 以上。这种仓库结构重量轻，整体性好，仓库空间利用率高，抗震性能也较好。

（2）分离式立库（见图 8-2）。在建筑物内部，储存货物的货架独立存在，货架和建筑物之间是相互分离的。一般分离式的高度在 12m 以下，但也有 15 ～ 20m 的。适用于利用原有建筑物作库房，或在厂房和仓库内单建一个高货架，也因为如此，这种仓库的施工安装比较灵活方便。

图 8-1　整体式立体库

图 8-2　分离式仓库

2．按照货物存取形式分类

（1）单元货架式立库。单元货架式是常见的仓库形式。货物先放在托盘或集装箱内，再装入单元货架的货位上，每次出库和入库都是以货物单元为单位进行作业的。

（2）移动货架式立库。移动货架式由电动货架组成，货架可以在轨道上行走，由控制装置控制货架合拢和分离。作业时货架分开，在巷道中可进行作业；不作业时可将货架合拢，只留一条作业巷道，从而提高空间的利用率。

（3）拣选货架式立库。分拣机构是拣选货架式仓库的核心部分，分为巷道内分拣和巷道外分拣两种方式。巷道内分拣是拣选人员乘拣选式堆垛机到储位前，从储位中拣选所需数量的货物出库，也称为“人到货前拣选”。巷道外分拣是将存有所需货物的托盘或货箱由堆垛机至拣选区，拣选人员按提货单的要求拣出所需货物，再将剩余的货物送回原地，也成为“货到人处拣选”。

3．按照货架构造形式分类

（1）单元货格式立库。类似单元货架式仓库，是使用广泛、适用性较强的一种仓库形式。货架沿着仓库宽度的方向分成若干排，每两排货架为一组，其间有一条巷道供堆垛起重机或其他起重机作业，因此巷道占去了仓库有效面积的三分之一左右。

（2）贯通货架式立库。为了提高仓库利用率，贯通货架式仓库可以取消位于各排货架之间的巷道，将个体货架合并在一起，使每一层、同一列的货物互相贯通，形成能一次存放多货物单元的通道，而在另一端由出库起重机取货，成为贯通式仓库。根据货物单元在通道内的移动方式，贯通式仓库又可分为重力式货架仓库和穿梭小车式货架仓库。

（3）水平旋转货架式立库。这类仓库本身可以在水平面内沿环形路线来回运行。每组货架由若干独立的货柜组成，用一台链式传送机将这些货柜串连起来。每个货架下方有支撑滚轮，上部有导向滚轮。传送机运转时，货架便相应运动。需要提取某种货物时，只需在操作台上给予出库指令。当装有所需货物的货柜转到出货口时，货架停止运转。这种货架对于小件物品的拣选作业十分合适。它简便实用，充分利用空间，适用于作业频率要求不太高的场合。

（4）垂直旋转货架式立库。与水平旋转货架式仓库相似，只是把水平面内的旋转改为垂直面内的旋转。这种货架特别适用于存放长卷状货物，如地毯、地板革、胶片卷、电缆卷等。

除了以上的几类分类方式外，立体库还可以分为生产性和流通性立库，独立型、半紧密型和紧密型立库等（见表 8-1）。

表 8-1　自动化立体仓库分类

分 类 依 据	立体库形式	分 类 依 据	立体库形式
按货物存取形式分类	单元货架式立库	按建筑形式分类	整体式立库
	移动货架式立库		分离式立库
	拣选货架式立库	按作用分类	生产性立库
按货架构造形式分类	单元货格式立库		流通性立库
	贯通货架式立库	按仓库与生产连接的紧密程度分类	独立型立库
	水平旋转货架式立库		半紧密型立库
	垂直旋转货架式立库		紧密型立库

任务实施

阅读以下资料，并总结整体式立体仓库的优越性。

资料：相比较来看，整体式立体库的造价要比分离式仓库低 6.9%，但整体式立体库的设计及受力计算都要复杂一些。整体式自动仓库的经济性评价另一办法是采用定性的原则，因为仓库是整个物流企业的最高建筑物，库架合一彩板围护的良好外观使企业的外在形象大大地提高。

发展物流技术不仅是人们关注的话题，更重要的是已变成人们脚踏实地的行动。物流技术的发展离不开物流设备等基础设施的发展。自动化立体仓库是物资流通中的关键单元，担负着重要的作用，在发达国家“建库就建自动仓库”已成为必然。在日本，随着年代的发展，库架合一整体式自动仓库的数量与分离式仓库数量愈加接近。

在我国，库架合一自动化立体仓库有着较好的发展前景，尤其是在以下领域有较大的发展前途。

（1）商业物流配送中心。商业物流配送中心的自动仓库规模一般比较大，货位数较多，高度一般超出 20m，尤其适合建整体式立体库。

（2）高成长性集团公司。不论是生产过程仓库还是产成品仓库，在追求货位数、效率、合理利用空间的同时，也热衷于彩钢板围护的现代化工厂理念，库架合一尤为适合。

（3）铁路、机场、港口。它们是物流中转集中的环节，国家立项，投资较大，使建设高大自动仓库有了资金上的保证。

任务巩固

以 6 ～ 8 人为一组，调查当地物流企业或生产企立库的应用情况。要求：每人至少调查一个企业，并把内容填入表 8-2 中的“个况”栏，调查完成后，小组进行统计，完成表 8-2 的“概况”栏。

表 8-2　当地企业立库调查情况统计表

组别：______________　　组员：______________

概　况	调查企业数量			
	拥有立库企业的比例			
	数量最多的立库种类			
个　况	企业名称		企业类型	
	立库类型		建造年份	
	应用情况简介			

任务二　探究自动化立体仓库

任务描述

通过上一个初识立体库的任务，小宇对立体库有了概念性的了解，但是对于它的“高级”，对于它的“神秘”，小宇还需要进行深入学习。根据学校的安排，学生将进入到探究立体库的模块中，下面让我们一起跟着小宇，进一步揭开立体库的“面纱”。

（1）自动化立体仓库“高级”在哪里？

（2）自动化立体仓库中有哪些设备？

知识准备

一、自动化立体仓库的特点

自动化立体仓库是现代物流系统中迅速发展的一个重要组成部分，它既有高效、省力、管理水平先进等优点，同时也存在着投资大、对工作人员要求高等缺点。

1. 自动化立体仓库的优点

（1）空间利用率高。立体库采用高层货架储存、巷道堆垛机作业，可大幅度增加仓库的有效高度，充分利用仓库的有效面积和储存空间，其单位面积存储量远远大于普通的单层仓库（一般是单层仓库的 4 ～ 7 倍），减少了仓库的占地面积，降低土地购置费用。目前，世界上最高的立体仓库可达 50m，容量多达 30 万个货位，单位面积的储存量可达 7.5t/m^2，是普通仓库的 5 ～ 10 倍。

（2）作业效率高。使用机械和自动化设备，运行和处理速度快，提高了劳动生产率，降低操作人员的劳动强度，同时，能方便地进入企业的物流系统，使企业物流更趋合理化。采用自动化技术后，还能较好地适应黑暗、低温、污染、有毒和易爆等特殊场合的物品存储需要。如国内已有的冷冻物品自动化仓库和存储胶片的自动化仓库，在低温和完全黑暗的库房内，由计算机自动控制实施货物的出入库作业，改善了工作环境，保证了操作安全。

（3）保管质量优。立体仓库采用计算机进行仓储管理，可以方便地做到“先进先出”，并可防止货物自然老化、变质、生锈，也能避免货物的丢失。此外，仓库的立体储位使每件货物分别存放在不同的货格内，互不挤压，再加上机械化作业，从而保证了货物存取的完好性。

（4）管理水平先进。仓库内货位集中，便于控制与管理，特别是使用计算机，不但能够实现作业的自动控制，而且能够及时进行信息处理，有利于实现仓储技术和仓储管理的现代化。

（5）经济效溢高。迅速、准确、及时的信息处理功能，可以大大提高库存管理的水平，从而加速物资周转，降低储存费用。

2. 自动化立体仓库的缺点

（1）投资大。由于自动化立体仓库的结构比较复杂，配套设备也比较多，所以需要的基础建设和设备的投资也比较大。

（2）建设、操作、维护、保养要求高。由于立体库的货架安装精度要求高，因此施工比较困难，工期相对较长。投入使用后，对于操作和管理的要求也较高，相关技术人员必须经过专门培训才能胜任。此外，自动化立体仓库的高架吊车、自动控制系统等都是技术含量极高的设备，维护要求高，因此必须依赖供应商，以便在系统出现故障时能得到及时的技术援助。这就增强了对供应商的依赖性。

（3）有一定的限制性。自动化系统虽然可以带来高效的作业，但是也有一定的局限性，如对存储的货物品种有一定限制，需要单独设立存储系统用于存放长、大、笨重的货物以及要求特殊保管条件的货物。

二、自动化立体仓库的构成

自动化立体仓库是机械和电气、强电控制和弱电控制相结合的产品。它主要由货物储存系统、货物存取和传送系统、控制和管理系统以及配套设施系统等四大系统所组成（见表 8-3）。

表 8-3 自动化立体仓库的构成

<table>
<tr><td rowspan="4">立体库结构</td><td>货物储存系统</td><td>立体货架、托盘或货箱</td></tr>
<tr><td>货物存取和传送系统</td><td>巷道式堆垛机、出入库输送设备、装卸机械</td></tr>
<tr><td>控制和管理系统</td><td>管理计算机、中央控制计算机、直接控制的可编程控制器械</td></tr>
<tr><td>配套设施系统</td><td>供电系统、空调系统、消防报警系统、称重计量系统和信息通信系统等</td></tr>
</table>

1．货物储存系统

本系统由立体货架、托盘或货箱组成。立体货架机械结构可分为分离式、整体式，其高度分为高层货架（12m 以上）、中层货架（5 ～ 12m）、低层货架（5m 以下），按货架形式分为单元货架、重力货架、活动货架和拣选货架等。货架按照排、列、层组合而成的立体仓库存储系统。

2．货物存取和传送系统

本系统承担货物存取、出入仓库的功能，它由有轨和无轨巷道式堆垛机、出入库输送设备、装卸机械等组成。

巷道式堆垛机（见图 8-3）是整个自动化立体仓库的核心设备，通过手动操作、半自动操作或全自动操作实现把货物从一处搬运到另一处。它由机架（上横梁、下横梁、立柱）、水平行走机构、提升机构、载货台、货叉及电气控制系统构成。巷道式堆垛机是随着立体仓库的出现而发展起来的专用起重机。它的主要用途是在高层货架的巷道内来回穿梭运行，将位于巷道口的货物存入相应储位，或者相反，取出储位内的货物运送到巷道口（见图 8-4）。

图 8-3 巷道式堆垛机

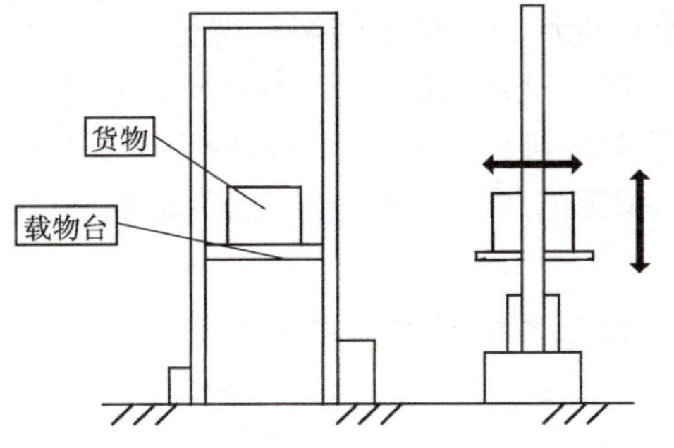

图 8-4 巷道式堆垛机作业示意图

出入库输送设备可根据货物的特点采用传送带输送机（见图 8-5）、机动辊道输送机（见图 8-6）、链传动输送机或自动导引小车（AGV）（见图 8-7）等，主要将货物输送到堆垛机上下料位置和货物出入库位置。

图 8-5 传送带输送机

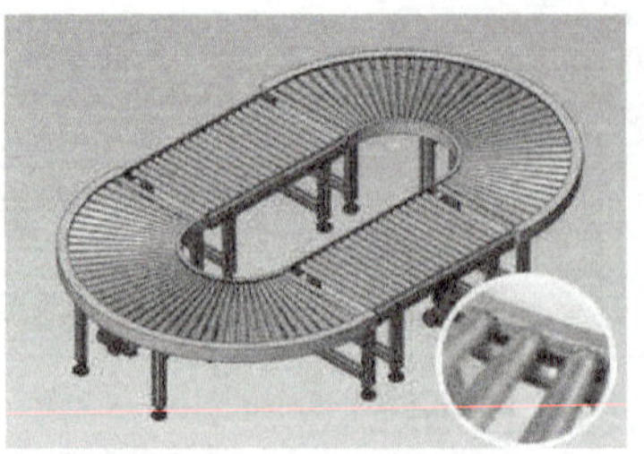
图 8-6 机动辊道输送机

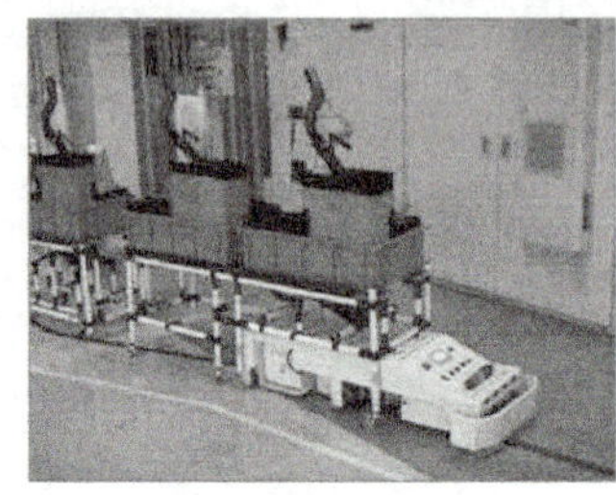
图 8-7 自动导引小车

装卸机械主要承担货物出入库装车和卸车的工作，一般由行车、吊车、叉车等装卸机械组成。

3．控制和管理系统

系统一般采用计算机控制和管理，视自动化立体仓库的不同情况，采取不同的控制方式。有的仓库只采取对堆垛机、出入库输送机的单台 PLC 控制，机与机无联系；有的仓库对各单台机械进行联网控制。更高级的自动化立体仓库的控制系统采用集中控制、分离式控制和分布式控制，即由管理计算机、中央控制计算机和堆垛机、出入库输送机等直接控制的可编程控制器械组成控制系统。

管理计算机是自动化立体仓库的管理中心，承担入库管理、出库管理、盘库管理、查询、打印及显示、仓库经济技术指示计算分析管理功能，包括在线管理和离线管理。

中央控制计算机是自动化立体仓库的控制中心，沟通并协调管理计算机、堆垛机、出入库输送机之间的联系；控制和监视整个自动化立体仓库的运行，并根据管理计算机或自动键盘的指令组织流程，以及监视现场设备运行情况和现场设备状态、监视货物流向及收发货显示；与管理计算机、堆垛机和现场设备通讯联系，具有对设备进行故障检测及查询显示等功能。

直接控制是 PLC 操作的单机自动控制器，直接应用于堆垛机和出入库输送的控制系统，具有堆垛机从入库取货送到指定的货位，或从指定的货位取出货物放置到出库取货台的功能。

4．配套设施系统

自动化立体仓库的配套设施系统指的是供电系统、空调系统、消防报警系统、称重计量系统和信息通信系统等。

任务实施

（1）根据图 8-8，写出箭头指向的部位是属于立体库的哪部分结构。

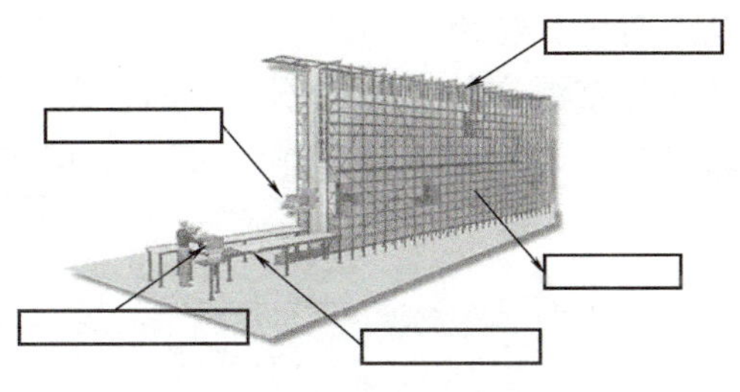

图 8-8　自动化立体仓库的基本结构示意图

（2）结合课堂所学知识，查找相关资料，找出自动化立体仓库与传统仓库的区别，并完善表 8-4。

表 8-4　自动化立体仓库与传统仓库的区别

对 比 项 目	自动化立体库	传 统 仓 库
基建和设备投资	结构复杂，施工周期长，投入大	
储存形态	动态储存	静态储存
空间利用率		需占用大面积土地，空间利用率低
作业效率和人工成本		主要依靠人力，货物存取速度慢；人工成本高
货物存取准确率	采用先进信息技术，准确率高	
储存信息可追溯性		物料的名称、数量、规格、出入库日期等信息大多以手工登记为主，数据准确性和及时性难以保证
管理水平		计算机管理很少，企业生产管理和生产环节紧密度不够，容易造成库存积压

任务巩固

阅读“西班牙纳瓦拉公司低温自动化立体仓库”的资料，完成下列问题。

资料：西班牙有“欧洲农场”之美誉，其国土面积的三分之一以上为可耕地，主要收益来自蔬菜和水果。著名的纳瓦拉冷冻蔬菜公司 Congelados de Navarra（CN）是欧洲生产冷冻蔬菜的市场领先集团。随着业务规模的不断扩大，该公司建设了低温自动化立体仓库，取代了原来采用叉车作业的货架仓库，在提高生产效率、降低物流成本、改善工人作业条件、提高客户满意度等方面取得了明显的效果。

2002 年，纳瓦拉公司生产的蔬菜量从 1999 年的 4 320t 大幅增长到 35 000t，销售额也在三年间从 300 万欧元猛增到 2 700 万欧元。为了满足其日益增长的蔬菜仓储和处理需求，该公司在 2003 年委托西班牙梅卡卢兹（Mecalux）集团（简称梅卡卢兹）在西班牙北部城市阿格达斯（Arguedas）的埃布罗河畔建造了一个高 33m、可存储 9 000 个托盘的低温（–20℃）自动化立体仓库。

这是一个库架一体式的低温立体库，共有 4 个巷道和 4 台堆垛机。安装运行之后，工作人员再也不需要在极度低温（–20℃）的条件下工作。纳瓦拉公司也享受到了自动化立体仓库系统所带来的诸多优点和经济效益。

当问及为何纳瓦拉冷冻蔬菜公司选择自动化立体仓库系统时，菲格罗女士回答道：“我们认为这是最佳的仓储方式，因为采用低温自动化立体仓库，不仅避免了人工在低温状况下使用叉车作业，也排除了差错和货物损坏的发生，这意味着提高了企业的经济效益，管理系统能够实时显示库存数量、降低托盘的损坏等，我们可以保证设备每分钟的周转次数，而叉车操作工是无法实现这一点的。”

（1）低温自动化立体仓库有什么特点？

（2）你认为低温立体仓库与常温立体仓库在哪些方面存在差异？

（3）除了文章介绍的蔬菜公司，低温立体仓库还可以为哪些类型的企业带来好处？

考核与评价

项目实施评价表

考核项目	考核要求	配分/分	评分标准	得分/分	备注
定义解析	1．能说出自动化立体仓库的含义 2．能说出自动化立体仓库的历史 3．能说出自动化立体仓库的运用领域 4．能对自动化立体仓库的特点进行简单介绍	40	1．不能说出自动化立体仓库的含义，每处扣10分 2．不能说出自动化立体仓库的历史，每处扣5分 3．不能说出自动化立体仓库的运用领域，每处扣3分 4．不能对自动化立体仓库的特点进行简单介绍，每处扣2分		
种类区别	1．能说出自动化立体仓库的种类 2．能对各种自动化立体仓库进行简单的介绍	30	1．不能说出自动化立体仓库的种类，每处扣2分 2．不能对各种自动化立体仓库进行简单的介绍，每处扣2分		
结构解剖	1．能说出自动化立体仓库的构成 2．能根据教师提供的图片指出自动化立体仓库的结构	30	1．不能说出自动化立体仓库的构成，每处扣5分 2．不能根据教师提供的图片指出自动化立体仓库的结构，每处扣5分		
开始时间：		结束时间：		实际时间：	

项目二　操作自动化立体仓库

学习目标

1. 学习巷道式堆垛机的单机手动操作和自动操作
2. 学会立体库出入库作业的操作方法
3. 掌握立体库管理系统的具体操作
4. 了解立体库硬件设备故障的排除及维护方法

项目概述

自动化立体仓库是物流仓储中出现的新概念，利用立体仓库设备可实现仓库高层合理化，存取自动化，操作简便化。自动化立体仓库是当前技术水平较高的形式。

任务一　操作巷道式堆垛机

任务描述

通过前面一周的学习，小宇知道了自动化立体仓库的“高级”所在，也掌握了立体仓库的基本结构，明白了立体仓库的运转是由一套计算机系统进行控制和管理的。接下来的一周，老师要带着他们去企业参观实习了，这让小宇更加激动。

我们知道巷道式堆垛机属于货物存取、传送系统中的设备，是自动化立体仓库的核心。因此，在实践课程中，小宇和同学们要学习巷道式堆垛机的三种操作方法：单机自动操作、单机手动操作和联机操作。学习任务一，完成下列问题。

（1）单机操作和联机操作的区别是什么？

（2）单机操作和联机操作的应用场合时候存在什么区别？

知识准备

巷道式堆垛机的单机操作是指堆垛机的任务作业命令完全由堆垛机控制系统执行，而不与其他管理系统发生联系。巷道式堆垛机的单机操作根据作业指令接受程序的不同，可以分为单机手动操作和单机自动操作。

巷道式堆垛机的联机操作是指堆垛机的任务作业命令通过相关的 WMS 系统来控制，在 WMS 系统上可以更全面地看到库存情况，而且操作方法相比单机操作更简单、易掌握。

一、巷道式堆垛机的单机手动操作

打开堆垛机控制柜（图 8-9），看到堆垛机控制柜的内部结构（图 8-10），当开关拨至上方，堆垛机总电源被打开。在堆垛机控制面板处装有紧急置停按钮，当总电源开关打开时，如果控制柜无电流通过，请检查紧急置停按钮是否处于打开状态。

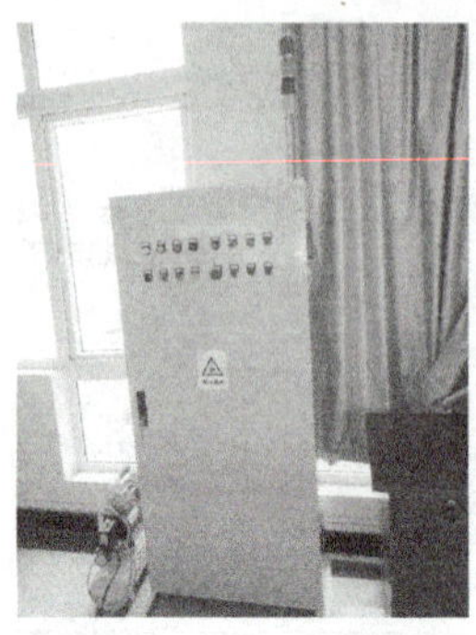

图 8-9 堆垛机控制柜

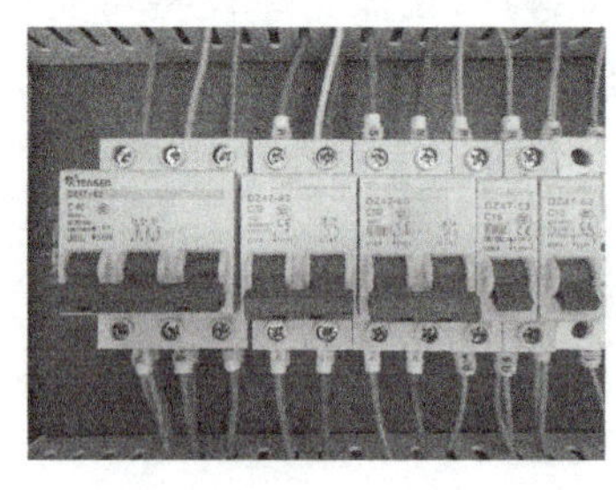

a）

b）

图 8-10 堆垛机控制柜内部结构

a）电源关闭状态 b）电源开启状态

接通电源后，将堆垛机控制柜面板（见图 8-11）上的“手动 / 自动”开关打到手动档。在操作过程中面对堆垛机控制柜，点动一下“向上”按钮，堆垛机即会向上移动一个位置；点动一下“向下”按钮，堆垛机即会向下移动一个位置；点动一下“向前”按钮，堆垛机即会向前方移动一个位置；点动一下“向后”按钮，堆垛机即会向后方移动一个位置；点动一下“向右”按钮，货叉即会向右边的货架方向（01 排）（见图 8-12）移动一个位置；点动一下“向左”按钮，货叉即会向左边的货架方向（02 排）移动一个位置。当到达某个位置时堆垛机会自动停下。在货叉伸出后点动“向前”、“向后”按钮将不会有任何反应，此时需点动“向左”或“向右”按钮使货叉回到中间位置。这样就起到了保护的作用。

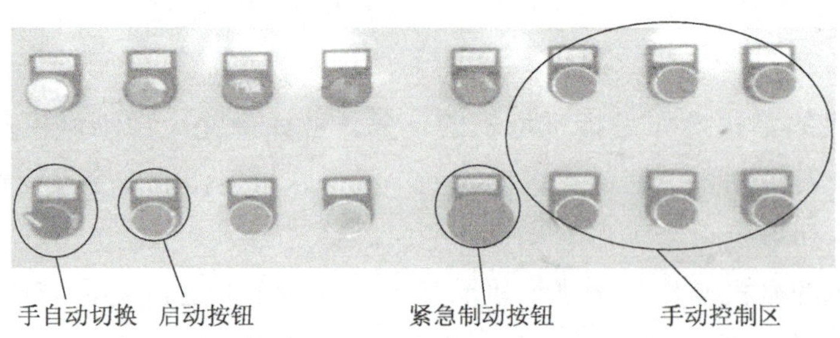

图 8-11 堆垛机控制柜面板

图 8-12　货架分区示意图

堆垛机的货叉（见图 8-13）能停在其所在层货位平齐位置下方一点或上方一点。手动控制堆垛机取货时先停在其所在层货位平齐位置下方一点，然后将货叉伸入货仓，提升至货位平齐位置上方一点，最后把货叉缩回将货物取出。手动控制堆垛机放货时停在其所在层货位平齐位置上方一点，然后将货叉伸入货仓，下降至货位平齐位置下方一点，将货物放入，最后把货叉缩回。将手 / 自动开关拨到自动档前，必须点动“左”或“右”按钮使货叉收回到中间位置。

图 8-13　堆垛机货叉

立体库的储位地址一般使用字符串表示：前两位表示储位所在排；中间两位是堆垛机的所在列；后两位是堆垛机的所在层。例如“010501”，表示堆垛机的当前所在位置为第一排第 5 列第 1 层；“021105”，表示堆垛机的当前所在位置为第二排第 11 列第 5 层。

根据以上知识，我们可以简单地将堆垛机手动操作的出入库流程概括如下。

1）入库流程为：初始位置→货叉前进→升降机上升→巷道及升降机动作到指定货位→货叉前进→升降机下降→货叉后退→巷道及升降机动作回到初始位置。

2）出库流程为：初始位置→巷道及升降机动作到指定货位→货叉前进→升降机上升→货叉后退→巷道及升降机动作到出库位→升降机上升→货叉前进→升降机下降→货叉后退→升降机下降→巷道及升降机动作回到初始位置。

以上这种单机手动巷道式堆垛机的操作，一般用于维护或调试作业时，而非设备的正常作业方式。

二、巷道式堆垛机的单机自动操作

巷道式堆垛机除了能进行单机的手动操作外，在设备允许的情况下，有些型号还能进行单机自动操作。基本的运行情况与手动操作类似，只是堆垛机的接收作业指令在程序上与前者存在不同。

单机自动操作一般是在触摸屏上输入作业命令，堆垛机即自动完成一次作业，并等待新作业。任务作业命令完全由堆垛机控制系统执行，与其他的管理系统不发生联系。以下简单介绍巷道式堆垛机的单机自动操作步骤。

1．开机前准备

首先确认巷道内无人员停留、无异物存在；然后检查堆垛机上机械、电气安全装置是否正常；各操作开关是否复位。一切正常后方可上电开机。

2．入库操作

打开电源，进入触摸屏主界面（见图 8-14），然后点击“触摸屏操作”，进入相关的操作界面（见图 8-15），点击“回原点”按钮。当前地址为列 0，排 0，层 0；输入取货地址为列 2，排 1，层 1；点击“取”输入送货地址（所要入库的货位地址）；点击“送”，操作结束。

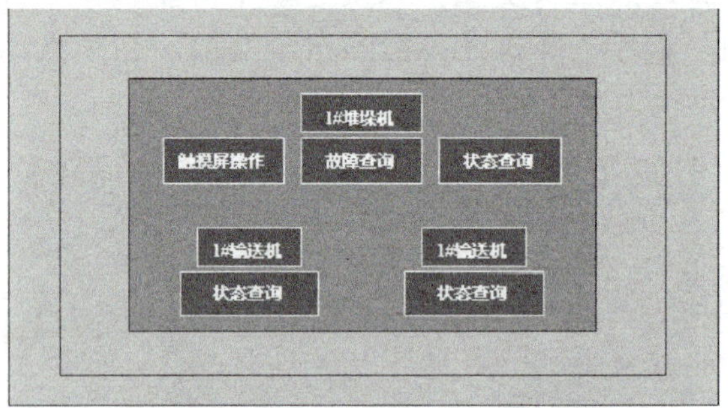

图 8-14　触摸屏主界面

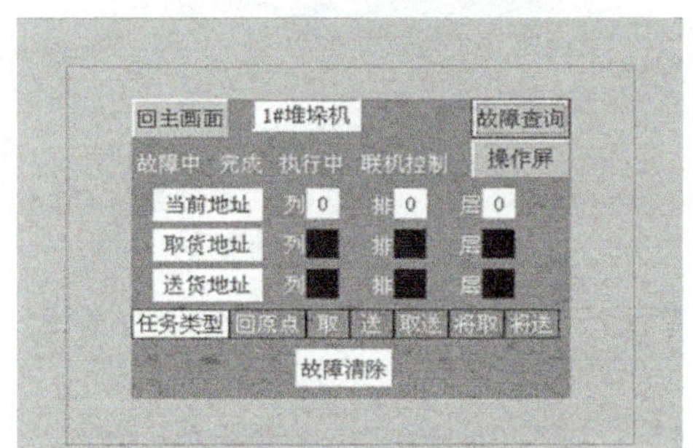

图 8-15　触摸屏操作界面

3．库内转存操作

打开电源，进入触摸屏主界面，点击“触摸屏操作”、“回原点”；当前地址为列 0，排 0，层 0；输入取货地址（目标货位地址）；点击“取”，输入送货地址（目的货位地址）；点击“送”，操作结束。

4．出库操作

打开电源，进入触摸屏主界面，点击“触摸屏操作”、“回原点”；当前地址为列 0，排 0，层 0；输入取货地址（所要入库的货位地址），点击“取”，输入送货地址，点击“送”，操作结束。

以上三种操作也可将取货地址与送货地址都输入完成后选择“取送”按钮执行操作，作业结果与上述一样。

三、巷道式堆垛机的联机自动操作

巷道式堆垛机的联机自动操作是指立体仓库还可以与 WMS 系统相结合进行使用，其操作步骤如下：①打开电源开关。②将堆垛机控制柜面板上的“手动 / 自动”开关打到自动档。③打开立体库的 WMS 系统，并保证系统与立体库能够正常连接，若出现系统连接故障（见图 8-16），则表明两者的连接不成功，将无法正常完成接下来的操作。④联接正常情况下，便可以进行所需要的相关操作。

PLC联机状态：	PLC联接中断	手动模式	空闲中···	故障中···

图 8-16　系统联接故障图

图 8-17 中左边对应的是立体库各组成部分实际布局，右边显示的是操作界面，包括入库操作、出库操作、移库操作和盘库操作。

（1）入库操作：将货物入库至 010202 货位。首先选中“入库操作”界面，将“选取入库目标储位”前的复选框打钩，然后将鼠移至左边界面，根据作业要求确定目标入库储位，然后在该储位上点击鼠标（见图 8-18）。将鼠标移回至右边操作界面，点击“确定”，点击“发送任务”，堆垛机将接到作业命令，随即按照指令要求将货物运送至目标储位。

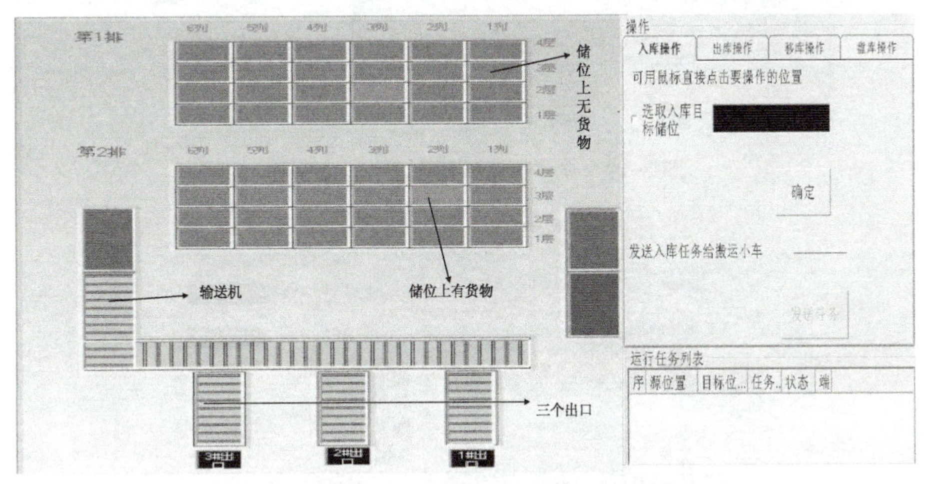

图 8-17　立体库 WMS 软件界面图示

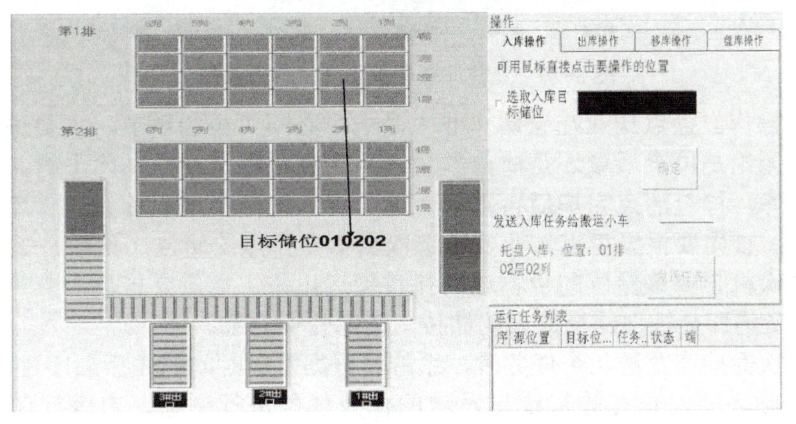

图 8-18　立体库联机操作之“入库操作”

（2）出库操作：将 010302 储位上的货物从 2 号出口进行出库。首先选中“出库操作”界面，将“选取出库储位”前面复选框打钩，然后按照出库作业要求，用鼠标点击左边界面中所对应的出库目标储位（见图 8-19）。同时，因为出库的货物会根据客户或配送线路的要求而进行分货作业，所以出库时需按照事先的计划选择出口。本次作业要求通过 2 号出口，故紧接着要在“选取出库端口”的下拉菜单中选择“2 号出口”，然后按“确定”按钮，鼠标点击“发送任务”，将作业任务发送给堆垛机进行作业。

（3）移库操作：将 020203 储位上的货物搬移至 010502 储位。在仓库的出入库作业中，有时候会因需要而进行移库作业，这个要求在自动化立体库中能够实现。进入“移库操作”界面（见图 8-20），根据作业要求在右边界面分别点击“选取待移动的托盘的交换储位”和“目标空储位”，点击“确定”按钮后，点击“发送任务”按钮即可。

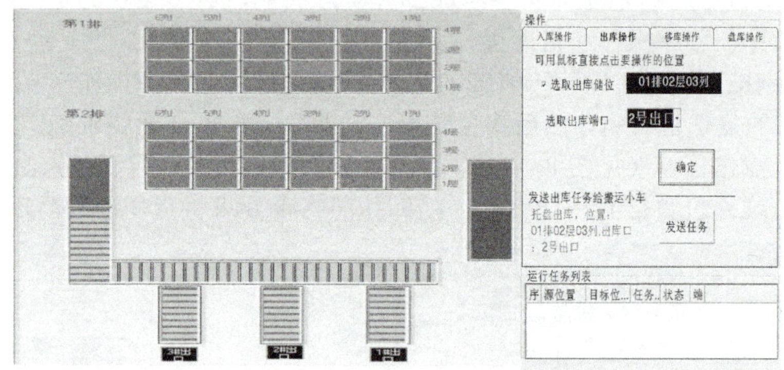

图 8-19 立体库联机操作之“出库操作”

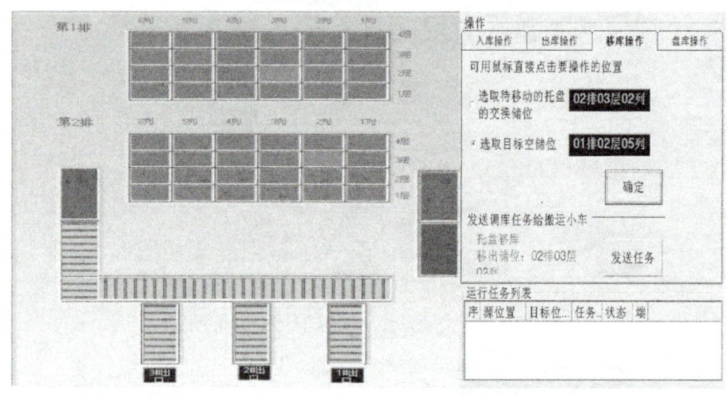

图 8-20 立体库联机操作之“移库操作”

（4）盘库操作。盘点作业在仓储作业中是一个必不可少的环节，主要进行物品数量和质量的确认。无论是检查质量还是清点数量，当物品被存放在立体库上时，盘点作业需要将物品暂时出库，检查清点完毕后再重新入库，我们把这个过程称为立体库的盘库作业。在盘库操作时，首先要根据盘点作业要求选取当下要盘点的储位（见图 8-21），将盘库作业发送后，堆垛机会将该储位的货物连同托盘搬运出来，盘点完毕后，点击“托盘回库启动”按钮，该货物即会被送回至原来的储位，盘库作业完成。

（5）当一次性接连发送几个任务时，系统会根据发送时间的先后顺序进行作业。当然，也可以根据实际需要对正在等待或已发送的作业任务进行删除。当运行任务列表中为空时，则表示所有作业已完成。

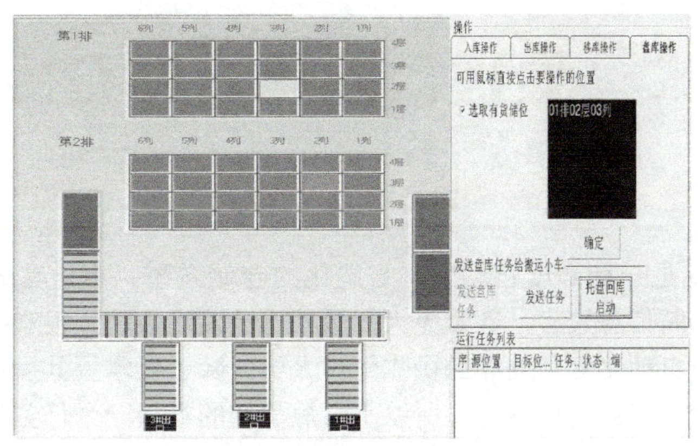

图 8-21　立体库联机操作之“盘库操作”

（6）关闭 WMS 系统软件，关闭堆垛机控制面板上的电源键，打开堆垛机控制面板，将总开关拨至下方以切断电源，将控制面板门关好锁上，所有作业完成。

任务实施

（1）根据老师上课讲解与示范，完成一次巷道式堆垛机的手动和单机自动版的操作，并将在操作过程中碰到的问题记下来。

手动版：____

单机自动版：____

（2）进行一次立体库的联机自动操作，分别完成入库、出库、移库和盘库作业，并将在操作过程中碰到的问题记下来。

____

____

____

（3）通过以上操作，小结单机操作和联机操作的区别是______________________；单机操作和联机操作应用场合的区别是______________________。

任务巩固

识别练习立体库储位地址，要求分别写出图 8-22 中标有数字所在货位的编码。

1：__________　　2：__________　　3：__________　　4：__________

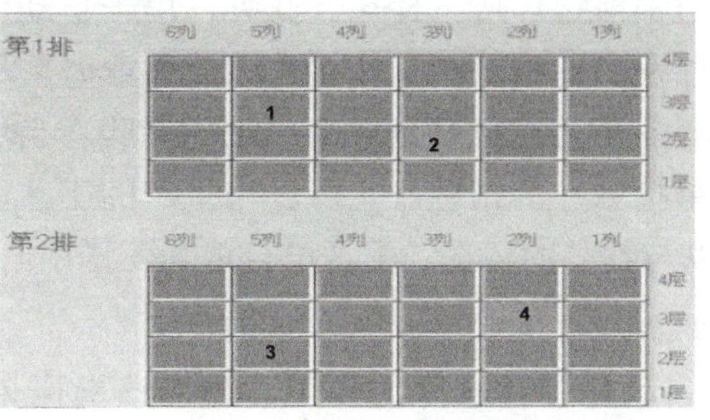

图 8-22　立体库储位识别

任务二　处理自动化立体仓库故障

任务描述

自动化立体仓库是一种高度自动化、智能化的仓储系统。由于其结构复杂，层次性、模块性强，系统的诊断信息繁多，数量庞大，故其一旦发生故障，很难确定故障点的位置和原因。因此作为一个自动化立体仓库的操作管理人员，除了要掌握其操作方法外，对于一些简单基本的故障处理也应该有所掌握。所以小宇短学期的最后一个任务就是学习掌握一些基本的立体库故障处理方法，并能进行简单的维修处理。学习任务二，完成下列问题。

（1）在自动化立体仓库的结构中，你认为哪部分最容易发生故障？

（2）在进行任务一中三种立体库堆垛机的操作时，你碰到过故障吗？

知识准备

一、自动化立体仓库的操作规范及注意事项

在自动化立体库的操作规范要求中，最重要的是要注意装卸作业的合理化。例如，当把物品放在托盘上时，小规模作业用人力比较方便，但是物品数量多而且是连接生产线时则最好采用机械化的方法。目前塑料托盘上的装卸操作普遍采用叉。在设计自动化立体仓库时，通过试验，发现正确掌握装卸时间是很重要的，每台堆垛机的平均时间是 3min。装载的合理化试验受到如下很多因素的影响。

1．作业环境和作业者的要求

自动化立体仓库是一个相对先进的仓储作业设备，它的操作必须由经过专门培训的专业人员来负责，该人员应掌握整套设备的操作方法，最好能兼任设备的维修和保养作业，这样能保证机械不会在异常情况下被不合理地使用。除了要有一个专业的作业人员外，一个良好的操作环境对设备的正常运行也有着重要的影响，如一般的自动化立体仓库用于温度为 0～40℃，湿度为 45%～85% 的常温常湿环境下存储货物。低温自动化立体仓库用于温度为0℃以下的环境中存储货物。高温自动化立体仓库用于温度为 40℃以上的环境中存储货物。防爆自动化立体仓库用于在有防爆要求的环境中存储货物。其他特殊环境的自动化立体仓库，一般用于防毒、防污染和防辐射等环境下使用。此外，由于自动化立体仓库是一套集成性的设备，各部分之间通过软件发出的指令相互衔接，因此作业时应尽量保证连续性，而不是断断续续，否则对于整套机械的正常运行将是一个严峻的考验。当然，如此先进的自动化立体仓库，自然也不应该扮演单打独斗的角色，它可以与生产的工艺流程紧密结合，成为生产物流的一个组成部分，也可以与物品的拣选、配送结合成为配送中心的组成部分。

2．机械的选择和管理

要想最大限度地发挥自动化立体仓库的作用，还应该根据企业的生产作业形态和仓库的动线对机械进行的合理地选择和管理。首先应该选择合适的装卸作业机械，如叉车、输

送带、手动液压托盘搬运车等，可以根据搬运量和作业安排以及货物的包装形态进行选择；其次，立体库内外的设备摆放和设施的高度要统筹安排，如仓库的高度、月台的高度、出入库动线的设计等，都将影响整个仓库的作业效率；最后，出入库作业管理人员应合理安排各个订单的出入库时间，防止出现作业混乱，否则会使自动化立体仓库的自动化效率大打折扣。

当然，除了装卸作业的合理化，在进行立体库作业时，还需要记住以下相关的安全注意事项：

（1）操作堆垛机前，请仔细阅读操作人员使用手册或经过指导后再进行。

（2）堆垛机（上位机）开启之前，空压机一定要打开，直到保压，才允许操作堆垛机进行入库操作，否则货叉会叉坏托盘和线体。

（3）禁止手工存取立体仓货物。

（4）入出库作业时，禁止实训人员靠近或进入立体仓库和轨道巷道内；立体库周围请勿靠太近，至少保持 0.5m 距离。

（5）入出库作业时，禁止实训人员用手去遮挡入库、出口或分拣口顶升平移机的感应设备。

（6）堆垛机为自动状态，存取操作由堆垛机直接进行，遇紧急情况或故障时，按上位机界面上的急停按钮或输送线电控柜上的全线停止按钮，同样有急停的效果。

（7）每半年对全线进行调整检修。非专业人员请勿随便进行拆卸检修。

二、自动化立体库的常见故障及简单处理

自动化立体仓库系统是集信息、储存、管理于一体的高度自动化、柔性化的先进系统。系统一旦发生故障，轻则影响系统的正常使用，重则严重影响企业现代化物流系统的安全运行，会给企业及社会造成极大的经济损失。

1. 巷道式堆垛机的常见故障

自动化立体仓库主要由货物储存系统、货物存取和传送系统、控制和管理系统以及配套设施系统等组成，在这四部分中任何一个部分发生故障，都会导致自动化立体仓库系统不能正常运行。货物存取和传送系统中的巷道式堆垛机是整个自动化立体仓库的核心设备，也是最容易出现故障且最重要的设备，其故障具有不确定性、随机性、模糊性的特点。常见的故障现象如下。

（1）空闲时接到“出库”，货叉上有货。

（2）空闲时收到“入库”，货叉上有货。

（3）出库准备卸货时，出库台上有货。

（4）收到“入库”指令，入库台上无货。

（5）出库时，目标货格空。

（6）入库卸货时，货格内已有货。

（7）堆垛机升降定位不准，堆垛机水平定位不准。

（8）货叉动作超时，货叉响应超时。

（9）水平目标位置错误。

（10）货物超长标记，货物超高、超宽或倾斜标记。

（11）水平运动变频器异常报警，升降运动变频器异常报警等。

以上几种故障现象，基本上都属于操作不当引起的，因此相关的操作人员在作业时应特别注意货位情况及货物的可适性，尽量避免因为作业不规范而造成设备故障，影响系统的正常运行。

2．自动化立体库的故障处理举例

下面将介绍几种比较常见的立体库故障现象及其处理方法。

（1）堆垛机上的载货台连同货物沿立柱导轨突然垂直坠落。经检查分析，确定是由于堆垛机载货台一端用于固定钢全绳的绳卡松动，导致钢丝绳与载货台突然脱离造成的。无法完全依靠人工检查，发现故障前兆。因此，设计制造部门应考虑加装防止载货台超速下坠装置，来避免可能出现的安全事故。

（2）堆垛机在货架上提取货物时，垂直位置出现偏差，货叉直接将货物从货架上推下，落到地面。经检查分析，发现堆垛机升降机构用齿形带所带动的编码器连接部件发生轻微松动，导致垂直定位不稳定，特别是在长时间运行后，会出现积累误差，产生垂直定位偏差造成的。经过厂家维修人员用密封胶粘接处理，使问题得到一定解决。这也说明，采用编码器和检测片配合定位方式时，需进一步改进定位偏差时的报警和系统定位自动检测功能，防止发生类似情况。

（3）堆垛机往货架上存入货物时，发生重入现象，将已存入的货物推下。经检查分析，发现堆垛机上的货物检测探头位置出现松动没能检测到货位上已有货物（如检测到会暂停并发出重入报警信号），导致已有货物被推下。有时因为突然停电或计算机系统故障或人工操作失误等原因，会产生货物的数据丢失，发生重入现象。要避免重入事件发生，首先保持计算机系统稳定，其次要可靠的监测装置。避免重入事件发生的最好办法是自动化立体仓库的监控系统应设有对仓库货物的自检功能，如利用空余时间对全部货位进行扫描。当发现无数据的货物存在时，应及时提示修复数据或采取措施处理。同时对货物检测探头进行检验，通过这种双重保护来避免类似故障发生。

（4）堆垛机在运行一段时间后，其水平位置和垂直位置会出现一定错位。经检查分析，堆垛机采用编码器和检测片配合定位方式，经过一段时间运行后，如果不回到原点进行定位修正，将会出现定位积累误差。因此在确保控制堆垛机的行走编码器、升降编码器和货叉移动编码器及其联轴部件可靠紧固的前提下，自动化立体仓库的监控系统应根据堆垛机运行次数，来强迫堆垛机自动回原点，修正偏差。

任务实施

（1）通过任务一中三种自动化立体仓库堆垛机的操作，小组讨论自动化立体仓库发生故障的主要部位及处理方法。

（2）分享操作经验，总结在进行自动化立体仓库操作时的注意事项，及如何克服作业方法不当。

任务巩固

将班级学生分成几个小组，每组 4 ～ 5 人，以小组为单位进行自动化立体库的日常维护保养作业，作业内容参照表 8-5，并完成该表。

表 8-5　自动化立体仓库日常保养记录表

组别＿＿＿＿＿＿　　成员＿＿＿＿＿＿＿＿＿＿＿＿　　作业时间＿＿＿＿＿＿

项　　目	检 查 内 容	检 查 情 况
货格探光电开关	检查该光电开关灵敏度、光电开关信号的反馈情况、光电开关的照射位置有无变动	
载货台侧导向轮	检查导向轮的磨损情况、导向轮与导轨之间的间隙	
货叉链条	检查链条是否有松动，链条链轮的润滑和磨损情况	
天轨水平导向轮轴承及地轨导向轮之间的间距	检查有无异常声音，是否需要给轴承加注润滑油	
条码扫描头	检查条码扫描头的位置固定情况、模拟拿条码手动触发条码扫描头检测条码，扫描头扫描情况	
输送机到位、换速部分光电开关	检查光电开关位置、光电开关表面的清洁度、光电开关信号的反馈情况	
输送机、堆垛机复位情况	查看输送机原位或堆垛机原位是否发生改变	
输送机升降台	输送机升降台凸轮的固定螺栓是否有松动或者凸轮有脱落的迹象	

特别注意事项：

①进行设备检查时应严格遵守安全规定，防触电、防高空坠落、防砸伤、磕碰，保护设备和人身安全。

②对所检查出来的问题，必须查明原因后进行处理，处理完毕后，手工试车 3 次，待一切正常确认后方可投入正常使用。

考核与评价

项目实施评价表

考核项目	考核要求	配分 / 分	评分标准	得分 / 分	备注
巷道式堆垛机操作	1. 能正确单机手动操作巷道式堆垛机 2. 能正确单机自动操作巷道式堆垛机 3. 能正确联机自动操作巷道式堆垛机	50	1. 不能正确单机手动操作巷道式堆垛机，每错扣 5 分 2. 不能正确单机自动操作巷道式堆垛机，每错扣 5 分 3. 不能正确联机自动操作巷道式堆垛机，每错扣 5 分		
操作规范	1. 能说出自动化立体仓库操作的安全注意事项 2. 能说出影响装卸作业合理化的因素	20	1. 不能说出自动化立体仓库操作的安全注意事项，每错扣 2 分 2. 不能说出影响装卸作业合理化的因素，每错扣 2 分		
故障处理	1. 能说出自动化立体库的常见故障 2. 能对几种常见故障进行简单处理	30	1. 不能说出自动化立体库的常见故障，每错扣 2 分 2. 不能对几种常见故障进行简单处理，每错扣 5 分		
开始时间：		结束时间：		实际时间：	

参 考 文 献

[1] 史小峰．仓储作业实务 [M]．北京：化学工业出版社，2009．

[2] 郑彬．仓储作业实务 [M]．2 版．北京：高等教育出版社，2010．

[3] 蓝仁昌．物流信息技术应用 [M]．2 版．北京：高等教育出版社，2012．

[4] 钱芝网．仓储管理实务情景实训 [M]．北京：电子工业出版社，2008．

[5] 林珍平．仓储作业实务 [M]．北京：化学工业出版社，2010．